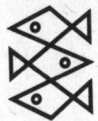

W0060584

Über dieses Buch

Die umfangreiche Korrespondenz, die Giuseppe Verdi in seinem fast neunzigjährigen Leben geführt hat, ist ein einzigartiges Zeugnis seiner Persönlichkeit und seiner Arbeit. Nur ein kleiner Teil davon ist bisher in deutscher Sprache veröffentlicht worden. Die vorliegende Auswahl enthält zahlreiche unbekannte Briefe, die nach den Autographen übersetzt wurden.

Verdi setzte sich eingehend mit seinen Librettisten auseinander und gab Sängern und Dirigenten entschiedene und genau begründete Anweisungen für Aufführungen seiner Opern. Besonders eindrucksvoll sind seine Briefe an die Verleger Giovanni, Giulio und Tito Ricordi, mit denen ihn über die geschäftliche und künstlerische Beziehung hinaus eine tiefe Freundschaft verband. Freunde spielten eine große Rolle in Verdis Leben. Sein Interesse galt nicht nur der Musik, dem Theater, der Politik, der Bewirtschaftung seines Landgutes. Es galt immer wieder den Menschen, die ihm nahestanden.

Weitere Bände mit Briefen berühmter Komponisten werden folgen: Wolfgang Amadeus Mozart, herausgegeben von Albrecht Goes; Felix Mendelssohn Bartholdy, herausgegeben von Rudolf Elvers; Richard Wagner, herausgegeben von Klaus Schultz; Carl Maria von Weber, herausgegeben von Hans Christoph Worbs; Paul Hindemith, herausgegeben von Dieter Rexroth. Bereits erschienen ist: Johannes Brahms, herausgegeben von Hans Gal.

Der Herausgeber

Hans Busch, 1914 als Sohn des Dirigenten Fritz Busch in Aachen geboren, wurde nach dem Abitur an der Kreuzschule in Dresden ab 1933 Regieassistent von Carl Ebert in Florenz, Buenos Aires und Glyndebourne und von Gustav Hartung in Basel; in Salzburg arbeitete er unter Arturo Toscanini. 1945 war er im Auftrag der Alliierten Militärregierung in Italien für den Wiederaufbau der Mailänder Scala verantwortlich. Er führte Regie an der Königlichen Oper in Stockholm, der Metropolitan Opera in New York und an vielen anderen Bühnen. Seit 1949 ist er Professor an der Indiana University, Bloomington, USA. 1978 erschien in Amerika sein Buch ›Verdi's Aida. The History of an Opera in Letters and Documents‹, erstes Ergebnis langjähriger Verdi-Studien. Es enthält eine Fülle bisher unveröffentlichten, von Busch entdeckten und erschlossenen Materials.

Giuseppe Verdi
Briefe

Herausgegeben und übersetzt
von Hans Busch

Fischer Taschenbuch Verlag

Fischer Taschenbuch Verlag
September 1979
Originalausgabe
Lektorat: Corinna Fiedler
Umschlagentwurf: Jan Buchholz/Reni Hinsch
Fischer Taschenbuch Verlag GmbH, Frankfurt am Main
© Fischer Taschenbuch Verlag GmbH, Frankfurt am Main 1979
Gesamtherstellung: Hanseatische Druckanstalt GmbH, Hamburg
Printed in Germany
980-ISBN 3-596-22141-2

Inhalt

Dem Andenken meiner Eltern

Vorwort

L'artista che rappresenta il suo paese e la sua
epoca diventa necessariamente universale, del
presente e dell'avvenire.
Verdi an Domenico Morelli, 27. Februar 1871

»Wozu ist es nötig, daß man hingeht und die Briefe eines
Komponisten herausholt? Briefe, die immer in Eile geschrieben sind, auf die er nicht achtet, die er nicht wichtig nimmt,
weil der Musiker weiß, daß er keinen literarischen Ruf wahren muß. Genügt es nicht, daß man seine Noten auspfeift?
Nein, mein Herr! Jetzt auch noch die Briefe! O, die Berühmt-
heit ist eine große Plage! Die armen kleinen großen Männer
zahlen schwer für ihre Popularität! Nie ist ihnen eine Stunde
Ruhe vergönnt, weder im Leben noch im Tod!« So schrieb
Verdi am 18. Oktober 1880 an seinen Freund Arrivabene.
Diesem Ausbruch mag man Cesare De Sanctis' Gedanken
entgegenhalten, der 1872 an Verdi schrieb: »Eure Briefe sind
Kunstwerke; warum können sie nicht veröffentlicht werden?
Alle Vorurteile und Irrtümer würden vor Euren mächtigen
Worten verschwinden.« Einen ganz ähnlichen Wunsch äu-
ßerte Giuseppina Strepponi, Verdis spätere Frau, schon im
Jahr 1854: »Dein Gefühl für die Kunst, der Du so viel Glanz
verleihst, ist so echt und so tief, und Du sprichst es mit solcher
Wahrhaftigkeit aus, daß Deine mit goldener Feder geschriebenen Briefe wirklich veröffentlicht werden sollten, wenn die
Zeit dafür kommt.«
Ein paar Briefe Verdis wurden schon zu seinen Lebzeiten
gedruckt, aber er verabscheute jede Art von Reklame. »Ich
bin niemals eitel gewesen, nicht einmal in der Jugend, nur
stolz«, so schrieb er im Rückblick auf Vergangenes am 8. Juni
1895 an Giuseppina Negroni Prati. Der fast unermeßliche, in
der halben Welt verstreute und zum großen Teil noch immer
unbekannte Schatz seiner Briefe ist reich an solchen Selbster-
kenntnissen und an Beobachtungen über seine Zeitgenossen
und seine Zeit. Selbst unsere kleine Auswahl aus Verdis Briefen mag ein wahreres Bild von ihm und seiner Menschlichkeit

geben als manche Biographie – ein Bild, das für sich selbst spricht und kaum des Kommentars bedarf.

Sparsam, aber nicht geizig, streng gegen sich wie gegen andere, erwarb er ein Vermögen, das ihm die Errichtung eines Krankenhauses für die Armen unter seinen Bauern und der »Casa di Riposo«, des Heims für alte Künstler in Mailand, ermöglichte. Beide Häuser bestehen noch heute, und nicht nur dank seiner »canzonette«, die zu schreiben ein bäuerlicher Nachbar von St. Agata für leichter hielt als das Land zu bebauen. »Es gibt Menschen, die prädestiniert sind: der eine, sein Leben lang ein Esel zu sein; der andere gehörnt; ein anderer reich und verzweifelt. Ich, mit heraushängender Zunge wie ein tollwütiger Hund, bin dazu bestimmt, stets arbeiten zu müssen, bis mich's schließlich umhaut.« So schreibt Verdi am 4. Mai 1876 an den jungen Dirigenten Edoardo Mascheroni.

Seine Korrespondenz schließt nahe Freunde, alte Jugendkameraden, drei Generationen seiner Verleger, Librettisten, Dichter und Philosophen, Politiker und Journalisten, Impresarios, Dirigenten, Sänger und Maler ein. Über Verdis Werke ist viel gesagt und geschrieben worden, aber seine eigenen, in seinen Briefen ungewöhnlich klar und entschieden geäußerten Gedanken darüber wie über vieles andere sind noch immer sehr wenig bekannt. Franz Werfel ist die erste deutsche Ausgabe Verdischer Briefe zu verdanken, die 1926 erschien. Sein nobles »Bildnis Giuseppe Verdis« zur Einleitung der von Paul Stefan übersetzten Briefe hat gewiß zur sogenannten Verdi-Renaissance in Deutschland in den zwanziger Jahren beigetragen und meine eigene frühe Liebe zu Verdis Musik und Charakter erhöht.

Bei der Übersetzung war ich um die getreueste Wiedergabe der Sprache Verdis bemüht. Der Stil eines Mannes, der bis ans Ende seines langen, erfolgreichen Lebens stolz darauf war, ein Bauer von Le Roncole zu sein, darf – so groß die Versuchung etwa bei häufigen Wortwiederholungen auch sein mag – nicht geglättet, der Ton nicht gemildert werden. Ein paar Derbheiten entsprechen ungefähr Verdis italienischer Ausdrucksweise.

Bedeutungsvoll erscheinen mir in Verdis Briefen die sehr feinen, bisher noch nie beachteten Nuancierungen in der Anrede – »Du«, »Ihr« und »Sie« –, die seine Beziehungen, in denen es auch zu Schwankungen und Änderungen kommt, deutlich spiegeln. Mit einer einzigen Ausnahme ist die Unterschrift »G. Verdi« selbst im intimen Briefgespräch – psychologisch vielleicht als Zeichen von Distanz und absoluter Unabhängigkeit des Schreibenden interessant – immer die gleiche. Fehlt diese Unterschrift, dann handelt es sich um einen der vielen Briefentwürfe oder um Briefabschriften Verdis, wie sie Gaetano Cesari und Alessandro Luzio 1913 in Mailand unter dem Titel ›I Copialettere di Giuseppe Verdi‹ veröffentlicht haben. In gewissen Fällen verzichtete Verdi aber auch bei abgesandten Briefen auf die Anrede oder Unterschrift. Zur besseren Lesbarkeit wurden die häufig abgekürzten Anreden in der Übersetzung ausgeschrieben. Die Grußformeln am Schluß der Briefe waren in ihren Abkürzungen oft nur zu erraten. Die Rechtschreibung von Namen wurde, wenn nötig, berichtigt. Von Verdi selbst unterstrichene Wörter und Passagen mit Ausnahme längerer Zitate sind kursiv gesetzt. Fast alle Briefe sind im vollen Wortlaut wiedergegeben; in wenigen, mit eckigen Klammern bezeichneten Fällen war der vollständige Text nicht zu ermitteln.

Trotz der Fortschritte der letzten Jahre gibt es in der Verdi-Forschung und der Dokumentation seines Lebens noch immer große Lücken. Neben irreführenden Transkriptionen seiner Briefe finden sich selbst in prominenten Biographien falsche Datierungen. Ich habe mich deshalb bei der Übersetzung selbst bereits veröffentlichter Briefe für diesen Band so weit wie möglich an die Autographen gehalten. Verdis Handschrift ist allerdings oft schwer zu entziffern, und in vielen Fällen lassen gerade seine Ziffern verschiedene Deutungen zu.

Bis heute ist uns über Verdis frühe Jugend erstaunlich wenig bekannt, und manche Überlieferung stellt sich als nicht ganz stichhaltig oder sogar falsch heraus. Auch Verdis erste Mailänder Jahre liegen noch immer im Dunkel. Selbst seine eigenen Erinnerungen, die er Giulio Ricordi am 19. Oktober 1879 erzählte, stimmen nicht ganz mit zuverlässig feststehenden Daten überein. Trotzdem stellen wir einen Teil seines Berichts unserer Sammlung voran, denn er stammt von Verdi selbst, was angesichts seines Briefchens vom 21. Juni 1895 an den Direktor der Deutschen Verlagsanstalt in Stuttgart besonders bemerkenswert ist: »Nie, nie werde ich meine Erinnerungen schreiben! Genug, daß die Musikwelt meine Noten so lange hingenommen hat! Niemals werde ich sie dazu verurteilen, auch noch meine Prosa zu lesen!«

Busseto, im Dezember 1978   H.B.

Aus Verdis
selbstbiographischer Skizze
(1879)

. . . Im Jahre 1833 oder 1834 existierte in Mailand eine aus guten musikalischen Kräften zusammengesetzte Philharmonische Gesellschaft. Der Leiter derselben war ein gewisser Masini, der, wenn er sich auch nicht durch hohes Wissen auszeichnete, doch Geduld und Ausdauer, d. h. diejenigen Eigenschaften besaß, deren es bei einer dilettantischen Vereinigung bedarf. Zu jener Zeit wurde im Philodramatischen Theater die Haydnsche ›Schöpfung‹ vorbereitet. Mein Lehrer Lavigna empfahl mir zu meiner Belehrung, den Proben beizuwohnen, und ich ging mit Vergnügen auf seinen Vorschlag ein.

Der junge Mann, welcher bescheiden in einer dunklen Ecke Platz nahm, wurde von niemand beobachtet. Die Proben wurden von Perelli, Bonoldi und Almasio geleitet; aber eines schönen Tages waren alle drei infolge eines seltsamen Zusammentreffens ausgeblieben. Die Teilnehmer wurden bereits ungeduldig, als Masini, der selbst nicht wagte, sich ans Klavier zu setzen und die einzelnen Partien zu begleiten, sich an mich wandte und mich bat, die Begleitung zu übernehmen.

»Es genügt, wenn Sie nur einfach mit dem Baß begleiten«, fügte er hinzu; er mochte zu der Geschicklichkeit des unbekannten, jungen Künstlers wohl kein allzu großes Vertrauen haben.

Ich hatte damals soeben meine Studien vollendet, und eine Orchesterpartitur konnte mich daher keineswegs in Verlegenheit bringen. So setzte ich mich denn frischweg ans Piano und begann die Repetitionen. Ich erinnere mich noch sehr gut des ironischen Lächelns einiger Dilettanten. Mein jugendliches Aussehen, wie auch meine hagere Figur und meine ärmliche Kleidung mochten ihnen kein großes Vertrauen einflößen.

Doch wie dem auch sei, die Proben nahmen ihren Fortgang, und ich wurde nach und nach warm bei der Sache. Ich beschränkte mich nicht mehr darauf, zu begleiten, sondern begann mit der rechten Hand zu dirigieren, während ich mit der linken spielte. Als die Proben beendet waren, machte man mir von allen Seiten die lebhaftesten Komplimente, und namentlich Graf Pompeo Belgiojoso und Graf Renato Borromeo waren äußerst liebenswürdig.

Sei es nun, daß die drei Maestri, von denen ich vorhin sprach, anderweitig zu viel beschäftigt waren, oder mochten sie aus anderen Gründen verhindert sein, kurz, es wurde mir in Folge jenes Zwischenfalls die vollständige Leitung des Konzerts anvertraut. Die erste öffentliche Aufführung erzielte einen solchen Erfolg, daß man eine Wiederholung im großen Saale des Adelscasinos veranstaltete, welcher der Erzherzog und die Erzherzogin Raineri und die gesamte vornehmste Gesellschaft beiwohnten.

Einige Zeit nachher bat mich Graf Borromeo, ihm die Musik zu einer Kantate für Gesang und Orchester, wenn ich nicht irre, gelegentlich der Hochzeit eines Mitgliedes seiner Familie, zu komponieren. Ich gestatte mir, hierbei zu bemerken, daß ich keinerlei pekuniären Vorteil aus diesen Arbeiten zog, sondern daß meine Mitwirkung eine völlig unentgeltliche war.

Masini, welcher dem Anschein nach Vertrauen zu dem jungen Künstler gefaßt hatte, machte mir sodann den Vorschlag, eine Oper für das von ihm geleitete Philodramatische Theater zu komponieren, und übergab mir das Libretto dazu, welches später, von Solera verbessert, den Titel *Oberto di San Bonifacio* erhielt.

Ich nahm das Anerbieten mit Vergnügen an und kehrte nach Busseto zurück, wo ich als Organist engagiert war. Ich blieb daselbst etwa drei Jahre. Als ich meine Oper vollendet hatte, kehrte ich, die Partitur in der Tasche, nach Mailand zurück. Zur Vorsicht hatte ich sämtliche Gesangpartien selbst ausgezogen und abgeschrieben.

Nun aber begannen die Schwierigkeiten: Masini war nicht mehr Direktor des Philodramatischen Theaters; er konnte also meine Oper nicht geben. Indes, mochte er nun wirklich Vertrauen zu mir haben, oder wünschte er mir in irgend einer Form seine Dankbarkeit zu bezeigen (nach Aufführung der ›Schöpfung‹ hatte ich ihm noch mehrere Male bei der Inszenierung verschiedener Vorstellungen, u. a. bei ›La Cenerentola‹, und stets ohne jede Vergütigung geholfen), er schrak vor keiner Schwierigkeit zurück und versprach mir, sein

Möglichstes zu versuchen, um meine Oper an der Scala bei Gelegenheit der alljährlich zugunsten des Pio Istituto stattfindenden Feier zur Aufführung zu bringen. Graf Borromeo und der Advokat Pasetti versprachen Masini ihre Unterstützung; aber um streng bei der Wahrheit zu bleiben, muß ich sagen, daß diese Unterstützung sich auf einige nichtssagende Empfehlungsworte beschränkte. Masini dagegen gab sich in der Tat alle Mühe und wurde namentlich von dem Violoncellisten Merighi, einem Mitglied des Orchesters des Philodramatischen Theaters, unterstützt, der zu meinem Talent Vertrauen hatte.

Endlich gelang es denn auch, für das Frühjahr 1839 alles ins Reine zu bringen. Ich hatte das doppelte Glück, mein Werk von der Scala angenommen und gleichzeitig die Hauptrollen in den Händen von vier wirklich ausgezeichneten Künstlern zu sehen. Es waren dies die Strepponi, der Tenor Moriani, der Bariton Giorgio Ronconi und der Bassist Marini.

Nach Verteilung der Rollen hatte man kaum mit den Gesangsproben begonnen, als Moriani schwer krank wurde . . . Nun war wieder alles unterbrochen, und man konnte nicht mehr daran denken, meine Oper zu geben. Ich war im höchsten Grade enttäuscht und schickte mich bereits an, nach Busseto zurückzukehren, als eines Morgens in aller Frühe ein Beamter der Scala bei mir eintrat.

»Wenn Sie der Maestro aus Parma sind, dessen Oper für das Pio Istituto gegeben werden sollte«, sagte er barsch, »dann kommen Sie nach dem Theater, der Impresario erwartet Sie.«

»Ist es möglich!« rief ich.

»Ich habe den Auftrag, den Maestro aus Parma zu holen, dessen Oper aufgeführt werden sollte. Wenn Sie es sind, dann kommen Sie!« wiederholte der Mann.

»Ich komme.«

Der Impresario der Scala war damals Bartolomeo Merelli. Er hatte eines Abends hinter den Kulissen eine Unterhaltung zwischen Signora Strepponi und Giorgio Ronconi mit angehört. Im Laufe derselben hatte die Strepponi sich äußerst günstig über meine Musik zu *Oberto di San Bonifacio* ausgesprochen, die auch Ronconi sehr nach seinem Geschmack fand.

Ich stellte mich Merelli vor, und dieser sagte mir ohne jede

Einleitung, daß er in Anbetracht der günstigen Urteile, welche er über meine Oper gehört habe, gern bereit sei, dieselbe in der nächsten Saison aufzuführen, doch müßte ich einige Änderungen daran vornehmen, da die Künstler, welche dieselbe singen sollten, andere seien, wie die anfangs dafür bestimmten. Dieses Anerbieten konnte für meine Verhältnisse als ein geradezu glänzendes bezeichnet werden. Als junger, unbekannter Komponist hatte ich einen Impresario gefunden, der den Mut hatte, ohne jede Kaution meinerseits, die ich übrigens nicht zu stellen vermocht hätte, ein neues Werk von mir auf die Bühne zu bringen. Merelli nahm alle Kosten auf seine Rechnung und machte nur mit mir aus, daß die Hälfte des Gewinnes ihm zufallen solle, wenn ich im Falle des Erfolges meine Partitur verkaufte. Man glaube nicht, daß diese Vereinbarung für mich unvorteilhaft war: es handelte sich ja um ein Erstlingswerk! ... Der Erfolg war allerdings ein so günstiger, daß der Verlagsbuchhändler Giovanni Ricordi das Eigentumsrecht für meine Oper gegen eine Summe von siebzehnhundertfünfzig Francs erwarb.

Ein Förderer des jungen Verdi war der wohlhabende Kaufmann und Musikenthusiast Antonio Barezzi (1787–1867) in Busseto. Er wurde auch sein Schwiegervater. Als Verdi diesen Brief an ihn schrieb, war er fünfundzwanzig Jahre alt. Seine erste Oper ›Oberto, Conte di San Bonifacio‹ hatte am 17. November 1839 an der Scala in Mailand Premiere.

AN ANTONIO BAREZZI

Mailand, 4. September 1839

Liebster Schwiegervater,
Ermutigt durch die freundlichen Anerbieten, die Sie mir so viele Male gemacht haben, wage ich, Ihnen darzulegen, was ich benötige. Sie wissen, daß bald Michaelis sein wird, und ich habe die Wohnung noch nicht wiederbekommen, weil die Miete im voraus zu bezahlen ist. Ich habe sie nicht und wende mich an Sie. Ich benötige auch anderes, weil ich mir, während ich eine Oper schreiben muß, keine anderen Einkünfte verschaffen kann. Von der Oper werde ich Ihnen, wenn Sie kommen, vertraulich erzählen. Vorderhand kann ich Ihnen sagen, daß die Aussichten so gut sind wie ich nicht zu hoffen gewagt hätte. Die ganze Summe, die ich brauche, käme also auf 350 Lire. Ich bedaure, Sie jetzt belästigen zu müssen, da ich weiß, wieviel Sie schon für andere ausgegeben haben. Wenn ich es nicht tun müßte (das schwöre ich), würde ich es nicht tun. Sie wissen, worauf meine Ziele und Hoffnungen gerichtet sind. Bestimmt nicht darauf, Reichtümer zu häufen, sondern unter den Menschen etwas zu sein und kein nutzloser Kerl wie so viele andere. Wenn ich von Ihnen nicht erhalten sollte, worum ich bitte, würde ich mir wie ein Schwimmer vorkommen, der im Wasser das ersehnte Ufer sieht und im Begriff ist, sich daran zu klammern, aber . . . die Kräfte verlassen ihn, und er ertrinkt. Im Vertrauen auf Ihre Güte danke ich Ihnen im voraus und in der Hoffnung, Sie bald zu umarmen, grüße ich Sie.

G. Verdi

In weniger als zwei Jahren hatte der Tod Verdi seine junge Familie genommen. In seiner Trauer ergriff ihn ein Satz in einem ihm aufgedrungenen Libretto: »Va, pensiero, sull'ali dorate« [Flieg, Gedanke, auf goldenen Schwingen]. Er schrieb ›Nabucco‹, die Oper, die seinen Ruhm begründete. ›I Lombardi alla Prima Crociata‹ war am 11. Februar 1843 an der Scala uraufgeführt worden. Im folgenden Brief an die Gräfin Giuseppina Appiani, die mit Bellini und Donizetti befreundet war und als eine der glänzendsten Schönheiten Italiens galt, erwähnt Verdi eine spätere Aufführung in Venedig.

AN GIUSEPPINA APPIANI

Venedig, 26. Dezember 1843
eine Stunde nach Mitternacht

Sie sind ungeduldig, Nachricht über *I Lombardi* zu bekommen, und ich schicke sie Ihnen ganz frisch; es ist noch keine Viertelstunde her, daß der Vorhang fiel.

I Lombardi war ein großes Fiasko, eines jener wahrhaft klassischen Fiaskos. Alles wurde entweder bemängelt oder ertragen, ausgenommen die Cabaletta der Vision. Das ist die einfache, aber wahre Geschichte, die ich Ihnen weder zu meinem Vergnügen noch zu meinem Kummer berichte.

Francesco Maria Piave (1810–1876) war der Librettist von ›Ernani‹, ›I due Foscari‹, ›Macbeth‹ (gemeinsam mit Andrea Maffei), ›Il Corsaro‹, ›Stiffelio‹, ›Rigoletto‹, ›La Traviata‹, ›Simone Boccanegra‹ (erste Fassung), ›Aroldo‹ und ›La Forza del Destino‹ (erste Fassung). Nach einem Schlaganfall, der Piave vollständig lähmte, unterstützte Verdi mit allen möglichen Mitteln seine Familie und übernahm neun Jahre später auch die Kosten des Begräbnisses.

AN FRANCESCO MARIA PIAVE

Mailand, 3. November 1845

Lieber Freund,

Hoch sollen meine Feinde leben! Ihnen danke ich den Fortschritt meiner Karriere mehr als meinen Freunden. Ohne sie hätte man nicht so viel geredet, und ohne viel Gerede hätte man weder *Ernani* in London noch *Nabucco* in Paris gegeben. Verfluche sie also nicht mehr, denn ich bin ihnen unendlich viel schuldig!

Cola di Rienzi gefällt mir nicht, weil man ihn nur an ein, zwei Bühnen aufführen kann . . . Wir brauchen einen englischen Stoff, und ich denke an *König Lear*. Eine himmlische Sache! Eine der höchsten Leistungen des menschlichen Genies. – Ich

1 Um 1845

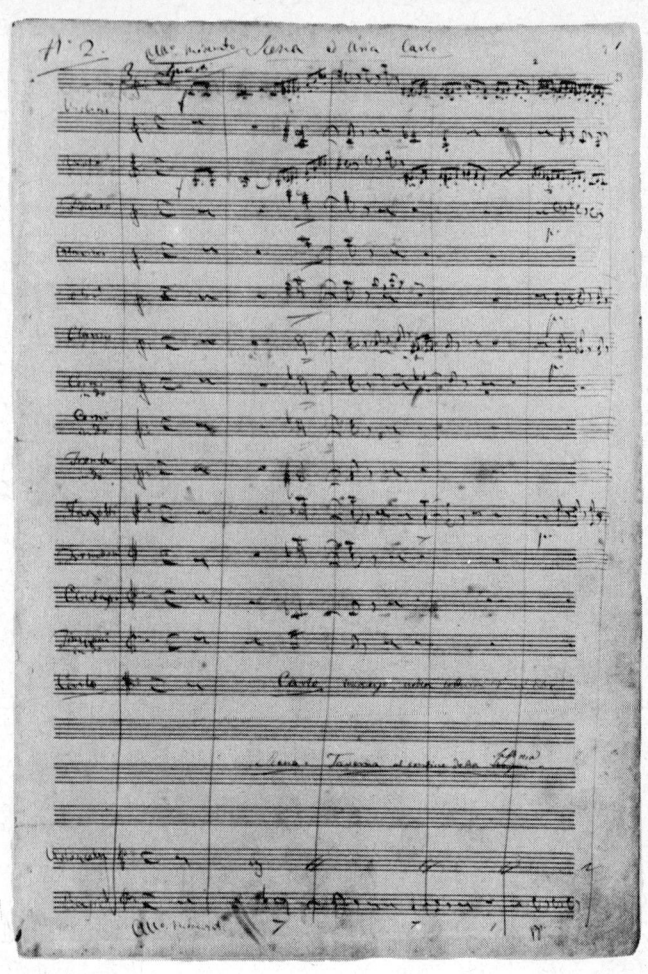

2 ›I Masnadieri‹. Blatt aus der Handschrift

bin noch nicht entschlossen, werde mich aber baldigst ent-
scheiden. – Was gibt's Neues in Venedig? Was machen die
Gattis, die *Lions* usw.?
Ich habe Eile wie üblich, habe Dir aber nichts zu sagen. –
Addio.
Grüße die Fontanas, aber grüße sie richtig. Was macht der
liebe Venturi?

G. Verdi

AN FRANCESCO MARIA PIAVE
Mailand, 11. [17.?] November 1845
Du mußt Dich in Sachen Don Merelli an jemand anderen
wenden, weil ich mich nicht der Gefahr aussetzen will, keine
Antwort zu bekommen, oder eine Antwort, die mir nicht
gefiele. – Schreib ihm, wie es sich gebührt! . . .
Bei Gott, was gehört schon dazu, einen Band Shakespeare
aufzutreiben und zu studieren . . . Ich versichere Dir nämlich,
daß dieser Stoff gründlich studiert werden muß. – Über Kommen oder Nichtkommen nach London sprechen wir noch . . .
Aber weißt Du, was das kostet? . . .
Ha, ha, ha! . . . Ich platze vor Lachen. – Du bist verliebt? . . . In
wen denn? . . . Sag's mir, sag's mir . . . und ich will Dich
kurieren! . . . Armer Teufel! . . . Mein Gott, wie schön, Piave
verliebt zu sehen! . . . Mit dem Bauch! . . . Ich will so lange
über Dich lachen, bis Dir die Liebe vergangen sein wird . . .
Wer ist denn die Hexe? . . . Oder der Engel . . . wie Du's
nimmst . . . Grüß alle.
Herzlichst Dein
G. Verdi
Ich werde (wie vertraglich gebunden) am 1. des Monats im
[unleserlich], meinem üblichen Quartier in Venedig, sein.
Sicher kennst Du Ferrarini. Wenn Du ihn nicht kennst, suche
ihn kennenzulernen und übergib den Brief.

Wie sein Bruder Léon (1821–1881) und gemeinsam mit ihm war Marie
Escudier (1819–1880) ein bedeutender Musikverleger, Journalist und
Theaterdirektor in Paris. Beide Brüder setzten sich in Frankreich für
Verdi ein. Léon stand ihm jahrelang nah, bis er trotz Verdis Warnung vor
zu kostspieligen Unternehmungen Bankrott machte und seinen finan-
ziellen Verpflichtungen nicht mehr nachkommen konnte.

Francesco Lucca (1802–1872) war der Mailänder Verleger von einigen frühen Opern Verdis.

Mailand, 25. August 1846

Es überrascht mich, daß man, um die *Foscari* in Paris zu machen, auf die Fassung von Neapel zurückgegriffen hat, welche die Musik furchtbar mißhandelt und das Drama so weit verändert, daß die interessantesten Momente lächerlich werden. Es genügte also nicht, letztes Jahr den *Ernani* zu ruinieren, da man in diesem Jahr dasselbe mit den *Foscari* machen will? Und warum läßt man diese Opern nicht besser in den Regalen Eurer Verleger? In unserem Italien (das zwar bei Euch barbarisch genannt wird) wäre eine solche Monstrosität nicht erlaubt; wie kann sie also in Paris geduldet werden, in der Hauptstadt der zivilisierten Welt, im Asyl der schönen Künste? – Ich finde es vernünftig, daß Coletti transponiert, was seiner Stimme nicht paßt, aber der wahre Künstler kann und darf den Text, dramatische Wendungen, musikalische Formen, die Instrumentation usw. nicht ändern . . . Ich messe meinen Sachen keinerlei Bedeutung bei, und wenn sie einmal geschrieben sind, lasse ich sie laufen wie es Gott oder der Teufel will; aber ich kann nicht erlauben, daß sie in solchem Maße entstellt werden. In diesem Fall wäre ich gezwungen, in der Presse zu erklären, daß ich in den *Foscari*, wie sie in Paris gegeben werden, meine Opern nicht wiedererkenne. Die Ouvertüre zur *Giovanna d'Arco* darf nicht vor den *Foscari* stehen, und ich kann Euch nur raten, die Euch von Ricordi übersandte Partitur genau wiederzugeben. Ich habe nichts hinzuzufügen, nichts wegzulassen. Wenn die *Foscari* eine Wirkung erzielen können, können sie es so, aber auf keine andere Art.

Es wäre mir unmöglich, 12 Solfeggien zu machen. Wie wollt Ihr, daß ich die Zeit dafür fände? . . . Die Opern, die ich für Lucca schreiben muß, haben keinen bestimmten Termin, aber sie müssen innerhalb von zwei Jahren geschrieben werden und ich habe mir keinerlei Rechte daran vorbehalten. Für die weiteren Opern habe ich verschiedene Sujets in Aussicht, unter denen kein französisches ist.

Gebt mir Eure Nachrichten. Empfehlt mich dem Ehepaar
Barzanti und seid herzlich gegrüßt von Eurem

G. Verdi

Giovanni Ricordi (1785–1853) war der Gründer des berühmten Musikverlages in Mailand, in dem von 1848 an sämtliche Werke Verdis erschienen.

AN GIOVANNI RICORDI

Mailand, 29. Dezember 1846

Liebster Ricordi,
Ich billige den Vertrag, den Du für meine neue Oper *Macbeth*
gemacht hast, die zum nächsten Karneval in Florenz herauskommen wird; und ich bin damit einverstanden, daß Du
Gebrauch davon machst, aber unter der Bedingung, daß Du
keine Aufführungen dieses *Macbeth* am k.k. Scala-Theater
erlaubst.
Ich habe genug Beispiele, um überzeugt zu sein, daß man dort
nicht weiß oder nicht wissen will, wie man Opern ordentlich
aufführt, und ganz besonders die meinen. Ich kann nicht
vergessen, wie scheußlich die *Lombardi, Ernani, Due Foscari*
inszeniert worden sind . . . Ein weiteres Beispiel habe ich vor
Augen mit dem *Attila*! . . . Frage Dich selbst, ob diese Oper
trotz eines guten Ensembles schlechter inszeniert werden
konnte? . . .
Ich wiederhole Dir also, daß ich die Aufführung dieses *Macbeth* an der Scala weder erlauben kann noch darf, zumindest
nicht, bis sich eine Änderung zum Besseren ergeben hat. Ich
halte mich für verpflichtet, Dir zu Deiner Orientierung mitzuteilen, daß diese Bedingung, die ich jetzt für den *Macbeth*
stelle, von nun an für alle meine Opern gelten wird.
Addio. Herzlichst Dein

G. Verdi

Der Bariton Felice Varesi (1813–1889) sang neben anderen Verdi-Partien
den ersten Macbeth, Rigoletto, der seine Glanzrolle wurde, und Ger-
mont, als der er enttäuschte.
Die in diesem Brief, den Verdi zu unterschreiben vergaß, erwähnten
Textänderungen dürften von Andrea Maffei stammen, den Verdi zur
Verbesserung des Piaveschen Librettos zu ›Macbeth‹ herangezogen hatte.

Mailand, 7. Januar 1847

Liebster Varesi,

Ich war etwas säumig, Dir Noten zu schicken, weil ich etwas Erholung erträumte. Nun, hier hast Du ein Duettino, ein großes Duett und ein Finale [für ›Macbeth‹]. Ich werde nie aufhören, Dir nahezulegen, Text und Darstellung gut zu studieren; die Musik kommt von selbst. Aus dem ersten Duettino kannst Du viel herausholen, (mehr als aus einer Cavatina). Achte gut auf die Darstellung, wenn er den Hexen begegnet, die ihm den Thron prophezeien. Bei dieser Weissagung bist Du erstaunt und erschreckt; aber gleichzeitig entsteht in Dir der Ehrgeiz, auf den Thron zu kommen. Darum wirst Du den Beginn des Duettinos *sotto voce* sprechen, und achte darauf, alle Betonung auf die Worte »*Ma perchè sento rizzarsi il crine?*« [Aber warum sträubt sich mir das Haar?] zu legen. Achte wohl auf die Bezeichnungen, auf die Akzente bei *pp* und *f*, die in den Noten stehen. Denke daran, daß Du auch mit

eine Wirkung erzielen mußt.

Im großen Duett sind die ersten Worte des Rezitativs, wenn er dem Diener befiehlt, ohne Betonung zu sagen. Aber dann, wenn er allein ist, wird er immer erregter und glaubt einen Dolch in seinen Händen zu sehen, der ihm den Weg zur Ermordung Duncans weist. Dies ist ein sehr schöner Moment, dramatisch und poetisch; Du mußt gut darauf achten.

Paß auf, es ist Nacht; alles schläft; dies ganze Duett muß *sotto voce* gesprochen werden, aber mit dunkler Stimme, die Entsetzen einflößt. Macbeth allein sagt (in einem Augenblick der Erregung) ein paar Phrasen mit lautem und breitem Ton; aber das alles wirst Du in den Noten erklärt finden. Um Dir meine Ideen gut verständlich zu machen, sage ich Dir auch, daß die Instrumentation in diesem ganzen Rezitativ und Duett aus Streichern mit Dämpfern, zwei Fagotten, zwei Hörnern und einer Pauke besteht. Du siehst, daß das Orchester außerordentlich leise spielen wird, und Ihr müßt ebenfalls gedämpft singen. Ich lege Dir nahe, die folgenden poetischen Stellen, die außerordentlich schön sind, gut herauszubringen!

1. Ah questa mano
Non potrebbe l'Oceano
queste mani a me lavar

[O, diese Hand!
Der Ozean könnte
mir diese Hände nicht rein-
waschen.]

Dann die andere:

Vendetta tuonarmi come An-
geli d'ira
Udrò di Duncano le sante
virtù

[Rache wird mir wie zornige
Engel donnern,
Von Duncans frommen Tu-
genden werde ich hören.]

Das erste Tempo 6/8 des Duetts ist ziemlich schnell. Das
zweite 3/8 ist Andantino mosso. Das letzte Temo ₵ [alla
breve] ist prestissimo, sotto voce, und am Ende darf man das
Wort [unentzifferbar] kaum verstehen. Macbeth, fast außer
sich, wird von der *Lady* hinweggezogen.

Das Erste Finale versteht sich von selbst. Achte lediglich
darauf, daß es nach den ersten Takten eine Stelle für die
Stimmen allein gibt, bei der Du und die Barbieri ganz sicher
sein müßt, um die anderen zu stützen. –
Verzeih das Geschwätz. Bald schicke ich Dir den Rest. Addio! – – –

Im Finale des Banketts ändere ein paar Verse, die ich Dir
schicke, weil sie passender und poetischer sind.
Am Anfang:

Mac.

Prenda ciascun l'orrevole
Seggio al suo grado eletto!
Lieto son io d'accogliere
Tali ospiti a banchetto.

[Ein jeder nehme den seinem
Rang gebührenden Platz ein!
Ich bin froh, solche Gäste
zum Bankett zu empfangen.]

La mia consorte assidasi
Nel seggio a lei sortito
Ma pria le piaccia un brindisi
Sciogliere a vostro onor!

[Meine Gattin setze sich
auf ihren erwählten Platz.
Aber zuerst gefalle es ihr,
einen Trinkspruch zu Eurer
Ehre auszubringen!]

Später:

Non dirmi ch'io fossi! ... le
ciocche cruente
Non scuotermi incontro! ...
Macbetto è soffrente

[Sag mir nicht, daß ich's gewesen sei! ... Schüttle mir
nicht die blutigen Haare entgegen! ... Macbeth ist lei-
dend!]

Và ... spirto d'abisso! ...   [Hinweg ... Geist der Hölle!
spalanca una fossa   ... Öffne ein Grab]

Addio! Addio! Addio!

Grüße mir Ferretti und seine ganze Familie sehr, sehr herzlich. Sag ihm, daß ich seinen Brief bekommen habe, der mir die größte Freude gemacht hat. Addio.

AN ANTONIO BAREZZI

Florenz, 25. März 1847
Seit langem hegte ich den Gedanken, Ihnen, der Sie mir Vater, Wohltäter und Freund gewesen sind, eine Oper zu widmen. Es war eine Pflicht, die ich eher hätte erfüllen müssen, und ich hätte es getan, wenn zwingende Umstände es nicht verhindert hätten. – Nun, hier ist dieser *Macbeth*, den ich lieber habe als meine anderen Opern und darum als würdiger erachte, daß er Ihnen überreicht werde. Das Herz bietet ihn dar: möge das Herz ihn empfangen, und möge er Ihnen Zeugnis der immerwährenden Erinnerung, Dankbarkeit und Liebe sein, die Ihnen entgegenbringt
Ihr herzlichst ergebener   G. Verdi

Clarina, wie ihre Freunde die Gräfin Clara Maffei (1814–1886) zärtlich nannten, heiratete mit achtzehn Jahren den Dichter Andrea Maffei. Ihre Liebe zur Kunst und ihr seltener Charme zogen ein halbes Jahrhundert lang die bedeutendsten Persönlichkeiten in ihren Mailänder Salon. Unter ihnen waren Giuseppe Verdi und Honoré de Balzac, die italienischen Schriftsteller Opprandino Arrivabene, Giulio Carcano, Antonio Ghislanzoni und Carlo Tenca, der nach ihrer Trennung von Andrea Maffei im Jahr 1846 Clarinas Lebensgefährte wurde. In späteren Jahren zählten auch Arrigo Boito, der Dirigent Franco Faccio und Giacomo Puccini zu den Verehrern der großen und noblen Frau. In der Zeit ihrer Trennung stand Verdi Andrea und Clarina Maffei hilfreich zur Seite und blieb ihnen beiden verbunden. Giuseppina Verdi sprach von Clarina als einer Frau, »die mit Enthusiasmus lebt und einen Tempel der Freundschaft erbaut hat«. Clarina Maffeis lebhafter und tätiger Anteil an der Erhebung Italiens trug sehr wesentlich zu ihrer Verbindung mit Verdi, mit dem republikanischen Patrioten Giuseppe Mazzini und auch mit dem Grafen Camillo Benso di Cavour, dem »Vater der Einigung Italiens« bei. Clarina brachte 1868 auch Verdis Begegnung mit Italiens großem Dichter Ales-

sandro Manzoni zustande, dessen Andenken er fünf Jahre später das
›Requiem‹ widmete.

London, 7. Juni 1847

Liebste Freundin,
Seit zwei Tagen bin ich in London. Ich habe einen höchst
lästigen Umweg gemacht, aber es hat mir Spaß gemacht. Als
ich in Straßburg ankam, war die Postkutsche schon abgefahren, und statt mich 24 Stunden aufzuhalten, nahm ich die
Straße am Rhein. So bin ich nicht müde geworden. Ich habe
diese sehr hübsche Gegend gesehen. *In Mainz, in Köln, in
Brüssel* habe ich Halt gemacht und zwei Tage in Paris und bin
hier nun endlich in London. In Paris war ich in der Opéra. Ich
habe noch niemals schlechtere Sänger und mäßigere Chöre
gehört. Das Orchester selbst (mit Erlaubnis aller unserer
Theaterlöwen) ist wenig mehr als mittelmäßig. Was ich von
Paris gesehen habe, gefällt mir sehr, und vor allem gefällt mir
das freie Leben, das man in diesem Land führen kann. Auf der
Rückreise werde ich mich dort aufhalten, und dann werde
ich Ihnen ehrlich sagen, was ich davon halte. Über London
kann ich Ihnen nichts sagen, weil gestern Sonntag war und
ich keine Seele zu sehen bekam. Dieser Rauch und dieser
Kohlengeruch plagen mich aber sehr; ich komme mir dau-
ernd wie auf einem Dampfschiff vor. In ein paar Minuten
werde ich ins Theater gehen, um zu erfahren, was es für
mich gibt. Emanuele [Muzio], den ich vorausgeschickt hatte,
hat mir eine so homöopathische Wohnung gefunden, daß ich
mich nicht rühren kann; aber sie ist recht sauber wie alle
Häuser in London.
Die *Lind* erregt unsagbare Begeisterung; zur Stunde verkauft man schon die Logen und Plätze für morgen abend.
Ich kann es nicht erwarten, sie zu hören. Gesundheitlich
geht es mir sehr gut. Die Reise hat mich sehr wenig angestrengt, weil ich sie mit aller Bequemlichkeit unternahm. Es
stimmt, daß ich spät angekommen bin, und der Impresario
könnte sich beschweren; aber wenn er mir ein einziges
Wort sagt, das mir nicht paßt, werde ich ihm zehn zur Antwort geben und fahre gleich nach Paris, komme, was da
wolle ...
Wie geht es Ihnen? Wie geht es Ninetta? Ich hoffe, daß es

23

Ihnen gut geht und daß ich Sie bei meiner Rückkehr wohl und dicker geworden finden werde. Sagen Sie allen tausend Grüße. Ich drücke Ihnen tausendmal die Hand. Bleiben Sie mir gut und glauben Sie stets an die aufrichtige Freundschaft Ihres   herzlich ergebenen G. Verdi
P.S.... Hier gibt es viele Mailänder, unter ihnen Arioli, der vor Lachen stirbt.

AN GIOVANNI RICORDI

Paris, 15. Oktober 1847

Lieber Ricordi,
Ich werde weder Präambeln noch Entschuldigungen machen, daß ich Dir nicht eher geschrieben habe, weil ich nicht viel Zeit habe, aber ich komme gleich auf die Oper *Jérusalem* zu sprechen, die Du von mir haben willst; sie wird an der *Académie Royale* wahrscheinlich vor dem 15. November aufgeführt werden.

Ich überlasse Dir also die obenerwähnte Partitur für die ganze Musikwelt mit Ausnahme Englands und Frankreichs. Du wirst mir für den Druck achttausend Francs in 400 echten Napoléons d'Or bezahlen, die entweder in Paris oder Mailand je nach meiner Angabe in folgender Weise zahlbar sein werden: 100 Napoléons d'Or am 1. Dezember 1847; 100 am 1. Januar, 100 am 1. Februar, und die letzten 100 am 1. März 1848.

An den Leihgebühren wirst Du mich zehn Jahre lang in folgender Weise beteiligen: für die ersten fünf Jahre wirst Du mir 500 Francs für jede Leihgebühr bezahlen; für die weiteren fünf Jahre 200 Francs für jede Leihgebühr.

Es wird verboten, in der Partitur irgend etwas einzufügen oder zu streichen (mit Ausnahme der Ballettmusik, die wegbleiben kann), bei Strafe von tausend Francs, die ich von Dir jedesmal erheben werde, wenn diese Partitur an Theater ersten Ranges kommt. Für Theater zweiten Ranges wird die Klausel gleichermaßen gelten, und Du verpflichtest Dich, alle möglichen Mittel zu finden, um die Strafe im Falle von Zuwiderhandlungen einzutreiben. Wenn Du sie aber nicht eintreiben kannst, bist Du auch nicht verpflichtet, sie mir zu zahlen. Addio, addio!

Verdi hatte die Februar-Revolution, die Abdankung Louis-Philippes und die Proklamation der Zweiten Republik in Paris erlebt. Nach den »Cinque Giornate«, dem fünftägigen Aufstand in Mailand vom 18. bis 22. März, und dem Abzug der österreichischen Truppen unter Radetzky traf Verdi Anfang April in Mailand ein. In St. Agata bei Busseto, in der Po-Ebene nahe Piacenza und Cremona, kaufte er ein Landgut.

Den folgenden Brief – den einzigen uns bekannten, der eine andere Unterschrift als »G. Verdi« trägt – schrieb er unter dem Eindruck der Mailänder Ereignisse.

AN FRANCESCO MARIA PIAVE

Mailand, 21. April 1848

Lieber Freund,

Kannst Du Dir vorstellen, daß ich in Paris bleiben wollte, als ich von einer Revolution in Mailand erfuhr? Ich bin von dort sofort abgereist, als ich die Nachricht bekam, aber ich habe nichts sehen können als diese erstaunlichen Barrikaden. Ehre sei den Tapferen! Ehre sei ganz Italien, das in diesem Augenblick wahrhaft groß ist!

Die Stunde seiner Befreiung hat geschlagen, davon sei überzeugt. Das Volk will es so; und gegen den Willen des Volkes kann keinerlei Macht bestehen.

Sie [die Österreicher] können alles tun, alle Anstrengungen machen, die sie nur wollen, sich da mit aller Gewalt durchzusetzen versuchen, aber es wird ihnen nicht gelingen, das Volk um seine Rechte zu betrügen. Ja, jawohl, noch ein paar Jahre, vielleicht ein paar Monate, und Italien wird frei sein, vereint, republikanisch. Wie könnte es anders sein?

Du sprichst mir von Musik!! Was ist in Dich gefahren? ... Du glaubst, daß ich mich jetzt mit Noten, mit Tönen beschäftigen will? ... Es gibt, es darf nur eine Musik geben, die den Ohren der Italiener von 1848 gefällt: die Musik der Kanonen! ... Für alles Gold der Welt schriebe ich nicht eine Note: ich hätte die größten Gewissensbisse, Notenpapier zu benutzen, aus dem man so gute Patronen machen kann. Mein braver Piave, all Ihr braven Venezianer, gebt jeden Gedanken an Eure städtischen Belange auf, reichen wir uns alle die Hände als Brüder, und Italien wird noch die erste Nation der Welt sein! ...

Du bist Nationalgardist? Ich freue mich, daß Du nur ein einfacher Soldat bist. Ein schöner Soldat! Armer Piave! Wie schläfst Du? Wie ißt Du? ... Auch ich, hätte ich mich anwerben lassen können, würde nur Soldat sein wollen, aber jetzt kann ich nur ein Tribun, und ein miserabler Tribun sein, weil ich nur ab und zu beredsam bin.

Ich muß wegen Verpflichtungen und Geschäften nach Frankreich zurück. Stell Dir vor, daß ich dort neben der Plage, zwei Opern schreiben zu müssen, auch noch verschiedene Gelder einzufordern und viele andere in Banknoten einzulösen habe.

Ich habe dort alles stehen und liegen gelassen, kann aber nicht auf eine für mich beträchtliche Summe verzichten, und meine Anwesenheit ist notwendig, um bei der gegenwärtigen Krise wenigstens einen Teil zu retten. Im übrigen, mag geschehen, was da wolle, ich mache mir keine Sorgen darüber. Wenn Du mich jetzt sähest, würdest Du mich nicht wiedererkennen. Ich habe nicht mehr die Miene, die Dich in Schrecken versetzte! Ich bin trunken vor Freude! Stell Dir vor, daß keine Deutschen [Österreicher] mehr da sind!! Du weißt, was für eine Sympathie ich für sie hatte! Addio, addio, grüß alle. Tausend gute Wünsche für Venturi und Fontana. Schreib mir gleich, denn wenn ich abreise, wird's nicht so bald sein. Selbstverständlich komme ich zurück! ...

Giuseppe

AN FRANCESCO MARIA PIAVE

Paris, 22. Juli 1848

Lieber Piave,

Ich weiß nicht, ob Du weißt, daß ich seit mehr als einem Monat in Paris bin; und ich weiß nicht, wie lang ich in diesem Chaos bleiben werde. Hast Du von dieser letzten Revolution gehört? Wie viel Schreckenstaten, mein lieber Piave! Gebe der Himmel, daß alles vorbei ist! Und Italien? Armes Land!!! Ich lese die Zeitungen und lese sie immer wieder, indem ich stets auf eine gute Nachricht hoffe, aber ... Und Du, warum schreibst Du mir nie? Mir scheint, daß dies die wahren Zeiten sind, in denen Freunde sich der Freunde erinnern!

Inmitten dieser Erschütterungen in aller Welt habe ich weder Kopf noch Lust, mich um meinen Kram zu kümmern (es kommt mir sogar lächerlich vor, mich um ... Musik zu kümmern); aber ich bin verpflichtet, daran zu denken, und ernsthaft daran zu denken. Sag mir also, ob Du mir ein Libretto machen würdest, wenn ich Dir's vorschlüge? Das Sujet müßte ein italienisches und ein freiheitliches sein; und wenn Du kein besseres findest, schlage ich Dir *Ferruccio*, eine gigantische Persönlichkeit, vor, einen der größten Märtyrer für die italienische Freiheit. Die Belagerung von Florenz von Guerrazzi könnte Dir große Szenen verschaffen, aber ich möchte, daß Du Dich an die Geschichte hältst. Hauptrollen könnten, glaube ich, sein: *Ferruccio, Lodovico Martelli, Maria Benintendi, Bandini Giov.*

Dies müßten die Hauptpartien sein, aber Du könntest so viele zweite Partien hinzufügen, wie Du willst, und ein sehr erhabenes und grandioses Sujet machen. Du könntest *Malatesta, den Verräter* hereinnehmen (das wäre sogar notwendig), *Dante da Casizzi* usw. Ich möchte die *Priori* bzw. den Senat von Florenz auf der Bühne und ich möchte, daß es für die Feste Clemens VII. konzipiert würde, aber ohne ihn erscheinen zu lassen. Was meinst Du? Wenn Du dies für ein gutes Sujet hältst, mach mir ein Szenarium und schicke es mir. Erinnere Dich, daß ich ein sehr ausführliches Szenarium liebe, weil ich meine Bemerkungen zu machen habe; nicht, daß ich mich für imstande hielte, so eine Arbeit zu beurteilen, sondern weil es mir unmöglich ist, gute Musik zu machen, wenn ich das Drama nicht gut verstanden habe. Sei davon überzeugt. Achte gut darauf, Eintönigkeit zu vermeiden. Bei ohnehin traurigen Sujets macht man am Ende, wenn man nicht sehr aufpaßt, ein Begräbnis, wie zum Beispiel bei den *Foscari*, die von Anfang bis Ende eine Färbung, eine zu gleichmäßige Farbe haben.

Addio, addio! Hoffen wir auf heiterere Zeiten.

Aber ich erschrecke, wenn ich einen Blick auf Frankreich und dann einen auf Italien werfe ...

Am Ende schreitet Rußland auf Konstantinopel zu. Wenn wir die Russen Konstantinopel in Besitz nehmen lassen, werden wir in ein paar Jahren Kosaken sein ... O Gott!!!

G. Verdi

Adressiere Deine Briefe *Poste Restante – Paris.*

AN CLARINA MAFFEI

Paris, 24. August 1848

Ihr Brief hat mir die größte Freude gemacht, weil ich nicht wußte, was ich von Ihrem Ergehen denken sollte. Jetzt, da ich Sie heil und gesund weiß, bin ich zufrieden.

Sie wollen die Meinung Frankreichs über die Angelegenheiten Italiens hören? Lieber Gott, was kann ich da sagen!! Wer nicht gegen uns ist, ist gleichgültig. Ich muß auch hinzufügen, daß die Idee des *Geeinten Italiens* diese kleinen, unbedeutenden Leute erschreckt, die hier an der Macht sind. Frankreich wird bestimmt keine Waffenhilfe leisten, es sei denn, es würde von einem unmöglich vorauszusehenden Ereignis wider Willen mitgerissen werden. Die französisch-englische Diplomaten-Intervention kann nur ungerecht und schmählich für Frankreich sein, verderblich für uns. In der Tat würde diese Intervention dahin zielen, daß Österreich die Lombardei aufgäbe und sich mit Venetien begnügte. Angenommen, Österreich brächte es über sich, die Lombardei zu räumen (zunächst macht es keine Miene dazu, und vielleicht würde man vor der Abreise noch alles ausplündern und verbrennen), so wäre das für uns eine Schande mehr, die Lombardei wäre verwüstet, und wir hätten in Italien noch einen Fürsten mehr. Nein, nein, nein, ich erhoffe nichts von Frankreich, nichts von England, und wenn ich von jemand etwas erhoffe, so ist es – was glauben Sie wohl? – Österreich; ich hoffe auf Österreichs innere Wirren. Etwas Ernstes muß dort wohl vorgehen, und wenn wir den Augenblick nutzen und den Krieg führen, der geführt werden müßte, den Befreiungskrieg, dann kann Italien noch frei werden. Aber Gott verhüte, daß wir uns auf unsere Könige und auf fremde Nationen verlassen!

Hier kommen italienische Diplomaten von allen Richtungen an. Gestern noch Tommaseo, heute Picciotti. Sie werden nichts erreichen; es scheint unmöglich, daß sie noch auf Frankreich hoffen. In einem Wort: Frankreich will Italien nicht als Nation.

Das ist meine Meinung, der ich keinerlei Gewicht beizulegen bitte, denn Sie wissen, ich verstehe nichts von Politik. Übrigens ist auch Frankreich in einem Abgrund, und ich weiß nicht, wie es aus ihm herauskommen wird. Die Untersuchung über die Vorfälle im Mai und Juni ist das Niederträchtigste, Widerlichste, was es gibt. Welch eine jämmerliche Epoche von Zwergen! Nichts Großes geschieht – nicht einmal große Verbrechen! Ich glaube, daß eine neue Revolution bevorsteht; man spürt *den Geruch* überall. Eine neue Revolution wird diese armselige Republik vollends umwerfen. Hoffen wir, daß sie nicht kommt; aber es gibt gewaltige Gründe, sie zu befürchten.

Carcano ist schon in der Schweiz, vielleicht haben Sie ihn gesehen. Emanuele [Muzio] schrieb mir, daß er nicht länger in Mailand bleiben konnte, und vielleicht wird er morgen oder übermorgen hier sein.

AN FRANCESCO MARIA PIAVE

[Vermutlich Paris] 27. August 1848

Was ist los? Bist Du verrückt geworden oder im Begriff, es zu werden? Ich soll Dir den *Corsaro* überlassen? ... Diesen *Corsaro*, an dem ich so viel herumgemurkst habe, der mich so viele Gedanken kostet, und den Du selbst sorgfältiger als sonst in Verse gebracht hast? ... Und ich soll ihn Dir überlassen? ... Und du sagst mir nicht einmal für was und wen! ... Geh ins Krankenhaus und laß Dein Gehirn kurieren.

Du beschwörst mich im Namen der *Freundschaft, Dir aus einer Patsche zu helfen*. Hör zu. Wenn Du irgend ein anderer wärst, hätte ich mich nicht einmal darum bemüht, Dir zu antworten; dem Dichter jedenfalls hätte ich's abgeschlagen, aber dem Freunde *Francesco Maria Piave*, dessen mehr als brüderliche Sorge zur Zeit meiner Krankheit ich nie vergessen werde, kann ich diese Überlassung nicht abschlagen. Aber paß gut auf: wenn es nicht darum ginge, Dir aus einer schlimmen Patsche zu helfen, wäre es eine Zumutung von Dir, ein solches Opfer von mir zu verlangen. Mach's also wie Du meinst, und wenn Du diesen *Corsaro* willst, überlasse ich ihn Dir – unter der Bedingung jedoch, daß Du mir ein anderes Libretto mit der gleichen Liebe machst, mit der Du dieses gemacht hast. [...]

Verdi war dem großen Patrioten Giuseppe Mazzini (1805–1872), der – jahrelang im Exil – ein geeintes republikanisches Italien erstrebte, 1847 in London begegnet. Der Text der im folgenden Brief erwähnten Hymne – *Suona la tromba* – stammt von dem romantischen Dichter Goffredo Mameli, der als junger Adjutant Garibaldis 1849 im Kampf gegen die Franzosen in Rom sein Leben verlor.

Paris, 18. Oktober 1848

Ich schicke Euch die Hymne, wenn auch etwas spät, und hoffe, sie wird Euch rechtzeitig erreichen. Ich habe mich bemüht, volkstümlicher und verständlicher zu sein, als mir das sonst möglich war. Macht damit, was Ihr wollt; verbrennt sie auch, wenn Ihr sie nicht für würdig befindet. Falls Ihr sie jedoch veröffentlicht, seht zu, daß der Dichter zu Beginn der zweiten und dritten Strophe einige Worte ändert; da wäre es gut, eine fünfsilbige Phrase zu machen, die einen eigenen Sinn haben sollte wie alle die anderen Strophen. *Noi lo giuriamo...* *Suona la tromba* [Wir schwören es ... Es schallt die Trompete] usw. usw.; dann, wohlverstanden, ist der Vers mit dem Ton auf der drittletzten Silbe [des letzten Wortes] zu enden. In der vierten Zeile der zweiten Strophe muß das Fragezeichen weg und der Sinn mit der Zeile enden. Ich hätte die Verse komponieren können, wie sie sind, aber dann wäre die Musik kompliziert geworden, also weniger populär, und wir hätten den Zweck nicht erfüllt.

Möge diese Hymne zwischen der Musik der Kanonen bald in der lombardischen Ebene erklingen!

Seid herzlich gegrüßt von einem, der für Euch alle Verehrung hat.

P.S. – Falls Ihr Euch zum Druck entschließt, könnt Ihr Euch an *Carlo Pozzi in Mendrisio* wenden, der Korrespondent von Ricordi ist.

Nachdem er unter anderem für Donizetti den Text zu ›Lucia di Lammermoor‹ verfaßt hatte, schrieb der einer bekannten neapolitanischen Künstlerfamilie entstammende Salvatore Cammarano (1801–1852) für Verdi die Libretti zu ›Alzira‹, ›La Battaglia di Legnano‹ und ›Luisa Miller‹ (nach Schillers ›Kabale und Liebe‹). Sein plötzlicher Tod während der Arbeit am ›Trovatore‹ erforderte ihre Beendigung durch L. E. Bardare und mag auch dazu beigetragen haben, daß Verdis – später noch einmal mit Antonio Somma aufgenommener – Plan einer Oper ›Re Lear‹ nicht zur Ausführung kam.

Der folgende Brief bezieht sich auf ›La Battaglia di Legnano‹, die am 27. Januar 1849 in Rom uraufgeführt wurde, und auf eine Inszenierung des ›Macbeth‹ in Neapel.

Paris, 23. November 1848

Lieber Cammarano,
Ich bin noch immer in Erwartung einer Antwort auf meinen
Brief, der den Empfang des dritten Aktes bestätigte; in diesem
Brief bat ich Euch, eine Szene für die Primadonna einzufügen.
Ich erhoffe von Eurer Freundschaft noch immer, daß Ihr mir
diesen Gefallen tut. Falls Ihr meinen oben erwähnten Brief
nicht erhalten haben solltet, wiederhole ich Euch hiermit
meine Absichten. Da es mir scheint, daß die Partie der Dame
nicht die Bedeutung der beiden anderen hat, wünschte ich,
daß Ihr nach dem Todeschor ein großes, sehr bewegtes Rezitativ einfügt, in dem sie ihre Liebe und ihre Verzweiflung,
Arrigo todgeweiht zu wissen, ausdrücken sollte; die Furcht,
entdeckt zu werden usw. ... usw. ...; nach einem schönen
Rezitativ laßt den Mann dazu kommen und macht ein schönes
pathetisches kleines Duett; laßt den Vater den Sohn segnen
oder etwas ähnliches ... usw. ... usw. ...
Einen letzten Gefallen, einen ganz kleinen, erbitte ich von
Euch. Am Ende des zweiten Akts hätte ich gern vier Verse
zwischen Arrigo und Rolando (zusammen) vor

Infamati e maledetti	[Ehrlos und verflucht
voi sarete in ogni età.	werdet ihr für alle Zeiten
	sein.]

Ich möchte diesem Stück vor dem Finale Bedeutung verleihen
und würde bedauern, an dieser Stelle Worte zu wiederholen.
Ich wünsche diese Verse laut und energisch; ich möchte, daß
sie diese Idee ausdrücken: *Verrà un tempo in cui i vostri
discendenti avranno orrore di portare il vostro nome* [Es wird
eine Zeit kommen, in der eure Nachkommen mit Schrecken
euren Namen tragen werden] usw. usw. ... dann *Infamati e
maledetti* usw. ...
Wenn Ihr mir diese Verse machen und mir gleich schicken
könnt, tut Ihr mir einen großen Gefallen, weil ich keine Zeit
zu verlieren habe.
Sagt mir noch (aber erschreckt nicht!): ich würde im Ensemble der Einleitung eine weitere Stimme brauchen, einen Tenor; könnte man da zum Beispiel einen *Schildträger* des Arrigo hereinnehmen? Diesen Schildträger könnte man, glaube
ich, auch ins letzte Finale bringen. ... Er könnte Arrigo
stützen, wenn er verwundet ist. Antwortet mir auch darauf.

Ich weiß, daß Ihr *Macbeth* probt, und da das eine Oper ist, die mich mehr als die anderen interessiert, erlaubt mir, daß ich Euch ein paar Worte darüber sage. Man hat der Tadolini die Partie der Lady Macbeth gegeben, und ich bin überrascht, daß sie sie angenommen hat. Ihr wißt, wie sehr ich die Tadolini schätze, und sie weiß das selbst; aber in unserem gemeinsamen Interesse halte ich es für nötig, da ein wenig zu überlegen. Die Tadolini hat zu große Qualitäten für diese Partie! Ihr werdet das vielleicht für absurd halten!! ... Die Tadolini hat eine gute, schöne Erscheinung; und ich möchte die Lady Macbeth häßlich und böse haben. Die Tadolini singt vollendet; und ich möchte, daß die *Lady* nicht singt. Die Tadolini hat eine hervorragende, klare, helle, mächtige Stimme; und ich möchte für die Lady eine rauhe, erstickte, hohle Stimme haben. Die Stimme der Tadolini hat etwas Engelhaftes; die Stimme der Lady sollte etwas Teuflisches haben. Unterbreitet diese Gedankengänge der Impresa, dem Maestro Mercadante, der diese meine Ideen mehr als jeder andere billigen wird, und der Tadolini selbst; aber dann macht nach Euerer eigenen Ansicht, was Euch am besten scheint.

Macht darauf aufmerksam, daß die Hauptstücke der Oper diese beiden sind: das Duett zwischen der *Lady und ihrem Mann* und die Nachtwandlerszene. Wenn diese Stücke verlorengehen, ist die Oper erledigt; und diese Stücke dürfen absolut nicht gesungen werden.

> Man muß sie mit einer recht hohlen und verschleierten Stimme darstellen und deklamieren:
> Ohne das kann es keine Wirkung geben.
> Das Orchester mit *Dämpfern.*

Die Bühne äußerst dunkel. – Im dritten Akt muß man die Erscheinungen der Könige (ich habe das in London gesehen) hinter einem Ausschnitt machen, mit einem nicht zu dichten, *aschenfarbigen* Schleier davor. Die *Könige* sollen keine Puppen sein, sondern acht Menschen von Fleisch und Blut. Der Platz, über den sie zu gehen haben, muß wie ein kleiner Hügel sein, und man muß sie deutlich hinauf- und hinabsteigen sehen. Die Bühne muß vollkommen dunkel sein, besonders wenn der Kessel verschwindet, und hell nur dort, wo die *Könige* vorbeiziehen. Die Musik unterhalb der Bühne muß (für das große Theater San Carlo) verstärkt werden; paßt aber gut auf, daß es da weder Trompeten noch Posaunen gibt. Der Klang muß fern und gedämpft erscheinen; folglich muß er aus Baßklarinetten, Fagotten, Kontrafagotten und nichts anderem bestehen. – Addio, addio! Immer Euer

G. Verdi

AN GIOVANNI RICORDI

Busseto, 31. Januar 1850

Lieber Ricordi,
Ich bezweifle keineswegs, was Du mir in Deinem Brief vom 26. sagst. Ich weiß sehr wohl, daß die Zeiten kritisch sind: daß Du ungeheure Spesen zu tragen hast, daß Du überall Anwälte hast (wenn auch nicht nur meiner Partituren wegen); aber Du weißt auch, daß ich zehn Jahre vor mir habe, und in dieser Zeit kann es beim Theater besser werden, wie ich nach verschiedenen Briefen, die ich bekam, mit Grund annehmen darf. Andererseits hätte ich, ohne mir diese Rechte vorzubehalten, seinerzeit andere Bedingungen für *Gerusalemme* und *Battaglia di Legnano* gestellt. Aber ich will Dich nicht mit den tausend und abertausend Gründen langweilen, die ich Dir zu meinem Vorteil anführen könnte; es überrascht mich nur, daß Du, nachdem mir Emanuele [Muzio] geschrieben hatte, Du wärest mit 50 Prozent einverstanden, mich nun auf 30 herabdrücken willst. Das ist zu viel!! Trotzdem will ich mich nicht versteifen und nehme Deine Vorschläge an, daß Du mir für zehn Jahre 30 Prozent von jeder Leihgebühr gibst, die Du bekommst, und 40 Prozent von den Verkäufen in allen Ländern – sofern Du diese Rechte für zehn Jahre auch auf die *Luisa Miller* ausdehnst und sie ebenso wie *Gerusalemme* und *Battaglia di Legnano* oder *Assedio d'Arlem* behandelst. Auf diese Art haben wir den Schaden wohl geteilt, und Du wirst einsehen, daß ich gerecht bin und wie sehr ich Dir angesichts der Gründe vertraue, die Du mir anführst. Wenn es Dir recht ist, sollen die Abrechnungen bis zum heutigen Tag geregelt werden; dann wirst Du Buch über jede Leihgebühr und alle Verkäufe führen, die Du machst, und ich werde es entweder selbst oder durch eine von mir bestimmte Person zweimal im Jahr durchsehen lassen. Zu Ende Juni und Ende Dezember zahlst Du das Geld, das mir zusteht. Diese Übereinkunft wird mit dem heutigen Tage beginnen, und meine Rechte werden

33

zehn Jahre lang bestehen von dem Tag der ersten Aufführung dieser drei oben erwähnten Opern an.

Was die andere Oper [›Re Lear‹] anbelangt, die ich für Neapel schreiben sollte, habe ich mich frei gemacht, angeekelt von dem unwürdigen Vorgehen der Impresa und der Direktion; aber da das Sujet mit Cammarano bereits vereinbart war, schreibe ich sie gleichfalls, und sie wird, wie ich hoffe, in vier bis fünf Monaten fertig sein. Ich übertrage sie Dir gern und lasse es Deine Aufgabe sein, sie im November dieses Jahres *1850* an einem der ersten Theater Italiens (die Mailänder Scala ausgenommen) mit einer Truppe von Rang zur Aufführung zu bringen, mit der Verpflichtung, daß ich selber an den Proben teilnehmen werde. Als Entgelt zahlst Du mir 16 000 (sechzehntausend) Francs, in 800 Napoléons d'Or zu zwanzig Francs, und das entweder am Tag der Premiere oder in Monatsraten, die wir gemeinsam vereinbaren werden, sobald Du die grundsätzlichen Bedingungen angenommen hast. Außerdem gibst Du mir 30 Prozent von allen Leihgebühren, die Du bekommst, und 40 Prozent von allen Verkäufen in welchem Land auch immer für zehn aufeinanderfolgende Jahre, beginnend mit dem Tag der ersten Aufführung der erwähnten Oper, die, ich wiederhole es, im November des Jahres 1850 erfolgen muß. Diese Bedingungen, die die Leihgebühren der zu schreibenden Oper betreffen, treten in Kraft, sobald diejenigen über die anderen drei Opern von Dir angenommen werden, und so sollen sie alle vier miteinander verbunden bleiben.

AN SALVATORE CAMMARANO

Busseto, 28. Februar 1850

Lieber Cammarano,
Der *Re Lear* wirkt auf den ersten Blick so ungeheuer, so verflochten, daß es unmöglich scheint, einen Opernstoff herauszuholen. Aber nach guter Prüfung scheinen mir die zweifellos großen Schwierigkeiten nicht unüberwindlich. Ihr wißt, daß man aus dem *Re Lear* kein Drama in den fast bis heute gebräuchlichen Formen machen, sondern ihn auf eine ganz neue, ungeheure Weise behandeln muß, ohne Rücksicht auf jede Konvention. Mir scheint, daß man sich auf fünf Hauptpartien beschränken kann: *Lear, Cordelia, Narr, Edmund, Edgar.* Zwei weibliche Nebenpartien: *Regan* und *Go-*

neril (vielleicht muß man diese letzte zu einer zweiten Primadonna machen). Zwei männliche Nebenpartien (Bässe wie in der *Luisa*) *Kent* und *Glocester*. Alles übrige für zweite Partien.

Ihr sagt, daß der Vorwand zur Enterbung Cordelias für unsere Zeiten etwas kindisch ist? Gewisse Szenen muß man unbedingt auslassen, wie die, in der Glocester das Augenlicht genommen wird, die, in der die beiden Schwestern auf die Bühne gebracht werden usw. usw. und so viele, viele andere, die Ihr besser kennt als ich. Die Szenen lassen sich auf 8 oder 9 beschränken, und ich mache Euch darauf aufmerksam, daß es in den *Lombardi* 11 gibt, was noch keiner Aufführung im Wege stand.

I. AKT – 1. SZENE
Großer Thronsaal in Lears Palast

Lear auf dem Thron. Teilung des Reiches. Bedenken des Lehnsmannes Kent. Wut des Königs. Er verbannt den Lehnsmann. Abschied der Cordelia.

2. SZENE

Selbstgespräch des Edmund. Glocester kommt auf die Bühne (ohne Edmund zu sehen), beklagt Kents Verbannung. Edmund trifft Glocester, versucht, einen Brief zu verbergen. Glocester erzwingt, daß er ihn zeigt. Er fürchtet Edgars Komplott. Edgar tritt auf. Der Vater, blind vor Zorn, zieht das Schwert gegen ihn. Edgar flieht nach einem Versuch, seinen Zorn mit flehentlichen Worten zu besänftigen.

3. SZENE
Halle (oder Umgebung) von Gonerils Schloß

Man sieht Kent in Bettlerkleidung. Lear tritt auf und nimmt ihn in seinen Dienst. Lear läßt Goneril von seiner Ankunft benachrichtigen. Inzwischen verspottet der Narr in tollen Gesängen Lear, weil er seinen Töchtern getraut hat. Goneril tritt auf, klagt über die Unverschämtheit der Ritter ihres Vaters und verweigert ihnen die Aufnahme im Schloß. Der König stürzt heraus, merkt die Undankbarkeit seiner Tochter und fürchtet den Verstand zu verlieren ..., aber er denkt an Regan und beruhigt sich, erhofft von ihr bessere Behandlung.

Man meldet die Ankunft der Regan, die von ihrer Schwester eingeladen ist. Lear wendet sich an sie und klagt ihr alles Unrecht der Goneril; Regan kann daran nicht glauben und meint, er werde sie beleidigt haben. Die Schwestern vereinigen sich, um Lear zu bewegen, daß er sein Gefolge entlasse. Da erkennt Lear die Herzlosigkeit seiner Töchter und ruft: *Voi credete che io voglia piangere? No! No mai non piangerò.* [Ihr glaubt, daß ich weinen will? Nein! Nein, niemals werde ich weinen.] Er schwört Rache, ruft *che farà cose tremende* [daß er Furchtbares tun wird], er weiß nicht was, *ma ne avrà spavento la terra!!* [aber die Erde wird vor Schreck erbeben!!] (Man vernimmt den Beginn eines Sturms.) – Der Vorhang fällt.

II. AKT – 1. SZENE
Heide. Weiterhin Sturm.

Edgar auf der Flucht. Verbannt, weil er die Absicht gehabt haben soll, ein Attentat gegen seinen Vater zu planen, beweint er sein ungerechtes Geschick. Er vernimmt Lärm und verbirgt sich in einer Hütte. – Lear, Narr, Kent. – *Soffia vento e dispiega tutta la tua rabbia. Tempesta, vuota i tuoi fianchi, versa i tuoi torrenti di pioggia e di fuoco! Venti, tuoni, bufera, voi non siete miei figli: a voi non diedi un regno: non v'accuserò d'ingratitudine!* – [Heule, Wind, laß deine ganze Wut rasen! Sturm, gieß aus deine Lenden, laß hinströmen deinen Regen, dein Blut! Wind, Donner, Ungewitter, ihr seid meine Kinder nicht: euch gab ich kein Königreich. Nicht euch werde ich anklagen, daß ihr undankbar seid!] Der Narr (immer spottend): *Zio, dell'acqua santa in una casa, meglio saria che quest'acqua di cielo.* [Gevatter, Weihwasser in einer Behausung wäre besser als dieses Wasser vom Himmel.] Er betritt die Hütte und erschrickt beim Anblick Edgars, der sich verrückt stellt und vor Schmerz heult. Lear ruft: *Oh, le sue figlie l'hanno ridotto a tanta miseria!! . . . Dimmi non salvasti nulla? Donasti loro tutto?* [O, seine Töchter haben ihn in so viel Unglück gebracht!! . . . Sag, hast du nichts gerettet? Hast du ihnen alles geschenkt?] (Herrliches Quartett.) Jemand nähert sich mit einer Fackel. – Es ist Glocester, der trotz des Verbots der Töchter den König sucht.

2. SZENE
Halle im Schloß der Goneril

Großer Chor (mag unterschiedliche Versmaße haben): Wißt ihr nicht? Glocester übertrat das Verbot! ... Was nun? Gräßliche Strafe erwartet ihn!! Welche? ... Er soll geblendet werden!! Schrecklich, schrecklich!! Verfluchte Zeit, in der so viele Verbrechen geschehen. Die Geschicke Lears, der Cordelia, Kents, Glocesters usw. werden abermals erzählt; zuletzt fürchtet man einen entsetzlichen Krieg, den Frankreich gegen England führen will, um Lear zu rächen.

3. SZENE

Edmund: *Giurai ad entrambe d'amarle?* ... *Gelose sono?* ... *S'odiano come il serpente?* ... *Quale di esse prenderò?* ... *Tutte e due? Nissuna?* usw. usw. [Habe ich beiden Liebe geschworen? ... Sind sie eifersüchtig? ... Haßt eine jede die andere gleich einer Schlange? ... Welche von beiden soll ich nehmen? ... Alle beide? Keine?] Goneril tritt auf; nach kurzem Gespräch vertraut sie ihm den Befehl über das Heer an und gibt ihm ein Pfand zum Beweis ihrer Liebe.

4. SZENE
Ärmliches Zimmer in einem Meierhof

Lear, Kent, Edgar, Narr, Bauern.
Der Narr fragt Lear, *se un pazzo è nobile o plebeo?* [ob ein Verrückter adelig oder Plebejer sei]. Lear antwortet: *È un re; è un re!!* [Es ist ein König, es ist ein König!!] – Lied. – Der wahnsinnige Lear, immer von der Idee der Undankbarkeit seiner Töchter besessen, will einen Gerichtshof bilden. Er sagt zu Edgar: *è il gran Giudice* [er ist der große Richter], zum Narren, er sei *il sapiente Sire* [der große Weise] usw. usw. Überaus seltsame und ergreifende Szene. Schließlich ermüdet Lear und schläft allmählich ein. Alle beweinen den unglücklichen König. – Ende des zweiten Akts.

III. AKT – 1. SZENE
Französisches Lager bei Dover

Cordelia hat von Kent das Unglück ihres Vaters erfahren. Großer Schmerz der Cordelia. Sie sendet Boten über Boten aus, um zu sehen, ob er gefunden worden sei. Sie ist bereit, ihre ganze Habe dem zu schenken, der ihm den Verstand wiederzugeben vermöchte, ruft das Mitleid der Natur an usw. usw. Der Arzt meldet, daß der König aufgefunden ist; er hofft, ihn wieder zum Verstand zu bringen. Cordelia, trunken vor Freude, dankt dem Himmel und sehnt den Augenblick der Rache herbei.

2. SZENE
Zelt im französischen Lager

Lear auf einem Ruhebett, schlafend. Ganz leise treten der Arzt und Cordelia ein ... *Ei dorme ancora!!* [Er schläft noch!!] ... Nach kurzem Dialog hört man eine sehr sanfte Musik hinter der Szene. Lear erwacht. Herrliches Duett wie in der Szene bei Shakespeare. Der Vorhang fällt.

IV. AKT – 1. SZENE
Weite Ebene bei Dover – Von fern Trompetengeschmetter

Edgar führt Glocester: Kleines pathetisches Duett, in dem Glocester sein Unrecht gegen seinen Sohn einsieht. Zuletzt sagt Edgar: *qui buon padre riposatevi all'ombra di quest'albero. Pregate il cielo perchè il giusto trionfi* ... [Hier, guter Vater, ruht im Schatten dieses Baumes aus. Fleht den Himmel an, daß die gute Sache siege.] (Geht ab.) Trompetenklang näher. Lärm, Alarm; zuletzt wird zum Sammeln geblasen. Edgar kommt zurück: *Fuggi, povero vecchio, tutto è perduto. Lear e Cordelia sono prigionieri.* [Flieht, armer Alter, alles ist verloren. Lear und Cordelia sind gefangen.] (Marsch.) Im Triumph treten Edmund, Albanien, Regan, Goneril, Offiziere, Soldaten auf usw. usw. Edmund übergibt einem Offizier einen Brief: *fa quanto in essa è scritto e ne avrai premio grande.* [Tu, was hier geschrieben steht, und du wirst hoch belohnt werden.] Unversehens kommt ein bewaffneter Kriegsmann mit gesenktem Visier (Edgar) und beschuldigt Edmund des Hochverrats. Zum Beweis zeigt er einen Brief an Albanien. Ein Zweikampf findet statt. Edmund wird tödlich verwundet; vor dem Tode klagt er sich aller seiner Verbrechen an und bittet, daß man eile, Lear und Cordelia zu retten ... *che forse muojono in questo punto avvelenati per mio ordine* [die vielleicht in diesem Augenblick sterben, vergiftet auf meinen Befehl].

LETZTE SZENE
Gefängnis

Ergreifende Szene zwischen Lear und Cordelia. Cordelia beginnt, die Wirkung des Giftes zu spüren. Ihr Todeskampf und Ende. *Albanien, Kent und Edgar* stürmen herein, sie zu retten. Zu spät. Lear hebt, unbekümmert um alle Ankommenden, den Leichnam der Cordelia auf und ruft: *È morta, è morta: come la terra è morta!... Ululate! Ululate!...* [Sie ist tot, sie ist tot: leblos wie die Erde!... Heult! Heult!..] usw. Ensemble, in dem Lear führen muß. – ENDE.

AN FRANCESCO MARIA PIAVE

Busseto, 28. April 1850
[...] *Stradella* ist leidenschaftlich, aber armselig, und alle Situationen sind altmodisch und abgeschmackt. Ein armer Künstler, der sich in die Tochter eines Patriziers verliebt, sie entführt, vom Vater verfolgt wird – das sind Dinge, die nichts Großes, nichts Neues bieten.
Stifelius kenne ich nicht, schick' mir einen Entwurf.
Den *Conte Herman* von Dumas kenne ich: kann man nicht machen.
Es macht mir wenig aus, ob das Thema grandios, leidenschaftlich oder phantastisch ist, wenn es nur schön ist. Immerhin ist das Leidenschaftliche sicherer. Personen – so viele wie das Sujet erfordert. Wenn ein Künstler sich mit solchen Kleinigkeiten abgibt, wird er nie etwas Schönes, Originelles machen. Wir werden schwerlich etwas Besseres als *Gusmano il Buono* finden; trotzdem hätte ich ein anderes Sujet, das, wenn die Polizei es erlauben wollte, eine der größten Schöpfungen des modernen Theaters wäre. Wer weiß! Sie haben *Ernani* erlaubt und sie (die Polizei) könnte auch dies erlauben, und hier kämen keine Verschwörungen vor.
Versucht es! Das Sujet ist groß, gewaltig, und enthält eine Figur, die eine der größten Schöpfungen ist, deren sich das Theater aller Länder und aller Zeiten rühmen darf. Das Sujet ist *Le Roi s'amuse* [von Victor Hugo], und die Figur, von der ich Dir spreche, wäre *Tribolet*; und wenn Varesi engagiert ist, gibt es nichts Besseres für ihn und für uns.
P.S. Sobald Du diesen Brief erhalten hast, mach' Dich auf die Beine: lauf' in der ganzen Stadt herum und such' eine einfluß-

reiche Person, die die Erlaubnis erlangen kann, *Le Roi s'a-muse* zu machen. Schlaf' nicht ein, beeil' Dich, mach' schnell. Ich erwarte Dich in Busseto, aber nicht jetzt, erst wenn das Sujet gewählt ist [...].

An den Präsidenten des Teatro Fenice in Venedig:

AN C. D. MARZARI

Busseto, 14. Dezember 1850

Um sogleich auf Ihr geschätztes Schreiben vom 11. d. M. zu antworten: ich habe noch recht wenig Zeit gehabt, das neue Textbuch zu prüfen; aber ich habe genug gesehen, um zu verstehen, daß es ihm in dieser reduzierten Form an Gewicht und Charakter fehlt und daß die Höhepunkte gänzlich kalt geworden sind. Wenn es nötig war, die Namen zu ändern, hätte man auch den Schauplatz ändern und einen Herzog, einen Fürsten eines anderen Gebietes schaffen müssen, zum Beispiel einen Pier Luigi Farnese oder so jemand, oder die Handlung weiter zurück verlegen in die Zeit vor Ludwig XI., als Frankreich noch kein geeintes Königreich war, und einen Herzog von Burgund oder von der Normandie usw. usw. erfinden, jedenfalls einen absoluten Herrscher. – In der fünften Szene des 1. Akts hat die ganze Wut der Höflinge gegen Triboletto keinen Sinn. – Der Fluch des Alten, so furchtbar und großartig im Original, wird hier lächerlich, weil das Motiv, das ihn dazu bringt, einen Fluch auszustoßen, nicht mehr jene Bedeutung hat und weil es nicht mehr der Untertan ist, der so kühn zu seinem König spricht. Ohne diesen Fluch, welches Ziel, welchen Sinn hat das Drama? Der Herzog ist eine nichtssagende Figur: der Herzog muß durchaus ein Wüstling sein; sonst ist Tribolettos Angst, daß seine Tochter ihr Versteck verlassen könnte, nicht begründet, das Drama unmöglich. Wie kommt der Herzog je dazu, im letzten Akt in ein entlegenes Wirtshaus zu gehen, allein, ohne Einladung, ohne Verabredung? – Ich begreife nicht, warum der Sack weggenommen wird! Was ging der Sack die Polizei an? Fürchten sie die Wirkung? Aber da sei mir zu sagen gestattet: warum wollen sie davon mehr verstehen als ich? Wer kann sich zum Lehrer erheben? Wer kann sagen, dies wird wirken und das nicht? Eine Schwierigkeit dieser Art gab es auch mit Ernanis *Horn*: nun, und wer hat bei dem Klang jenes Horns gelacht? Ohne den Sack ist es nicht wahrscheinlich, daß Triboletto eine halbe Stunde lang zu der Leiche spricht, ehe ein Blitz ihm zeigt, daß es seine Tochter ist. – Ich bemerke zuletzt, daß man vermieden hat, Triboletto häßlich und bucklig zu machen!! Ein Buckliger, der singt? Warum nicht! ... Wird das wirken? Ich weiß es nicht; aber wenn ich es nicht weiß, dann weiß es, ich wiederhole das, auch der nicht, der diese Änderung in Vorschlag gebracht hat. Ich finde es gerade wunderschön, diese Persönlichkeit äußerlich mißgestaltet und lächerlich darzustellen, und innerlich leidenschaftlich und liebevoll. Gerade um all dieser Eigenheiten willen bin ich auf diesen Stoff verfallen, und wenn man ihm diese Besonderheiten nimmt, kann ich dazu keine Musik mehr machen. Wenn man mir sagt, daß meine Noten auch zu diesem Drama passen können, antworte ich, daß ich solche Argumente nicht verstehe, und sage offen, daß ich meine Noten, so schön oder häßlich sie sein mögen, nicht einfach hinschreibe, sondern immer bemüht bin, ihnen einen Charakter zu geben.

Kurz und gut: aus einem originellen, machtvollen Drama hat man etwas höchst Gewöhnliches und Kaltes gemacht. Es tut mir ganz besonders leid, daß der Vorstand auf meinen letzten Brief nicht geantwortet hat. Ich kann nur wiederholen und zu tun bitten, was ich darin gesagt habe, denn mit künstlerischem Gewissen kann ich dieses Textbuch nicht komponieren. Ich habe die Ehre, Ihnen meine Ergebenheit auszusprechen.

AN SALVATORE CAMMARANO

Busseto, 9. April 1851

Lieber Cammarano,

Ich habe Euren Entwurf gelesen und Ihr, ein Mann von so überlegenem Talent und Charakter, werdet mir nicht übelnehmen, wenn ich, ein ganz Unwürdiger, mir die Freiheit nehme, Euch zu sagen, daß es besser ist, auf dieses Sujet zu verzichten, wenn es sich für unsere Bühnen nicht mit aller Neuheit und Wunderlichkeit des spanischen Dramas behandeln läßt.

Es scheint mir, wenn ich mich nicht täusche, daß verschiedene Situationen nicht mehr die Kraft und Eigenart haben wie früher und daß vor allem Azucena ihren seltsamen, neuartigen Charakter nicht behält; es scheint mir, daß die beiden großen Leidenschaften dieser Frau, *Kindes- und Mutterliebe*, nicht mehr in aller ihrer Kraft vorhanden sind. Zum Beispiel hätte ich es nicht gern, daß der Troubadour im Duell verwundet würde. Dieser arme Troubadour hat so wenig für sich; wenn wir ihm seine Stärke nehmen, was bleibt ihm? Wie könnte er die hochgeborene Leonora interessieren? Es würde mir nicht gefallen, daß Azucena ihre Erzählung an die Zigeuner richtet und daß sie im Ensemble des dritten Akts sagt: *Tuo figlio fu arso vivo etc. etc.... . ma io non v'era etc. etc.* [Dein Sohn wurde lebend verbrannt usw. usw. ... aber ich war nicht dabei usw. usw.]; und schließlich möchte ich sie am Ende nicht irrsinnig haben. Ich wünschte, daß Ihr die große Arie beibehaltet!! Eleonora nimmt an dem Todesgesang und der Kanzone des Troubadours nicht teil – und dies scheint mir eine der besten Stellen für eine Arie zu sein. Wenn Ihr fürchtet, die Partie der Eleonora zu groß zu machen, laßt die Kavatine weg. Um mich besser auszudrücken, will ich Euch im einzelnen erklären, wie ich mir diese Handlung denke.

1. TEIL – Prolog

1. Stück – Der Chor und die einleitende Erzählung gut. Die Leonora-Kavatine streichen und ein großartiges
2. Terzett machen, das mit dem Rezitativ De Luna beginnt, Kanzone des Troubadours, Szene der Leonora, Terzett und Forderung usw. usw.

2. TEIL

Zigeuner, Azucena und der Troubadour, der in der Schlacht verwundet ist.
3. Zigeuner singen einen fremdartig phantastischen Chor. Während sie trinken, stimmt Azucena ein düsteres Lied an; die Zigeuner unterbrechen sie, weil es zu unheilschwer ist. *»Funesta come la storia che ne fu l'argomento!« »Voi non la conoscete...« (Sarai vendicata!)* [»Unheilvoll wie die Geschichte, die der Anlaß war!« »Ihr kennt sie nicht ...« (Du wirst gerächt sein!)] Diese Worte erschüttern den Troubadour, der bis dahin in tiefen Gedanken versunken blieb. Der Morgen bricht an und die Zigeuner zerstreuen sich im Gebirge, wobei sie irgend eine Strophe ihres Chores wiederholen. Der Troubadour bleibt allein mit der Mutter und bittet sie, ihm die Geschichte zu erzählen, die ihn so sehr entsetzt.

Erzählung usw. Duett mit Alfonso in freien und neuen Formen.

4. Duett mit Alfonso. – Es scheint mir nicht richtig, daß Azucena ihre Erzählung in Gegenwart der Zigeuner vorbringt, wobei ihr ein paar Worte entschlüpfen, daß sie den Sohn des De Luna geraubt, daß sie geschworen hat, ihre Mutter zu rächen.

5. Szene der Nonneneinkleidung usw. usw. und Finale.

3. TEIL

6. Chor und Romanze De Luna.

7. Ensemble. Der Dialog bzw. die Vernehmung im spanischen Drama hebt den Charakter der Zigeunerin gut hervor. Wenn sich andererseits Azucena als das entdeckt, was sie ist, gibt sie sich sogleich dem Feind in die Hände und beraubt sich der Mittel zur Rache. Es ist gut, daß Ferrando den Grafen verdächtig macht und daß der Graf, der sich De Luna nennt, Azucena in Erregung bringt. Auf diese Art wird sie von Ferrando erkannt und verrät sich nicht selbst, außer etwa mit den Worten, die ihr entschlüpfen: *»Taci, che se lo sa m'uccide!«* [»Schweig, denn wenn er es weiß, tötet er mich!«] Sehr einfach und schön sind Azucenas Worte: *»Dove vai? – Nol so: vissi sulle montagne: avea un figlio: m'abbandonò: vado a cercarlo ...«* [»Wohin gehst du? – Ich weiß es nicht: ich lebte im Gebirge: hatte einen Sohn: er verließ mich: ich gehe ihn suchen ...«]

8. Rezitativ der Leonora. Rezitativ und Traumerzählung Manriques, darauf

9. Duett zwischen ihm und Leonora. Er entdeckt der Verlobten, daß er der Sohn einer Zigeunerin ist. Ruiz meldet, daß seine Mutter im Kerker ist. Er eilt, sie zu retten usw.

4. TEIL

10. Große Arie Leonora, dazwischen Gesang der Sterbenden und Kanzone des Troubadours.

11. Duett Leonora – De Luna.

12. Die Azucena nicht irrsinnig werden lassen. Erschöpft von der Müdigkeit, vom Schmerz, vom Schrecken, vom Wachen, kann sie keine geordnete Rede führen. Ihre Sinne sind gelähmt, aber sie ist nicht von Sinnen. *Man muß die beiden großen Leidenschaften dieser Frau bis zuletzt fortdauern lassen:* die

Liebe zu Manrique und den wilden Durst, die Mutter zu rächen. Wenn Manrique tot ist, wird ihr Rachegefühl gigantisch, und sie sagt in äußerster Erregung: »*Si ... egli era tuo fratello! ... Stolto! ... Sei vendicata, o madre!*« [»Ja ... er war dein Bruder! ... Du Tor! ... O Mutter, du bist gerächt!«]
Bitte verzeiht meine Kühnheit. Ich habe sicher unrecht, aber ich konnte nicht anders, als Euch alles zu sagen, was ich empfand. Im übrigen ist mein ursprünglicher Verdacht, daß Euch dieses Drama nicht zusagen würde, nun vielleicht bestätigt. Wenn es so ist, haben wir noch Zeit, an Abhilfe zu denken; lieber das, als etwas zu machen, was Euch nicht zusagt. Ich halte ein anderes Sujet bereit, einfach, einnehmend, und man kann sagen, fast fertig: wenn Ihr es wollt, schicke ich's Euch und wir denken nicht mehr an den *Trovatore*.
Schreibt mir darüber ein Wort. Und wenn Ihr ein Sujet habt, sagt es mir. Addio, addio, mein lieber Cammarano! Schreibt mir gleich und glaubt mir, daß ich Euch für das ganze Leben ergeben bin. Herzlichst Euer.

AN ANTONIO BAREZZI

Paris, 21. Januar 1852

Liebster Schwiegervater,
Nachdem ich lange gewartet hatte, glaubte ich nicht, von Ihnen einen so kalten Brief zu erhalten, in dem es, wenn ich mich nicht täusche, ein paar recht kränkende Sätze gibt. Wenn dieser Brief nicht von *Antonio Barezzi*, das heißt meinem Wohltäter, unterschrieben wäre, hätte ich sehr heftig geantwortet oder ich hätte überhaupt nicht geantwortet; da er aber diesen Namen trägt, den zu achten mir stets Pflicht sein wird, werde ich Sie nach Möglichkeit zu überzeugen versuchen, daß ich solchen Tadel nicht verdiene. Um das zu tun, muß ich auf Vergangenes zurückkommen, von anderen sprechen, von unserer Kleinstadt, und der Brief wird etwas weitschweifig und langweilig werden, aber ich will versuchen, mich so kurz zu fassen, wie ich kann.
Ich glaube nicht, daß Sie mir aus eigenem Antrieb einen Brief geschrieben hätten, der mir, wie Sie wußten, nur Mißfallen bereiten konnte; aber Sie leben in einer Kleinstadt, die die schlechte Eigenschaft hat, daß man sich häufig in die Angelegenheiten anderer eindrängt und alles mißbilligt, was den

eigenen Anschauungen nicht entspricht; ich habe die Gewohnheit, mich in die Angelegenheiten anderer nicht einzumischen, wenn man mich nicht darum bittet, weil ich eben verlange, daß niemand sich in die meinen mengt. Daher kommen Gerede, Klatsch, Mißbilligung. Diese Freiheit des Handelns, die man auch in weniger zivilisierten Kleinstädten achtet, verlange ich als mein gutes Recht auch in der meinen. Seien Sie selber Richter, und seien Sie ein strenger Richter, aber kühl und ohne Leidenschaft: was ist Schlimmes daran, wenn ich abseits lebe, wenn ich es für gut halte, Leuten, die Titel haben, keine Besuche zu machen? Wenn ich an den Festen, den Vergnügungen der anderen nicht teilnehme? Wenn ich meine Güter verwalte, weil es mir gefällt und mich zerstreut? – Ich wiederhole: was ist Schlimmes daran? In jedem Fall hätte niemand dabei Schaden zu leiden.

Daraufhin komme ich zu dem Satz Ihres Briefes: »Ich verstehe sehr wohl, daß ich nicht der Mann bin, dem man Aufträge gibt, weil die Zeit für mich schon vorbei ist, aber wäre ich nicht für kleine Angelegenheiten noch geeignet? ...«

Wenn Sie damit sagen wollten, daß ich Ihnen einmal wesentliche Aufträge gab und mich Ihrer jetzt für die kleinen Angelegenheiten bediene, indem Sie auf den Brief anspielen, den ich dem meinen an Sie beilegte, kann ich dafür keine Entschuldigung finden; und wenn ich auch dergleichen für Sie in ähnlichen Fällen täte, kann ich nichts anderes sagen, als daß mir diese Lehre in Zukunft dienen wird. Wenn Ihr Satz einen Tadel bedeutet, daß ich Sie in meiner Abwesenheit nicht mit meinen Angelegenheiten betraut habe, gestatten Sie mir die Frage: Wie konnte ich so zudringlich sein, Sie mit einem derart großen Gewicht zu belasten, Sie, der Sie Ihr Gut nie betreten, weil Ihnen Ihr Geschäft schon zu viel Arbeit macht? Hätte ich Giovannino [ein Sohn Barezzis] damit betrauen sollen? – Aber ist es nicht so, daß ich ihm letztes Jahr in der Zeit, in der ich in Venedig war, eine ausgiebige schriftliche Vollmacht gegeben habe und daß er St. Agata nicht ein einziges Mal betreten hat? Ich mache ihm deshalb jedoch keinen Vorwurf. Er hatte völlig recht. Er hatte seine eigenen Angelegenheiten, die wichtig genug sind, und darum konnte er sich nicht um die meinen kümmern. –

Damit habe ich Ihnen meine Ansichten, mein Tun, mein Wollen, mein Leben, mein sozusagen öffentliches Leben aufgedeckt, und da wir dabei sind, Enthüllungen zu machen, fällt es mir keineswegs schwer, den Vorhang aufzuziehen, der die Geheimnisse meiner vier Wände verdeckt, und Ihnen von meinem häuslichen Leben zu sprechen. Ich habe nichts zu verbergen. In meinem Hause lebt eine Dame – frei, unabhängig, die Einsamkeit liebend wie ich, mit einem Vermögen, das sie vor jeder Notlage schützt. Weder ich noch sie sind über unser Tun irgend jemand Rechenschaft schuldig; aber andererseits, wer weiß, was für Beziehungen es zwischen uns gibt? Was sind unsere Geschäfte, was unsere Bindungen, was die Rechte, die ich über sie habe und sie über mich? Wer weiß, ob sie meine Frau ist oder nicht? Und in diesem Fall, wer weiß, was die besonderen Gründe, was die Absichten sind, die Veröffentlichung zu verschweigen? Wer weiß, ob das gut oder schlecht ist? Warum könnte es nicht auch etwas Gutes sein? Und wäre es auch etwas Schlechtes, wer hat das Recht, den Bannfluch gegen uns zu schleudern? Ich will sogar sagen, daß ihr in meinem Haus die gleiche und sogar noch größere Achtung gebührt wie mir, und daß es daran niemand fehlen lassen darf, unter keinerlei Vorwand; und daß sie schließlich darauf jeden Anspruch hat, sowohl wegen ihrer Haltung wie wegen ihres Geistes und ihrer besonderen Rücksicht auf andere, woran sie es niemals fehlen läßt.

Mit dieser langen Rede habe ich nichts anderes zu sagen beabsichtigt, als daß ich meine Freiheit des Handelns verlange, weil alle Menschen ein Recht darauf haben und weil sich meine Natur dagegen auflehnt, wie andere zu handeln. Und Sie, der Sie im Grunde so gütig, so gerecht sind und so viel Herz haben, lassen Sie sich nicht beeinflussen und nehmen Sie die Denkart einer Kleinstadt nicht an, die mich – man muß das schon sagen! – seinerzeit nicht als ihren Organisten zu nehmen geruhte und jetzt zu Unrecht und entgegen den Tatsachen über meine Angelegenheiten klatscht. Das kann nicht so weitergehen; sollte das aber der Fall sein, wäre ich Manns genug, meine Entschlüsse zu fassen. Die Welt ist so groß und der Verlust von zwanzig- oder dreißigtausend Francs wird mich nie hindern, mir anderswo eine Heimat zu finden. In diesem Brief kann nichts Beleidigendes stehen; sollte Ihnen aber irgend etwas darin mißfallen, dann halten Sie es nicht für geschrieben, denn ich schwöre Ihnen bei meiner Ehre, daß ich nicht die Absicht habe, Sie in irgend einer Weise zu kränken. Ich habe Sie stets als meinen Wohltäter angesehen und sehe Sie weiter so an; ich mache mir eine Ehre daraus und bin stolz darauf. – Addio, addio! In alter Freundschaft

Die Dame, die in Verdis Haus lebte, war Giuseppina Strepponi (1815–1897), nach dem frühen Tod Margherita Barezzis seine spätere zweite Frau. Gebürtig in Lodi in der Lombardei, wo ihr Vater, ein Komponist, sie in Gesang und Klavierspiel unterwies, studierte sie von 1830 bis 1834 am Konservatorium in Mailand und wurde eine der hervorragendsten Sopranistinnen ihrer Zeit. Donizetti schrieb die Titelrolle seiner Oper ›Adelia‹ für sie. Ihre größten Erfolge erzielte sie in Opern wie ›L'Elisir d'Amore‹, ›Lucia di Lammermoor‹ und ›La Sonnambula‹, aber dramatischere Partien wie die der Norma schadeten ihr.

Giuseppina Strepponis Empfehlung von Verdis erster Oper ›Oberto‹ hatte mit zu seinem Debüt am 17. November 1839 an der Mailänder Scala geführt. Als Verdi Frau und Kinder durch den Tod verlor, war auch Giuseppinas Leben von einer Tragödie bedroht. Nach dem Tod ihres Vaters mußte sie ihre Familie unterstützen. Mit zwei unehelichen Kindern schien ihr Leben ruiniert. Giuseppinas Stern sank zur gleichen Zeit, in der Verdis Ruhm durch ›Nabucco‹ stieg, in dessen Premiere sie am 9. März 1842 die Partie der Abigaille sang. In späteren Aufführungen von ›I Lombardi‹ und ›Ernani‹ überforderte sie ihre Stimme mit zu dramatischen Rollen und zog sich 1846 von der Bühne zurück.

Als Giuseppina im Jahr 1847 ihrer Vergangenheit nach Paris entfloh, schrieb Verdi ihr einen Brief, den niemand außer ihr zu sehen bekam. Sie verwahrte ihn in einem versiegelten Umschlag und bestimmte in ihrem Testament: »Wenn ich tot bin, soll dieser Brief auf meinem Herzen sein.«

In Busseto wurden Verdi und seine »Peppina« Gegenstand kleinstädtischen Klatsches, dem selbst Antonio Barezzi verfiel. Das Paar wurde am 29. August 1859 in Collonges-sous-Salève, einem savoyischen, damals italienischen Dorf in der Nähe von Genf, kirchlich getraut. Peppina war Verdis liebende und verständnisvolle Gefährtin. Sie teilte seine Freundschaften und überstand den Sturm seiner Liebe zu Teresa Stolz. Als Frau von künstlerischem Instinkt, von Humor und Sensibilität führte sie sein Haus; interessiert an Literatur, fremdsprachlich und diplomatisch begabt, half sie ihm auch oft bei seiner Korrespondenz.

AN FRANCESCO MARIA PIAVE

Mittwoch, 16. Februar 1853

Lieber Piave,
Du wirst noch zwei weitere Stücke [für ›La Traviata‹] erhalten, eine *Tenor-Arie* und eine *Baß-Arie*; damit ist der zweite Akt fertig. In der Cabaletta der Arie des Tenors muß auch der

dritte und siebte Vers auf der vorvorletzten Silbe betont werden. In der Szene, in der Giuseppe kommt, zu sagen, daß Violetta abgefahren ist, kann Annina nicht zurückgekommen sein; folglich konnten Violetta und Annina nicht zusammen abfahren. Ich habe das eingerichtet, um die Noten zu machen, aber Du wirst andere und bessere Verse machen.

Heute habe ich die Cabaletta des Tenors erhalten. Sie sagt gar nichts.

Ich werde Montag abend in Venedig sein; laß mir das übliche kleine Appartement im Europa mit einem guten und gut gestimmten Klavier vorbereiten; außerdem bitte ich Dich, ein Pult bei einem Schreiner zu finden oder zu leihen, um beim Schreiben aufrecht zu stehen. Sorge dafür, daß alles fertig wird, weil ich damit rechne, in der Nacht meiner Ankunft sogleich an das Instrumentieren zu gehen.

Ich erhalte einen anonymen Brief aus Venedig, in dem mir gesagt wird, daß ich ein vollständiges Fiasko haben werde, wenn ich die Primadonna und den Baß nicht anders besetzen lasse. Ich weiß, ich weiß. Ich zeige Dir den Brief. Addio in Eile.   G. Verdi

P. S. Sieh zu, daß in meinem kleinen Appartement alles vorbereitet ist und daß es da auch ein paar gute Sessel gibt. Auf den Preis kommt's nicht an, mach's, wie Du willst.

Emanuele Muzio (1821–1890), der Sohn eines Schuhmachers und wie Verdi aus einem Dorf in der Nähe von Busseto stammend, wurde von Antonio Barezzi empfohlen, Verdis einziger Schüler und treuester Freund. 1847 begleitete er Verdi zu den Premieren von ›Macbeth‹ und den ›Masnadieri‹ nach Florenz und London. Aus seinen naiven Reiseberichten an Barezzi, die ein gutes Bild von Verdis Leben und Schaffen in jenen arbeitsreichen »Galeerenjahren« geben, spricht die ganze Liebe und Verehrung des Schülers für seinen Meister. Nach seiner Teilnahme an dem unterdrückten Aufstand von 1848 in Mailand unterrichtete und komponierte Muzio dort selbst. 1850 dirigierte er die erste Vorstellung des Italienischen Theaters in Brüssel; 1858 wurde er Dirigent des Royal Opera Orchestra in London. Nach weiten Konzert- und Operntourneen übernahm er im Mai 1870 die künstlerische Direktion des Italienischen Theaters in Paris, und darum geht es im folgenden Brief, einem der ganz wenigen Verdis an Muzio, die erhalten geblieben sind. 1873–1874 leitete Muzio die ersten Aufführungen der ›Aida‹ in New York und in mehreren anderen amerikanischen Städten; 1877 half er Verdi bei der Einstudierung des ›Requiems‹ beim Niederrheinischen Musikfest in Köln.

Trotz großen Talents mangelte es Muzio an Selbstvertrauen; aber Verdi wachte über ihn wie ein Bruder und bat in dieser Sorge auch Clarina Maffei um Hilfe. Emanuele »ist gut und hat ein großes Herz«, schrieb er ihr; »seine Manieren sind so roh wie die meinen; er ist so ein Bär wie ich, aber ein Prachtskerl dabei ... Er hat Illusionen, die niemals verwirklicht sein werden ... Er hat nicht genug Kopf, die Welt und sich selbst zu verstehen.«

Als Muzio in einem Pariser Krankenhaus im Sterben lag, schrieb er noch einmal an seinen geliebten Maestro. Seine Frau bestimmte testamentarisch, daß alle Briefe Verdis an ihn zu vernichten seien, um ihre kommerzielle Ausbeutung zu verhüten.

AN EMANUELE MUZIO

Venedig, 7. März 1853

Lieber Emanuele,
die *Traviata* gestern abend Fiasko. Ist es meine Schuld oder die der Sänger? ... Die Zeit wird richten.

Antonio Somma (1809–1865) war Schriftsteller, Journalist, Anwalt und von 1840 bis 1847 Direktor des Teatro Grande in Triest. Er verfaßte das Libretto zu Verdis ›Un Ballo in Maschera‹ und arbeitete mit ihm am ›Re Lear‹.

AN ANTONIO SOMMA

St. Agata, 22. April 1853

Lieber Somma,
Ich bin beschämt, Ihre so lieben Zeilen nicht eher beantwortet zu haben, aber ein Haufen kleiner Geschäfte, die ich erledigen mußte, und dazu das nötige Nachdenken über die mir von Euch vorgeschlagenen Sujets waren Grund dieser Verspätung. Nichts Besseres gibt es für mich, nichts Lieberes, als meinen Namen mit Eurem großen zu vereinen; aber um die sublime Dichtung, die Ihr gewiß erschaffen werdet, angemessen – oder so gut es mir gegeben ist – zu vertonen, erlaubt mir, daß ich Euch ein paar meiner Ansichten andeute, was immer sie taugen mögen. – Lange Erfahrung hat meine Ideen bestätigt, die ich immer bezüglich der Bühnenwirkung gehabt habe, wenn ich auch in meinen Anfängen nicht den Mut hatte, sie gänzlich zu offenbaren. (Zum Beispiel hätte ich vor zehn Jahren nicht riskiert, den *Rigoletto* zu machen.) Ich finde, daß unsere [heutige] Oper an zu großer Eintönigkeit leidet, so sehr, daß ich es heute ablehnen würde, Sujets wie *Nabucco*,

Foscari usw. usw. zu komponieren . . . Sie bieten höchst interessante Situationen, aber ohne Mannigfaltigkeit – auf einer einzigen Saite, einer hohen, wenn Ihr wollt, aber doch immer derselben. Um mich besser zu erklären: die Dichtung Tassos ist vielleicht besser, aber ich ziehe Ariost tausend und abertausendmal vor. Aus demselben Grund ziehe ich Shakespeare allen Dramatikern einschließlich der Griechen vor. Mir scheint, was die Bühnenwirkung betrifft, daß das beste Sujet, das ich bisher in Musik gesetzt habe (ich will keineswegs vom literarischen und poetischen Wert sprechen), *Rigoletto* ist. Es bietet gewaltige Situationen, Mannigfaltigkeit, Feuer, Pathos; alle Verwicklungen entspringen dem leichtfertigen, zügellosen Charakter des Herzogs; daher die Befürchtungen Rigolettos, die Leidenschaft Gildas usw. usw., die viele höchst dramatische Momente ergeben, darunter die Szene des Quartetts, die, was die Wirkung angeht, stets zu dem Besten gehört, worauf unser Theater stolz sein kann. Viele haben *Ruy Blas* [von Victor Hugo] behandelt, unter Auslassung der Rolle des Don Cesare. Nun, wenn ich diesen Stoff zu komponieren hätte, würde er mir hauptsächlich wegen des Gegensatzes gefallen, den diese höchst originelle Figur hervorruft. Ihr habt schon verstanden, wie ich fühle und denke; und da ich weiß, daß ich mit einem Mann von ehrlichem und offenem Charakter spreche, erlaube ich mir, Euch zu sagen, daß ich unter den von Euch vorgeschlagenen Sujets, so eminent dramatisch sie sind, nicht jene Mannigfaltigkeit finde, die sich mein verrücktes Gehirn erwünscht. Ihr werdet sagen, daß man im *Sordello* ein Fest, ein Abendmahl, auch ein Turnier einlegen kann; aber die Personen würden ihre ernste und finstere Färbung trotzdem behalten. – Im übrigen hat es damit keinerlei Eile. Wenn meine Verpflichtungen mich zwingen würden, für eine der nächsten Spielzeiten zu schreiben, würde ich mich dazu hergeben, ein so gut wie möglich hergestelltes Libretto zu komponieren und später das Glück erhoffen, eine Eurer Arbeiten in Musik zu setzen, die in den Augen der literarischen Welt alle Bedeutung eines Ereignisses hätte. – Als der arme Cammarano noch lebte, hatte ich ihm den *Re Lear* vorgeschlagen. Blättert ihn mal durch, wenn's Euch nichts ausmacht. Ich werde dasselbe tun, weil es schon lange her ist, daß ich ihn gelesen habe; und dann sagt mir Eure Meinung. –

Verzeiht dieses verrückte Geschwätz und haltet mich für
Euren Verehrer und aufrichtigsten Freund

G. Verdi

Antonio Gallo, der im nächsten Brief erwähnt ist, besaß ein Musikge-
schäft an der Piazza San Marco in Venedig, das ein Treffpunkt Verdis mit
Antonio Somma, dem Nervenarzt und Musikkritiker Cesare Vigna und
anderen venezianischen Freunden war. Gallo spielte Geige und dirigierte; aus seiner Begeisterung für ›La Traviata‹ wurde er zum Impresario. Nach dem ursprünglichen Durchfall dieser Oper am 6. März 1853 im
Teatro Fenice verhalf er ihr am 6. Mai des folgenden Jahres im Teatro
Gallo im venezianischen Stadtteil San Benedetto zu ihrem ersten trium-
phalen Erfolg. Am 10. Juli 1875 war Venedig die zweite italienische Stadt,
die dank Antonio Gallo im Teatro Malibran, das er mit seinem Bruder
Giacomo leitete, unter Faccios Leitung Verdis ›Requiem‹ zu hören bekam. Antonio Gallo starb im Januar 1883.

AN ANTONIO SOMMA

St. Agata, 12. Juli 1853

Lieber Somma,
Ich habe die Einleitung zum *Lear* erhalten, die mir sehr
gefällt. Die Verse sind Eurer würdig; damit ist alles gesagt.
Nur wüßte man nicht, was die Musik betrifft, wo man ein
bißchen Ensemble machen kann, denn nach der Verszeile
Nulla a colei di ciò che è mio più spetta [Nichts gebührt ihr
mehr von dem, was mein ist] habt Ihr nur eine Zeile für jede
Person geschrieben, und zu einer einzigen Zeile kann man
unmöglich eine Melodie machen und nicht einmal eine melodische Phrase. Es ist äußerst schwierig, in der Musik eine
Wirkung zu erzielen, wenn man nur Dialog macht; aber das
bedenken wir später. Die Arie der Delia ist reizend. Noch
etwas muß ich Euch sagen, was mich allerdings gar nichts
angeht. Ich weiß nicht, nach welchem Gesetz alle Librettisten
die Gewohnheit hatten, den letzten Vers der Rezitative auf
den vor- oder drittletzten reimen zu lassen. Vielleicht brauchten frühere Komponisten, die bei allen Rezitativen beharrlich
die gleiche Kadenz machten, den Reim; heute ist das etwas
anderes, und meinerseits bin ich Gesetzen dieser Art keineswegs untertan. Ich sage das nur, weil jemand nach der Veröffentlichung des Librettos dies bemerken und Euch ankreiden
könnte. Der oben erwähnte Vers, der mit dem Wort *spetta*

endet, hat einen so weit entfernten Reim, daß das Ohr ihn nicht mehr hört. Ich wiederhole, daß mich das nichts angeht, also macht es, wie Ihr meint.

Es stimmt, daß ich an Gallo nicht mehr wegen der Tantiemen geschrieben habe; aber da ich es ihm überlassen hatte, sich mit Euch zu verständigen, hielt ich alles für festgelegt. Wenn es Euch lieber ist, sagt mir jetzt direkt, was ich beitragen soll und wann; dann hoffe ich, wir werden uns mit zwei Worten verstehen.

Wenn der *Re Lear* Ende September fertig sein wird, um so besser, obwohl ich keinerlei Eile habe. Ich zähle darauf, daß diese Oper aufgeführt wird, wenn ich mit mir zufrieden sein und einen Impresario gefunden haben werde, der über alles verfügt, was eine Sache von so großer Bedeutung verlangt. Im kommenden Karneval würde kein Theater eine geeignete Truppe haben, und auch wenn ich gezwungen wäre, für diese Saison zu schreiben, würde ich lieber ein anderes Libretto finden, als diesen *Lear* zu opfern.

Schreibt mir so bald wie möglich und seid gegrüßt von

Eurem G. Verdi

AN FRANCESCO MARIA PIAVE

St. Agata, 14. Juli 1853

Lieber Piave,

Ich bin dabei, Dir Verdruß zu bereiten, aber Du mußt es ertragen. Erinnerst Du Dich an Signor Luzzati? . . . Du weißt, daß ich keinen Biographien nachgelaufen bin; Du weißt, daß sie mich stets im höchsten Maße angeekelt haben; Du weißt schließlich, wie scheißegal mir diese Art von Ehren ist. Vielleicht hält mich der Signor Luzzati für überglücklich, glaubt mir die Pforten des Paradieses geöffnet zu haben (auch das ist mir scheißegal!!) und schreibt mir *potztausend* in gelehrtem Ton. Er ersucht mich um den Familiennamen meiner armen Mutter und erklärt mir: »Ich bitte Sie, Ihren Brief an mich zu richten, da ich mich in direkter Korrespondenz mit den berühmtesten Persönlichkeiten Italiens befinde, deren Porträts und Biographien ich ausführe, ohne daß auch nur einer sich eines Mittelmannes bediente.« Was hat die direkte Korrespondenz mit den berühmten Persönlichkeiten damit zu tun? . . . Meint er vielleicht, daß, wenn ihm die berühmten Persönlichkeiten schreiben, ich, der ich nur ein armer Teufel

bin, ihm schreiben, ihn bitten, ihm danken und auch noch die
Hand küssen müßte? Die berühmten Persönlichkeiten machen's auf ihre Weise und machen es gut; ich armer Teufel
mache es wohl schlecht, aber auch ich mach's auf meine
Weise. Was die Mittelsmänner betrifft, wer hat sie aufge-
bracht? Ich oder er? – –

Der Name meiner Mutter war Luisa Uttini. Aber wenn Herr
Luzzati mir ein ganz großes Geschenk machen und mir die
Ehre ersparen wollte, mich unter diese berühmten Biographien zu bringen, dann wäre ich sogar dazu bereit, ihm die
paar Unkosten zu erstatten, die er für mich gehabt hat.

Sprich Du in diesem Sinne mit ihm, und ich werde auch Dir
verbunden sein . . .

Bist Du gut geheilt? Wann sehen wir uns? Addio, addio.

G. Verdi

Obwohl Cesare De Sanctis (gest. 1881) und seine Familie zu den nächsten
Freunden der Verdis zählten, ist uns nicht einmal sein Geburtsdatum
bekannt. »Cesarino« war ein erfolgloser Kaufmann und leidenschaftlicher Musikliebhaber und einer der ergebensten Verehrer Verdis in
Neapel.

AN CESARE DE SANCTIS

Busseto, 9. September 1853

Könnt Ihr ein Geheimnis für Euch behalten?

Ich glaube, ja, und darum schreibe ich Euch.

Angenommen, daß ich mich entschiede, für den Winter nach
Neapel zu kommen, sagt mir,

1. Ob ich eine hübsche kleine Wohnung, bequem und schön
dem Meer zu gelegen, finden würde, falls ich nicht im Hotel
bleiben möchte.

2. Ob ich ein oder zwei Dienstboten finden würde.

3. Ob ich, wenn ich mit einem gewöhnlichen Paß einfach zur
Erholung nach Neapel käme, Ärgernisse und Beschwerden
mit der Polizei bekäme. Die soll so streng sein!

4. Ob eine Dame, die mit einem ebenfalls gewöhnlichen Paß
mit mir käme, den erwähnten Ärgernissen ausgesetzt wäre.

Antwortet sofort auf alle diese Fragen.

Ich wiederhole Euch: es muß ein *Geheimnis* sein.

Nach Euren Antworten werde ich mich entscheiden.

Falls ich komme, bin ich in Neapel der Signor Giuseppe Verdi und nicht der Maestro Verdi, das heißt, daß ich weder Opern noch Vorschläge für Opern usw. hören will. Addio und Schweigen . . .

Statt den Winter mit Peppina in Neapel zu verbringen, entschloß Verdi sich, im Oktober mit ihr nach Paris zu reisen.

AN ANTONIO SOMMA

Paris, 6. Februar 1854

Lieber Somma,

Ich freue mich, daß Ihr das bewußte Stück im Duett des dritten Akts [von ›Re Lear‹] geändert habt. Das ist eine Stelle, die zur Perfektion zu bringen sich lohnt, weil sie zu einer der schönsten Szenen des Dramas gehört und auch eines der besten Stücke der Oper sein sollte.

Die Änderungen von ein paar Versen oder Sätzen, die ich brauchen könnte, sind Kleinigkeiten, die ich Euch nur von Fall zu Fall sagen kann, wenn ich die Musik schreibe. Ich wiederhole, es werden Kleinigkeiten wie ein paar Akzente sein, zu denen die Noten nicht passen könnten, oder ein paar Worte, die in der Musik schlecht klingen würden. Macht ruhig alle Änderungen, die Ihr *zur Verbesserung dieser oder jener Phrase* für gut haltet, wie Ihr sagt. Je schöner und wohlklingender der Vers ist, um so besser ist es für mich.

Es ist gut, daß Ihr alle Fragen bezüglich der Aussprache [der Namen] Lear und Gloster geklärt habt.

Seit vielen Jahren habe ich einen Vertrag mit der Opéra, und nun habe ich ein vollkommen fertiges Libretto [›Les Vêpres Siciliennes‹] von Scribe erhalten. Ich hoffte, zuerst den *Re Lear* für Italien komponieren zu können, aber es war mir unmöglich. Vielleicht ist es so besser, weil ich mich dann in aller Ruhe mit dieser Oper beschäftigen und damit, ich wage nicht zu sagen, etwas Neues machen kann, aber etwas, was sich von den anderen ein wenig unterscheidet. Ihr habt darum reichlich Zeit für die Retuschen, die Ihr machen wollt.

Ihr habt mir nicht auf meine Bemerkungen zum Charakter der Delia geantwortet. Vielleicht irre ich mich: dann überzeugt mich. Überzeugt mich, wie Ihr es seinerzeit tatet, als ich Euch sagte, daß mir das Motiv der Enterbung Delias heutzutage kindisch erschien; kaum hatte ich die ersten Worte Eurer Antwort gelesen, erkannte ich meine Unwissenheit und meinen Irrtum.

Ich sagte Euch auch, daß das Libretto etwas lang geraten ist, und ich wiederhole Euch nochmals, daß es gut wäre, wenn Ihr hier und da ein paar Verse, ein paar Strophen weglassen könntet. Es fehlen auch ein paar Worte in einigen Versen, wie ich Euch in meinem letzten Brief bereits sagte.

Antwortet mir mit aller Bequemlichkeit, grüßt Vigna, der wirklich ein hervorragender Mensch ist, und seid herzlichst gegrüßt von Eurem Euch für das Leben verbundenen

G. Verdi

AN ANTONIO SOMMA

Paris, 31. März 1854

Lieber Somma,

Ich antworte recht spät auf Euren sehr lieben Brief vom 18. Februar!!

Für die *Traviata* haben Gallo und Ricordi, glaube ich, beschlossen, was sie für richtig hielten, so daß ich Ricordi die Vollmacht überließ.

Um den *Re Lear* etwas zu kürzen, scheint mir, man könnte im Finale des ersten Akts vom Vers »*Padre, augusto e il mio castello*« [Vater, erhaben ist mein Schloß] bis zu »*O ciel! de' nembi il tuono*« [O Himmel! Der Stürme Donner] die zweiundvierzig Verse auf zwölf oder auf fünfzehn oder zwanzig Rezitativ-Verse reduzieren, mit recht lebhaftem Dialog und ein paar Witzen des Narren.

Im zweiten Akt ließen sich vielleicht die ersten sechzehn Verse des Chors »*Ricca Albion*« [Reiches Albion] kürzen.

Im dritten ließen sich nur zwei Strophen der II. Szene weglassen. Vom Vers »*Ti scosta, è Delia*« [Entferne dich, es ist Delia] bis zu *Buffoni* [Narren]. Diese beiden Strophen kann man, glaube ich, gänzlich streichen, weil die Handlung ohnehin steht.

Dann könnte man auch einen Teil der ersten Szene des ersten Akts weglassen bis zum Auftritt des Lear. Wenn Ihr zum Drama etwas zu erklären habt, laßt lieber Kent und Gloster fünf, sechs Rezitativ-Verse sagen. Wenn der Chor bleibt, muß man ein Musikstück machen, und ein Musikstück beansprucht immer etwas Zeit. Außerdem scheint mir, daß es imposanter und charakteristischer wäre, die Oper sofort beim Aufgehen des Vorhangs mit Trompetenstößen (nicht mit gewöhnlichen, sondern langen antiken Trompeten) zu beginnen. Für das Übrige sorgt Ihr.

Wenn es in den Rezitativen ein paar Verse geben sollte, die Ihr entweder kürzen oder streichen könntet, wäre viel für die gesamte Oper gewonnen. Im Theater ist das *Lange* immer dem Langweiligen gleich, und das Langweilige ist das Schlimmste von allem.

Addio, mein lieber Somma; ich kann's nicht abwarten, mich dem *Re Lear* zu widmen, der mir außerordentlich gefällt; und ich hoffe, da etwas weniger Schlechtes als in meinen anderen Kompositionen zu machen.

Grüßt Vigna und Gallo. Sagt dem letzteren, er möge sorgfältig mit der *Traviata* verfahren und sie so machen, daß er's später nicht zu bereuen braucht. Addio, addio. Herzlichst Euer

G. Verdi

François-Louis Crosnier (1792–1867), eigentlich Politiker, war von 1834 bis 1845 Direktor der Opéra-Comique und von 1854 bis 1856 Verwaltungschef der Opéra in Paris.

AN LOUIS CROSNIER
[Aus dem Französischen] Paris, 3. Januar 1855
Ich halte es für meine Pflicht, keine Zeit mehr vergehen zu lassen, ohne Ihnen ein paar Überlegungen zu den *Vêpres Siciliennes* mitzuteilen.

Es ist sowohl betrüblich wie erniedrigend für mich, daß M. Scribe sich nicht die Mühe macht, diesen fünften Akt zu verbessern, den alle Welt einmütig für uninteressant hält. Ich weiß, daß M. Scribe tausend andere Dinge zu tun hat, die ihm vielleicht mehr am Herzen liegen als meine Oper! . . . Aber wenn ich diese souveräne Gleichgültigkeit bei ihm hätte voraussehen können, wäre ich in meiner Heimat geblieben, wo es mir wahrhaftig nicht schlecht ging!

Ich hoffte, M. Scribe würde (da die Situation es meiner Ansicht nach erlaubt) zum Schluß des Dramas eines jener bewegenden Stücke finden, die zu Tränen rühren und deren Wirkung fast immer sicher ist. Beachten Sie, Monsieur, daß dies dem Werk im allgemeinen zugute gekommen wäre, dem es mit Ausnahme der Romanze im vierten Akt ganz und gar an Leidenschaft fehlt.

Ich hoffte, M. Scribe würde die Gefälligkeit haben, ab und zu bei den Proben zu erscheinen, um gewisse nicht gut passende Worte, schwierige oder schwer sangbare Verse zu ändern und zu sehen, ob in den einzelnen Stücken und Akten usw. usw. nichts zu retuschieren wäre. Zum Beispiel: der 2., 3. und 4. haben alle die gleiche Form: eine Arie; ein Duett; ein Finale.

Schließlich rechnete ich damit, daß M. Scribe, wie er mir von Anfang an versprochen hatte, alles geändert hätte, was die Ehre der Italiener angreift. – Je mehr ich über dieses Sujet nachdenke, desto überzeugter bin ich davon, daß es gefährlich ist. Es verletzt die Franzosen, weil sie massakriert werden; es verletzt die Italiener, weil M. Scribe den historischen Charakter Procidas verändert und aus ihm (nach seinem bevorzugten System) einen gemeinen Verschwörer macht, dem er den unvermeidlichen Dolch in die Hand drückt. Mein Gott! In der Geschichte eines jeden Volkes gibt es Tugenden und Verbrechen, und wir sind da nicht schlimmer als die anderen. Aber jedenfalls bin ich vor allem Italiener und werde mich um keinen Preis herbeilassen, mitschuldig an einer Beleidigung meiner Heimat zu sein.

Zuletzt möchte ich Ihnen noch ein Wort über die Proben im Foyer sagen. Ich höre hier und da Worte und Bemerkungen, die, wenn auch keineswegs beleidigend, zumindest ungehörig sind. Ich bin an so etwas nicht gewöhnt und kann es mir nicht gefallen lassen. Es ist möglich, daß jemand findet, meine Musik sei nicht auf der Höhe der Grand Opéra; es ist möglich, daß andere die Partien als ihrer Talente nicht würdig befinden; es ist möglich, daß ich meinerseits die Aufführung und die Art zu singen anders finde als ich wünschte! . . . Schließlich scheint mir (wenn ich mich nicht merkwürdig irre), daß wir in der Art und Weise, Musik zu hören und zu interpretieren, nicht im Einklang sind; und ohne vollkommene Übereinstimmung kann es *keinen Erfolg* geben.

Sie sehen, Monsieur, daß alles, was ich hier gesagt habe, schwer genug wiegt, um daran zu denken, das uns drohende Unglück zu verhüten. Meinerseits sehe ich nur ein Mittel, und ich zögere nicht, es Ihnen vorzuschlagen: *die Lösung des Vertrages.*

Ich weiß wohl, Sie werden mir antworten, daß die Opéra schon Zeit verloren und allerlei Kosten gehabt hat! . . . Aber das ist wenig im Vergleich zu dem einen Jahr, das ich hier verloren habe und in dem ich in Italien Hunderttausende von Francs hätte verdienen können.

Sie werden mir weiterhin sagen, daß ein Vertrag schnell zu lösen ist, wenn eine Zahlung geleistet wird. Darauf antworte ich, daß ich bereits gezahlt hätte, wenn meine hiesigen Verluste und Unkosten nicht übergroß gewesen wären!

Ich weiß, daß Sie zu gerecht und einsichtig sind, um von zwei Übeln nicht das geringere zu wählen. Glauben Sie meiner Erfahrung in der Musik, Monsieur: unter den gegebenen Umständen ist *ein Erfolg durchaus fraglich*! Ein halber Erfolg tut keinem gut. Am besten machen wir Schluß. Jeder wird bemüht sein, die verlorene Zeit aufzuholen. Versuchen wir, Monsieur, die Angelegenheit ohne Lärm beizulegen; dann gewinnen wir vielleicht alle beide dabei.

Seien Sie meiner größten Hochachtung versichert, Monsieur.

P.S. Entschuldigen Sie mein schlechtes Französisch; die Hauptsache ist, daß Sie mich verstehen können.

AN FRANCESCO MARIA PIAVE

Enghien, 3. September 1856

Lieber Piave,

Was nützte es, die Geschichte des Simon Boccanegra innerhalb eines Monats fertig zu machen? Haben die Polizei [Zensur] und das Präsidium [des Theaters] nicht ein hinreichend ausführliches Szenarium? Es ist sogar nicht einmal ein Szenarium, sondern ein vollständiges Drama. Ins Libretto kommt kein [neuer] Gedanke, kein geändertes Wort. Was macht es schon aus, ob es zur Zeit in Prosa oder in Versen ist? Und wie Du ganz richtig bemerkt hast, an diesem Simone ist etwas sehr Originelles. Darum muß der Zuschnitt des Librettos, der [einzelnen] Stücke usw. usw. so originell wie möglich sein. Das läßt sich nicht machen, wenn wir nicht zusammen sind; es wäre jetzt also verlorene Zeit.

Sag Torniello, dem Freund Torniello, er soll nur still sein und uns machen lassen, denn wir verstehen unser Handwerk recht gut; und wenn er was zu tun haben will, ist anderswo Not am Mann. Er soll an die Dekoration und Kostüme denken. O, die

Dekorationen könnten in diesem Simone so schön sein! Besonders in drei Bildern müßte und könnte ein Maler etwas sehr Gutes machen. Aber die Bühnenbilder müßten doppelte und dreifache Prospekte haben und die *Podeste* nicht Schemel, wie im *Guglielmo Tell*, sondern richtige *Podeste* sein. Und was die Kostüme angeht... Genug!... Genug... laß uns zu anderem kommen...

Du kannst Dir nicht vorstellen, wie mir die Affäre der Marzis in Rimini zu Herzen geht; aber, mein lieber Piave, Du wirst verstehen, daß ich nicht nur wegen musikalischer Angelegenheiten in Paris bin. Schließlich bestehen die musikalischen Angelegenheiten, wie du weißt, nur in einem Prozeß, den ich Calzado machen werde, um ihn von *Traviata* und *Rigoletto* abzuhalten und um mit der *Opéra* ein halb gegebenes Wort, eine Oper zu schreiben, zu regeln; das könnte ich sehr gut mit Hilfe von Freunden und Briefen tun usw. Ich bin [aber] außerdem wegen anderer pekuniärer Angelegenheiten hier.

Mit diesen kann ich jetzt vielleicht nicht einmal fertig werden, und es könnte sein, daß ich noch einmal hierher kommen müßte. Du siehst also, daß ich Sachen von großer Wichtigkeit nicht wegen einer kleinen Sache wie der in Rimini vernachlässigen kann. Hinzu kommt, daß ich auch nach London gehen sollte; Du weißt das. Hier ist alles, was ich tun kann, zusammengefaßt: Sag den Marzis, daß ich, wenn ich nach Rimini gehe, mit ihnen und ihretwegen gehe (im übrigen hat mir kein anderer Impresario je von dem Theater gesprochen); daß ich, wenn ich mich in der Saison in meiner Heimat bzw. in Italien befinde, nach Rimini gehe, um die Neubearbeitung der *Battaglia di Legnano* zu inszenieren, die man wie den *Stiffelio* fast als neue Oper bezeichnen kann. Die Bedingungen machen wir später. Wenn ihnen das zusagt, ist mein Wort gegeben ... Addio also, addio. Ich verbleibe
Dein Freund   G. Verdi

P.S. Bereite Dich auf St. Agata vor und disponiere so, daß Du dort bleibst, bis der Boccanegra fertig ist.

AN FRANCESCO MARIA PIAVE

                                                                    [1856]

Lieber Piave,
Hier hast Du das gekürzte und reduzierte Libretto [›Simon

Boccanegra‹] ungefähr so, wie es sein muß. Wie ich Dir in einem anderen meiner Briefe sagte, kannst Du Deinen Namen dafür geben oder nicht. Wenn Dir mißfällt, was geschehen ist – es mißfällt auch mir, und vielleicht noch mehr als Dir; aber ich kann Dir nichts anderes sagen als »es war nötig«!!

Ich schleppe mich so gut wie möglich durch. Dank guten Willens bin ich zuversichtlich, und die Oper wäre fertig, wenn mein Magen mich arbeiten ließe, wann ich will. In jedem Fall hoffe ich, daß der Simone am 7. herauskommen wird! . . .

Arbeite sorgfältig an den Szenen. Die Angaben sind ziemlich genau, trotzdem erlaube ich mir einige Bemerkungen. In der ersten Szene muß der Fiesco-Palast, wenn er seitlich steht, gut vom ganzen Publikum zu sehen sein, weil alle den Simone sehen müssen, wenn er ins Haus eintritt, wenn er auf den Balkon kommt und die kleine Laterne wegnimmt; ich glaube, eine musikalische Wirkung erzielt zu haben, die ich durch die Bühne nicht verlieren will. Außerdem möchte ich mir vor der Kirche von San Lorenzo eine kleine begehbare Treppe mit 3 oder 4 Stufen und ein paar Säulen wünschen, die dazu dienen würde, sich mal Paolo, mal Fiesco anlehnen und verstecken zu lassen usw. Diese Szene muß einen tiefen Hintergrund haben.

Der Grimaldi-Palast im ersten Akt braucht nicht viel Tiefe zu haben. Statt eines Fensters würde ich mehrere bis zum Erdboden reichende machen, und eine Terrasse. Im Hintergrund würde ich einen zweiten Prospekt mit dem Mond hängen, dessen Strahlen auf das Meer fallen würden, das man vom Publikum aus sehen müßte; das Meer wäre ein funkelnder, schräger Prospekt. Wenn ich Maler wäre, würde ich bestimmt ein schönes, einfaches Bühnenbild von großer Wirkung machen.

Ich lege großen Wert auf die Szene, in welcher der Doge Piero die Balkons zu öffnen befiehlt; da muß man eine reiche, große, festliche Beleuchtung sehen, die weiten Raum einnimmt, damit man die Lichter gut sehen kann, die allmählich eins nach dem anderen ausgehen, bis beim Tode des Dogen alles in tiefem Dunkel ist.

Das ist, glaube ich, ein sehr wirkungsvoller Moment, und es wäre ein Jammer, wenn das Bühnenbild nicht gut gemacht wäre. Der erste Prospekt braucht nicht sehr weit entfernt zu hängen, aber der zweite, der Prospekt mit der festlichen Beleuchtung, muß sehr weit hinten sein. Addio, addio.

G.Verdi

P.S. Ich hoffe, morgen Deine Briefe zu erhalten; wenn es darin etwas Wichtiges gibt, antworte ich sofort.

AN ANTONIO SOMMA

Busseto, 26. November 1857

Lieber Somma,
Ich glaube wirklich, daß das XIII. Jahrhundert für unseren *Gustavo* [später ›Un Ballo in Maschera‹] zu weit zurückliegt. Das ist eine so rohe, so brutale Epoche besonders in jenen Landen, daß ich es für einen groben Widersinn halte, darin französisch konzipierte Persönlichkeiten wie *Gustavo* [später Riccardo] und *Oscar* auftreten zu lassen. Es ist zudem ein so brillantes Drama im Stil unserer Zeit. Man müßte irgendeinen Fürsten, Herzog, Teufel selbst im Norden finden, der etwas von der Welt gesehen und den Duft des Hofes von Ludwig XIV. geatmet hat. Wenn das Drama fertig ist, könnt Ihr es Euch in Ruhe überlegen.
Ich habe Euch über den zweiten Akt geschrieben; jetzt will ich Euch sagen, was ich über den dritten denke.
Der erste Dialog zwischen *Ankarström* [später Renato] und *Amelia* ist kalt ausgefallen, trotz der höchst lebendigen Situation; im Französischen gibt es jenes »*il faut mourir*« [Der Tod ist unausweichlich], das ab und zu kommt und sehr dramatisch ist. Ich weiß wohl, daß »*apparecchiati alla morte*« [bereite dich auf den Tod vor], »*raccomandati al Signore*« [empfiehl dich dem Herren] das Gleiche sagen will, aber auf der Bühne hat es nicht die gleiche Kraft wie jenes einfache »*bisogna morire*« [Der Tod ist unausweichlich]. Alle diese Verse sind auch schwer in Musik zu setzen. Außerdem kommen die auf der Bühne nötigen Worte nicht gut heraus. Die vier Strophen für das Cantabile der Amelia gehen gut, wenn mir auch die beiden ersten Verse gewöhnlich erscheinen:

Ah, mi concedi in grazia   [Ah, erlaube mir gnädig,
Anco una volta almeno …   Noch einmal wenigstens …]
Die ganze Arie Ankarströms ist gut. Die Szene zwischen ihm und den Verschwörern sollte schneller ablaufen; macht ein paar Kürzungen und ändert mir »*Vi diletta giocar di noi?*«

[Gefällt es Euch, mit uns zu spaßen?] Gut die Strophe »*Tutti stretti*« [Alle eng verbunden].

Wenn Amelia eintritt und den Namen ihres Gatten zieht, ist das im französischen Drama eine furchtbare und besonders schöne Situation; in der Dichtung, die Ihr mir geschickt habt, erschüttert sie mich nicht ebenso. Vom Vers »*Poi che par*« [Dann, da es scheint] usw. an bis zu den Strophen »*Non piu fede ...*« [Keine Treue mehr ...] geht etwas nicht: die Personen sind nicht gut auf der Bühne; das Wort ist nicht deutlich und dieser schöne Moment geht fast unbemerkt vorbei.

Bedenkt das wohl, weil dies ein Kernpunkt ist. Auch von den Worten »*Signora, ho un invito*« [Meine Dame, ich habe eine Einladung] an bis zu den Strophen ist der Text zu lang.

Mit der üblichen Freundschaft addio.

Euer G. Verdi

P.S. – Verzeiht: noch eine Belästigung von mir! Es wäre mir besonders daran gelegen, in der Stretta der Introduzione [Einleitung] diese Strophe ans Ende der Szene zu verlegen:

GUST.–   *Dunque, signori aspettovi*   [Also, meine Herren, ich erwarte Euch
. . . . *alle tre*   um drei
Nell'antro dell'oracolo,   In der Höhle des Orakels,
Della gran maga al piè.   Der großen Zauberin zu Füßen.]

TUTTI– . . . . *alle tre*
Nell'antro dell'oracolo,
Della gran maga al piè.

Und es wäre mir lieb, wenn Ihr mir statt *al tocco* [auf den Schlag] ein Wort mit dem Ton auf der drittletzten Silbe finden und *alle tre* [um drei] sagen lassen könntet. Seht dann zu, daß *alle* die ganze Strophe singen können.

AN ANTONIO SOMMA

Neapel, 7. Februar 1858

Lieber Somma,

Ich stecke im tiefsten Pech! Die Zensur wird unser Libretto [›Un Ballo in Maschera‹] so gut wie sicher verbieten. Warum? Ich weiß es nicht! Ich hatte ganz recht, Euch zu sagen, daß jeder Satz, jedes Wort, das verdächtig sein könnte, zu vermeiden sei. Sie haben begonnen, bei ein paar Ausdrücken, ein paar Worten Argwohn zu hegen; von den Worten sind sie zu den Szenen gekommen, von den Szenen zum Sujet. Sie haben mir diese Änderungen vorgeschlagen (und das noch als Gnade):

1. Den Protagonisten zu einem [gewöhnlichen] Herrn zu machen, gänzlich von der Idee eines Herrschers entfernt;
2. Die Gattin zur Schwester zu machen;
3. Die Szene der Hexe zu ändern und sie in eine Epoche zu verlegen, in der man an so etwas glaubte.
4. Kein Ball.
5. Die Ermordung hinter der Bühne.
6. Beseitigung der Szene, in der die Namen durch das Los gezogen werden.

Und weiter, und weiter, und weiter!! . . .

Wie Ihr Euch vorstellen werdet, sind diese Änderungen unannehmbar; folglich ist es aus mit der Oper; folglich bezahlen die Abonnenten keine zwei Raten; folglich hält die Regierung den Zuschuß zurück; folglich gerät die Impresa mit allen in Streit und droht mir mit einem Schadenersatz von 50 000 Dukaten!! . . . Welche Hölle! . . . Schreibt mir sofort und sagt mir Eure Meinung. Addio.

G. Verdi

AN ANTONIO SOMMA

Busseto, 8. Juli 1858

Lieber Somma,

Ich habe die Absicht, eine Fahrt nach Venedig zu machen, um noch einmal über das Libretto [›Un Ballo in Maschera‹] zu sprechen. Die römische Zensur hat weitere Erleichterungen zugesagt, und ich möchte erreichen, daß diese Oper aufgeführt wird und, wie ich Euch schon einmal schrieb, Rom ist nach allem, was vorgefallen ist, jedem anderen Ort vorzuziehen. Sagt mir, ob ich Euch in ungefähr acht bis zehn Tagen in Venedig treffen kann.

Addio. Immer herzlichst Euer   G. Verdi

P.S. – Die Zensur würde Sujet und Situationen usw. usw. billigen, den Ort der Handlung aber außerhalb Europas verlegen. Was würdet Ihr von Nordamerika zur Zeit der englischen Herrschaft halten! Wenn nicht in Amerika, in einer anderen Gegend? Vielleicht im Kaukasus?

Tito Ricordi (1811–1888) übernahm und erweiterte das Verlagsgeschäft seines Vaters Giovanni und war Verdi persönlich und geschäftlich trotz gelegentlicher Differenzen sehr eng verbunden.

AN TITO RICORDI

[Rom,] 4. Februar 1859

Das Fiasko des *Boccanegra* in Mailand mußte kommen und ist gekommen. Ein *Boccanegra* ohne *Boccanegra*!! Schneidet einem Menschen den Kopf ab und erkennt ihn dann, wenn Ihr könnt. Du wunderst Dich über das *schlechte Benehmen des Publikums*? Mich überrascht das überhaupt nicht. Es ist immer glücklich, wenn es einen Skandal erleben kann! Als ich 25 Jahre alt war, hatte auch ich Illusionen und glaubte an seine Höflichkeit; ein Jahr später fiel die Binde von meinen Augen, und ich sah, mit wem ich es zu tun hatte. Manche Leute bringen mich zum Lachen, wenn sie mir mit vorwurfsvoller Miene erklären, daß ich diesem oder jenem Publikum viel schuldig sei! Es ist wahr: an der Scala hat es für den *Nabucco* und die *Lombardi* einmal Beifall gegeben; aber ob er der Musik, den Sängern, dem Orchester, dem Chor oder der Inszenierung galt, Tatsache ist, daß alles zusammen eine solche Aufführung war, daß sich niemand seines Beifalls zu schämen hatte. Kaum mehr als ein Jahr zuvor mißhandelte jedoch dasselbe Publikum das Werk eines armen, kranken jungen Menschen, der in Bedrängnis war mit gebrochenem Herzen von entsetzlichem Unglück! Alles das wußte man, aber es war kein Hemmnis für schlechtes Benehmen. Seither habe ich den *Giorno di Regno* nicht mehr gesehen, und es ist sicher eine schlechte Oper, wenn auch wer weiß wie viele nicht bessere hingenommen und vielleicht sogar mit Applaus bedacht worden sind. O, wenn damals das Publikum nicht applaudiert, sondern die Oper schweigend aufgenommen hätte, ich hätte nicht Worte genug, ihm zu danken! Aber nachdem es gute Miene zu Opern gemacht hat, die ihren Weg rund um die Welt genommen haben, ist die Rechnung ausgeglichen. Ich will es nicht verurteilen: es soll streng sein, soll pfeifen, aber sein Beifall soll mich zu nichts verpflichten. Wir armen Zigeuner, Scharlatane und was Ihr nur wollt, sind nun einmal gezwungen, unsere Arbeit, unsere Gedanken, unseren Wahn für Gold zu verkaufen – das Publikum kauft für drei Lire das Recht, uns auszupfeifen oder zu beklatschen. Unser

Schicksal ist, sich zu fügen: das ist alles! Und trotz allem, was Freunde oder Feinde sagen mögen, ist der *Boccanegra* nicht schlechter als viele andere meiner glücklicheren Opern, denn für ihn ist vielleicht eine sorgfältigere Aufführung vonnöten und ein Publikum, das zuhören will. Eine traurige Angelegenheit ist das Theater!! Aber gegen meine Gewohnheit und fast ohne es zu merken, habe ich Dir ein langes Geschwätz geschrieben, das unnötig war. Ich schicke es Dir jedoch, um den Brief nicht noch einmal zu schreiben.

Vincenzo Jacovacci (1811–1881), der Sohn eines Fischhändlers, war etwa vierzig Jahre lang der Impresario des Teatro Apollo in Rom.

AN VINCENZO JACOVACCI

Busseto, 5. Juni 1859

Lieber Jacovacci,

es war unrecht von Euch, den *Ballo in Maschera* gegen die Angriffe der Zeitungen zu verteidigen. Ihr hättet es so machen sollen, wie ich es immer machte: sie nicht lesen oder den Ton singen lassen, den sie wollen, wie ich's auch immer gemacht habe! Im übrigen ist die Frage diese: ist die Oper *schlecht* oder *gut*? Ist sie schlecht und die Journalisten haben schlecht von ihr gesprochen, haben sie recht gehabt; ist sie gut und sie haben sie nicht entsprechend beurteilen wollen, eigenen oder fremden Privatinteressen zuliebe oder zu welchem Ende auch immer, dann mußte man sie reden lassen und sich nicht darum kümmern. Im übrigen gebt zu, daß, wenn es in der Karnevals-Spielzeit jemand oder etwas zu verteidigen gab, es die nichtswürdige Truppe war, die Ihr mir beschert habt. Hand aufs Herz: Gebt zu, daß ich ein seltenes Muster an Selbstverleugnung war, weil ich nicht die Partitur nahm und auf die Suche nach weniger kläffenden Hunden ging als es die [Sänger] sind, die Ihr mir offeriert habt. Aber *post factum* mit dem, was folgt usw. . . . .

Entschuldigt, aber ich kann nicht an Ricordi wegen Herabsetzung der Leihgebühren schreiben, da ich es nicht gewohnt bin, mich in derartige Geschäfte einzumischen. Außerdem scheinen mir die Preise, die Ihr für Aroldo, Boccanegra und Ballo in Maschera bietet (so wenig auch diese Opern wert sein mögen), zu bescheiden. Ich weiß nicht, ob Ricordi das so sehen wird wie ich; in diesem Fall sagt er Euch dann, was ich sage und was auch Ihr sagen werdet: behelft Euch anderweitig. Falls Ihr auch bei anderen auf Forderungen stoßt, die Eurer Meinung nach übertrieben sind, dann haltet Euch an das alte klassische Repertoire, das ja frei und öffentliches Eigentum ist – und Ihr könnt Euch mit ein paar Groschen aus der Affäre ziehen. Ihr braucht drei Opern? Hier sind sie: Nina Pazza von Paisiello, Armida von Gluck, Alceste von Lully. Da seid Ihr neben der Ersparnis auch noch sicher, daß Ihr nicht mit Journalisten und anderen zu kämpfen habt. Die Musik ist schön, die Komponisten sind tot, seit ein, zwei Jahrhunderten hat jeder gut von ihnen gesprochen und wird auch weiterhin nur gut von ihnen sprechen, wäre es auch bloß darum, von denen schlecht zu sprechen, die noch nicht so dumm waren, zu sterben.

Addio, mein lieber Jacovacci. Denken wir nicht an neue Opern.

Nach dem Pakt von Villafranca und dem Rücktritt Cavours:

AN CLARINA MAFFEI

Busseto, 14. Juli 1859

Liebe Clarina,

Statt eine Lobeshymne zu singen, scheint es mir richtiger, heute Klage zu erheben über den ewigen Unstern unseres Vaterlandes. Zugleich mit Eurem Brief bekam ich ein Bulletin vom 12., das besagt … Der Kaiser an die Kaiserin … Der Friede ist geschlossen … Venedig bleibt bei Österreich!!! Und wo ist nun die so sehr ersehnte und versprochene Unabhängigkeit Italiens? Was bedeutet die Proklamation von Mailand? Ist Venedig vielleicht nicht Italien? Nach so vielen Siegen dieses Ergebnis! So viel Blut vergeudet! Arme, enttäuschte Jugend! Und Garibaldi, der sogar seine alten, gefestigten Überzeugungen zugunsten eines Königs geopfert hat, ohne das erwünschte Ziel zu erreichen. Es ist zum Verrücktwerden! Ich schreibe unter dem Eindruck der ärgsten Schande und weiß nicht, was ich davon halten soll. Es ist also wirklich wahr, daß wir von einem Fremden niemals etwas zu erhoffen haben, welcher Nation er auch angehöre. Was sagt Ihr dazu! Vielleicht täusche ich mich wieder einmal? Ich wünschte es ... Addio, addio. Morgen schreibe ich an Carcano. Addio. Herzlichst G. Verdi

Graf Camillo di Cavour (1810–1861), in Turin gebürtig, war Premierminister Sardiniens von 1852–1859 und von 1860–1861. Im Gegensatz zu den Republikanern Mazzini und Garibaldi erstrebte er ein geeintes königliches Italien. Unter seiner politischen Führung kämpften Sardinien und Frankreich 1859 gegen Österreich, und Österreich verlor die Lombardei. Wie Verdi verbittert durch den Pakt Napoleons III. mit Franz Joseph I., demzufolge das Veneto österreichischer Besitz blieb, dankte Cavour ab und zog sich auf sein Landgut Leri in Piemont zurück. Dort besuchte Verdi am 17. September 1859 den großen Staatsmann, der ihm für den folgenden Brief mit den Worten dankte: »Ein großer Lohn für alle Mühen ist die Gewißheit, die liebevolle Sympathie eines Mitbürgers zu besitzen, der dazu beigetragen hat, den Namen Italiens in Europa in Ehren zu halten.« In das Amt des Premierministers zurückgekehrt, gelang Cavour 1860 mit Garibaldis und anderer Hilfe die Vereinigung von ganz Italien mit Ausnahme von Venedig und Rom. In seinem Todesjahr wurde, wie Cavour es gewünscht hatte, Vittorio Emanuele II. zum König von Italien gekrönt.

AN GRAF CAMILLO DI CAVOUR

Busseto, 21. September 1859

Exzellenz!
Eure Exzellenz mögen meine Kühnheit verzeihen und die Behelligung, die ich Ihnen mit diesen paar Zeilen vielleicht verursache. Ich hatte seit langem den Wunsch, den Prometheus unserer Nation persönlich kennenzulernen; und ich gab die Hoffnung nicht auf, eine Gelegenheit für die Erfüllung dieses lebhaften Wunsches zu finden. Was ich aber nicht zu hoffen gewagt hätte, das war der offene, gütige Empfang, mit dem mich Eure Exzellenz zu beehren geruhten. Ich schied tief bewegt! Nie werde ich Ihr Leri vergessen, wo ich die Ehre hatte, dem großen Staatsmann die Hand zu drücken, dem erhabenen Mitbürger, dem Mann, den jeder Italiener Vater des Vaterlandes nennen wird.
Nehmen Exzellenz gütigst diese aufrichtigen Worte des einfachen Künstlers an, der kein anderes Verdienst hat, als daß er sein Vaterland liebt und immer geliebt hat.
Mit der tiefsten Verehrung
Euer Exzellenz
ergebenster Diener G. Verdi

Verdi schätzte Angelo Mariani (1822–1873) als den größten Dirigenten seiner Zeit und war ihm jahrelang eng verbunden, bis Mariani ihn bei seiner Absicht, ein Requiem für Rossini aufzuführen, enttäuschte. Marianis Ablehnung, ›Aida‹ zu dirigieren, und seine fast gleichzeitige Leitung der italienischen Erstaufführung des ›Lohengrin‹ 1871 in Bologna, führten zum endgültigen Bruch.

AN ANGELO MARIANI

Busseto, 9. August 1860

Lieber Mariani,
ich bin nicht mehr in Tabiano, ich bin hier zwischen Ziegeln, Gips und Mauern, gehe morgens auf die Jagd, schlafe, esse und tue nichts. Und was machst Du? Wann kommst Du? Die Mauser der Wachteln ist vorbei, und bald werden Dutzende mit den Netzen gefangen und, wenn wir gut zielen, auch ein paar mit dem Gewehr erlegt. Inzwischen kommen wir jeden Morgen mit 8 oder 10 kleinen und großen Vögeln heim, ohne weiter als ein paar Gewehrschüsse vom Haus zu gehen. Luccardi, ein vortrefflicher Freund, ist mein Jagdgenosse; morgen früh wollen wir zum ersten Mal in den Wald gehen und werden beladen mit Turteltauben, Amseln, Staren, *Gallus petri*, und auch mit Rebhühnern nach Haus kommen. Was sagst Du dazu? Komm also und richte Dich ein, bis zum Tag Deiner Abreise nach Bologna hier zu bleiben.
Peppina grüßt Dich. Addio.   G. Verdi

Wenn Du kommst, kauf mir etwa zwanzig Flintenlaufreiniger Nr. *15* und *16*. Mehr von *16* [unleserlich].

AN ANGELO MARIANI

Busseto, 25. November 1860

Lieber Mariani,
Mein Schreiner hat einen Neffen, der Militärdienst tun soll. Da er aber nach einem Sturz einen entzündeten Fuß hat, ist er nicht imstande, Märsche zu machen. Er ist untersucht worden, aber die Ärzte beim Regiment haben den Befund nach Turin geschickt. Anfang des Monats kommt er nach Turin und müßte dort etwas Unterstützung haben. Hast Du dort niemand, an den man ihn empfehlen kann? Nur müßte es einer sein, der was taugt; kein Gesandter und auch kein Minister. Du würdest ein gutes Werk tun. Schreib' mir.

Graf Opprandino Arrivabene (1807–1887) war ein Abkömmling des byzantinischen Kaiserhauses und der Herzöge Gonzaga von Mantua. Im Geiste Mazzinis und Cavours nahm er 1831 und 1848 an den Kämpfen gegen die österreichische Herrschaft in Italien teil. Er gehörte zu den liberalen Intellektuellen und Künstlern im Kreis um die Gräfin Maffei und trat als bedeutender Journalist hervor. Mehr als fünfzig Jahre lang war er Verdis bester Freund. Arrivabene starb fünf Wochen vor der Uraufführung des *Otello*, den er für »das große Finale« Verdis hielt. Verdi schrieb dem Freund diese Zeilen unter dem Eindruck der Nachricht vom Tode Cavours.

AN OPPRANDINO ARRIVABENE

Donnerstag abend [Busseto, 6. Juni 1861]

Lieber Arrivabene,
Im Augenblick meiner Abfahrt höre ich die furchtbare Nachricht, die mich umbringt. Ich habe nicht den Mut, nach Turin zu kommen; auch könnte ich der Beerdigung dieses Mannes nicht beiwohnen ... Welches Unglück! Welcher Abgrund von Unheil! ... Addio, addio   Dein G. Verdi
Wenn ich komme, schreibe ich Dir vorher.

AN OPPRANDINO ARRIVABENE

Busseto, 14. Juni 1861

Lieber Arrivabene,
Die Trauerfeier für Cavour wurde Donnerstag mit allem Prunk begangen, der in dieser kleinen Stadt zu erwarten war.
Der Klerus zelebrierte *gratis*, und das will viel heißen.
Ich habe der Totenmesse in voller Trauerkleidung beigewohnt, mit tiefer Trauer im Herzen.
Inter nos, ich konnte die Tränen nicht zurückhalten und weinte wie ein Kind ...
Der arme Cavour! Und wir Armen.

Addio, mein lieber Arrivabene. Peppina grüßt Dich vielmals.
Addio herzlich   G. Verdi

P.S. Gib dem Hotelier Bescheid, daß ich nicht sicher bin, Montag früh in Turin zu sein. Vielleicht ja und vielleicht nein ...

Der italienische Tenor Enrico Tamberlick (1820–1889) feierte triumphale Erfolge in London, Paris, Buenos Aires und besonders in St. Petersburg, wo er Verdis Interessen vertrat und in der russischen Erstaufführung der

›Forza del Destino‹ den Don Alvaro sang. Allem Anschein nach ist dieser
Brief an ihn und kein anderes Mitglied seiner Familie gerichtet. Verdi
schrieb ihn auf dem Rückweg von Rußland, nachdem die Premiere der
›Forza‹ wegen der Erkrankung der Sopranistin auf den 10. November
1862 verschoben werden mußte.
Verdis »Traum von zwanzig Lebensjahren« sollte am 20. September 1870
in Erfüllung gehen, als Rom die Hauptstadt des geeinten Italiens wurde.

AN [ENRICO] TAMBERLICK

Berlin, 21. Februar 1862

Lieber Tamberlick,
Hier bin ich nun in Berlin nach einer ohne böse Zwischenfälle
verlaufenen Reise, außer der schrecklichen Kälte von Dünaburg bis Kaunas. Wir legten 3 oder 4 Meilen in einem offenen
Schlitten bei 33 Grad Kälte zurück, um den Zug des Großher-
zogs zu erreichen, der bei der Festung angehalten hatte. Es ist
schlimm, anderen zur Verfügung stehen zu müssen, *sogar*
einem Großherzog! – Jetzt weiß ich, was *Kälte* heißt, und
einen Augenblick lang glaubte ich alle Schwerter der russischen Armee in meinem Schädel zu verspüren. Wenn ich im
Jenseits an eine Eishölle glauben könnte, wie Papa Dante sie
schildert, würde ich morgen anfangen, den *Rosenkranz* und
Miserere zu beten und Vergebung aller Sünden zu erflehen,
die ich begangen oder nicht begangen habe. Die Waggons, die
uns von Dünaburg bis Kaunas transportierten, waren unge-
heizt, und sogar der Wein – noch dazu guter Wein für 5 Rubel
pro Flasche – gefror. Wir haben in Kaunas übernachtet. Das
Essen und das Bett waren schlecht, aber zumindest haben wir
uns erwärmt. Am nächsten Morgen bei der Ankunft an der
Grenze, die uns wie eine *Oase* erschien, waren alle Schmerzen
vorbei. Dort hat ein freundlicher, sehr freundlicher, ganz
besonders freundlicher Beamter, an den Ihr telegrafiert hattet,
als ich in Petersburg ankam – und dafür danke ich Euch
nochmals von ganzem Herzen – mir alle Zoll- und Paßbe-
schwerden erspart und ließ uns einen ganzen Salon in einem
Waggon zuweisen, in dem wir glücklich bis hierher gereist
sind. So endet die schmerzensreiche Geschichte! Im Übrigen
erkläre, schwöre und wette ich, daß ich nächstes Jahr nicht
aus Petersburg abreise, wenn es mehr als sechs Grad Kälte
gibt. Lieber bleibe ich dort bis zum Mai. Was werde ich die
ganze Zeit über tun? Ich weiß nicht ... ich werde mich

amüsieren, mich langweilen, fluchen, vielleicht komponieren... Ja, ich werde komponieren, was wir auf dem Kapitol
singen müssen, o Rom, Rom!... Wann kommt dieser Tag!
Der Traum von zwanzig Lebensjahren!

Empfehlt mich Madame De Bourkoff und sagt ihr, ich hoffe,
mir in London wieder ihre gute Meinung zu verdienen, die ich
à moitié verloren habe, wie sie mir sagte!... Aber wenn ich in
London auch noch die andere *moitié* verlöre?... Dann wäre
es besser, ich bliebe *chez moi*.

Grüßt Madame Diban auch im Namen Peppinas, die ihrer
Empfehlungen gedenkt. Ihr aber nehmt meinen Dank für alle
Eure Bemühungen und bleibt jetzt und immer gut

Eurem herzlich ergebenen   G. Verdi

AN ANGELO MARIANI

[Borgo St. Donnino,] 1. August 1862

Ein Unglück, ein für uns sehr schweres, hat uns getroffen und
erschüttert uns tief. *Loulou* [Verdis kleiner Hund], der arme
Loulou ist tot. Das arme Tierchen! Der wahre Freund, der
treue, unzertrennliche Gefährte in fast sechs Jahren des Lebens! So zärtlich, so schön! Der arme *Loulou*! Es ist schwer,
Dir Peppinas Schmerz zu schildern, aber Du kannst ihn Dir
denken. Fraschini, der während der Krankheit des armen
Tierchens fünf, sechs Tage lang hier war, muß recht gelang-
weilt und verstimmt gewesen sein!

Und Du willst mit dem Minister [Hudson] kommen? Der
Himmel weiß, wie glücklich und geehrt ich mich fühlen
würde, in meinem Haus diesen Menschen zu empfangen, den
ich so sehr liebe und achte. Du weißt, daß meine Worte
ehrlich sind. Aber, mein lieber Mariani, in meinem Haus
herrscht jetzt die Verzweiflung. [...]

AN OPPRANDINO ARRIVABENE

Paris, 22. März 1863

Liebster Arrivabene,

Gleich nach meiner Ankunft fand ich hier Deinen Brief vom
5. März vor und gestern erhielt ich den vom 20. Ich habe Dir
nicht sofort geschrieben, weil ich so müde von der Reise war,
daß ich mich ins Bett legen mußte, um auszuruhen und auch
einen bösen Husten zu kurieren, den ich mir auf meiner Reise
nach Andalusien geholt habe – einer sehr unbequemen, lan-

gen und ermüdenden Reise. Die Alhambra *in primis et ante omnia*, die Kathedralen von Toledo, Cordoba und Sevilla verdienen den Ruhm, den sie genießen. Der *Escorial* (man verzeihe mir die Lästerung) gefällt mir nicht. Er ist eine Anhäufung von Marmor; im Inneren sind sehr kostbare Dinge, darunter einige wunderschöne, wie etwa ein *Fresco* von Luca Giordano, wunderbar schön, aber alles in allem fehlt der gute Geschmack. Er ist streng, schrecklich, wie der furchtbare Herrscher, der ihn erbauen ließ.

Ich danke Dir sehr für die Abholung der Kisten, die für mich aus Petersburg ankamen; und da ich einige Zeit in Paris bleiben werde, bitte ich Dich, den Brief, der mit den Kisten kam, hierher zu schicken.

Während meines Aufenthaltes in Spanien habe ich nie Zeit gehabt, Zeitungen zu lesen, und weiß nicht, was sie auf meine Kosten gesagt haben und sagen.

Vielleicht werde ich an ein paar Proben für die *Vespri* teilnehmen, die an der Opéra wiederaufgenommen werden, *et voilà tout.*

Mit tausend Dank wünsche ich Dir gute Gesundheit und verbleibe von ganzem Herzen Dein

G. Verdi

Als der einflußreichste italienische Kritiker des neunzehnten Jahrhunderts war Filippo Filippi (1830–1887) in ganz Europa geachtet und gefürchtet. Er war sowohl bei den Uraufführungen von Verdis ›Don Carlos‹ in Paris (1867) und von ›Aida‹ in Kairo (1871) wie auch 1876 bei der Eröffnung des Bayreuther Festspielhauses anwesend.

In Arrigo Boito (1842–1918), dem begabten Komponisten und Librettisten, sollte Verdi im Alter den wahren Partner finden. Er hatte Jahre vorher seine bekannte eigene Oper ›Mefistofele‹ nach Goethes ›Faust‹, ein Libretto ›Hamlet‹ für Faccio und den Text zu Ponchiellis ›La Gioconda‹ geschrieben. Die Verbindung Verdis mit dem fast dreißig Jahre jüngeren Arrigo Boito zählt – gleich den Verbindungen Mozarts und Da Pontes oder Strauss' und Hofmannsthals – zu den großen Glücksfällen der Operngeschichte.

Der Komponist und Dirigent Franco Faccio (1840–1891) war von Jugend auf mit Boito befreundet. Verdi setzte sich für ihn als einen »unserer besten« jungen Musiker ein. 1867 dirigierte er Verdische und andere italienische Opern in Berlin, wo er ›Lohengrin‹ und ›Tannhäuser‹ kennenlernte. Bei seiner Rückkehr nach Italien ging er 1868 an das Mailänder Konservatorium und 1869 an die Scala. Dort dirigierte er 1872 die europäische Premiere der ›Aida‹ und 1887 die Uraufführung des ›Otello‹.

Neben Puccinis ersten Opern und dem französischen Repertoire führte Faccio auch Wagners Werke, in Boitos Übersetzung zum ersten Mal Webers ›Freischütz‹ sowie Sinfoniekonzerte an der Scala ein. Faccio, der Nachfolger Angelo Marianis, war zu seiner Zeit der bedeutendste Dirigent Italiens und von so großem internationalem Ruf, daß George Bernard Shaw ihn an die Seite Hans Richters, Felix Mottls und Hermann Levis stellte.

AN CLARINA MAFFEI

Turin, 31. Juli 1863

Liebste Clarina,

Ich habe Euren sehr lieben Brief im Augenblick der Abreise nach Italien bekommen; ich blieb zwei Tage in Turin, ging nach Hause und bin jetzt zurück in Turin, wo ich mich nur wenige Stunden aufhalten werde.

Ihr habt ganz recht mit dem, was Ihr über Filippi sagt, und wenn Ihr ihn dazu bringen könnt, sich eine Stellung zu suchen, noch dazu nach dem Geschehnis in Mailand, werdet Ihr, glaube ich, etwas sehr Gutes tun.

In Paris habe ich voriges Jahr oft Boito und Faccio gesehen. Gewiß sind das zwei sehr begabte junge Menschen, aber ich kann mich über ihr musikalisches Talent nicht äußern, weil ich von Boito nie etwas gehört habe und von Faccio nur wenige Sachen, die er mich eines Tages hören ließ. Da Faccio im übrigen eine eigene Oper aufführen läßt, wird das Publikum sein Urteil fällen. Diese beiden jungen Leute werden beschuldigt, glühende Verehrer Wagners zu sein. Daran ist nichts Schlimmes, solange die Verehrung nicht in Nachahmung ausartet. Wagner ist gemacht, und es ist unnütz, ihn noch einmal zu machen.

Wagner ist kein wildes Tier, wie die Puristen behaupten, und auch kein Prophet, wie es seine Apostel behaupten. Er ist ein Mann mit viel Begabung, der sich auf verschlungenen Wegen gefällt, weil er die einfachen und geraden nicht zu finden weiß. Die Jungen sollen sich nicht betören lassen; es gibt sehr, sehr viele, die glauben machen, Flügel zu haben, weil sie in Wirklichkeit keine Beine haben, sich auf den Füßen zu halten.

Faccio soll die Hand aufs Herz legen und, ohne sich um anderes zu kümmern, schreiben, wie es ihm in den Sinn kommt; er soll die *Kühnheit* haben, neue Wege zu versuchen, und den *Mut*, der Opposition die Stirn zu bieten.

Grüßt die Freunde, tausend gute Wünsche für Donna Saulina.
Bleibt mir gut, jetzt und immer.
Herzlichst Euer   G. Verdi
Wenn Ihr mir schreibt, adressiert nach Borgo S. Donnino per
Busseto.

AN OPPRANDINO ARRIVABENE

Busseto St. Agata, 3. März [Poststempel 4. April] 1864
Lieber Arrivabene,
Diesmal wirst Du verschont. Gestern war ich in Cremona
und habe dort gefunden, was ich brauchte; und darum falle
ich Dir vorläufig in keiner Weise zur Last.
Rossini hat in letzter Zeit *Fortschritte* gemacht und *studiert!!!*
Uff! Was studiert? Ich möchte ihm wünschen, daß er die
Musik verlernt und noch mal einen *Barbiere* schreibt. Filippi hat wirklich seine ganz besonderen Ideen und ich, der
ich auf das Letzte in Rossinis Namen Geschriebene vollkommen vertraute, beginne jetzt, wo er studiert hat, zu
zweifeln.
Damit verlasse ich Dich und sage Dir in großer Eile addio.
Herzlichst   G. Verdi

AN OPPRANDINO ARRIVABENE

St. Agata (Busseto), 30. Juli 1864
Lieber Arrivabene,
Die Eisenbahnen sind dazu da, den armen Leuten die Ärsche
zu verstauchen und die Sachen zu zerbrechen, die sie transportieren. Ich habe mir aus Paris einen Spar-Herd für Borgo
San Donnino nach Turin schicken lassen. Jawohl, mein Herr,
der Eisenbahnverwaltung von Turin kommt es in den Sinn,
diese Sendung zurückzuhalten, und so bin ich gezwungen,
Dich zu bitten, sie abzuholen und mir nach Borgo San Donnino zu schicken. Tu mir diesen Gefallen, so daß ich Dir außer
meiner Dankbarkeit auch noch Fr. 44,50 neben Träger- und
Abholungsgebühren schulde. Dies, um die Laune zu verderben . . . Was nun die Sachen betrifft, habe ich eine der
Statuetten, die ich in Turin kaufte, und ausgerechnet die
schönste, *Il Cantastorie* [den Geschichtenerzähler] zerbrochen gefunden. Die Schuld daran liegt jedoch nicht bei der
Eisenbahn, sondern bei dem, der die kleinen Statuetten ver-

packt und nicht richtig in die Kiste gelegt hat; so war dieser arme *Cantastorie* gezwungen, auf der ganzen Reise zu singen und zu tanzen. Glücklicherweise ist Luccardi hier und hat ihn mir mit etwas Leim und Gips sehr gut repariert.

Peppina geht es gut und sie läßt Dich grüßen.

Ich grüße Dich nochmals.   G. Verdi

AN CLARINA MAFFEI

Busseto, 25. September 1864

Ich bin bei Euch, bei einem lieben Menschen und einer Freundin, und ich atme auf. Stellt Euch vor, daß ich tagelang mit Rathäusern, Kongressen, Denkmälern, Deputationen, Kammermusikvereinigungen, Hymnen für die Priester, die Mönche, die Heiligen Erzengel, Throne, hohe Herrschaften usw. zu tun hatte . . . Hätte ich akzeptiert, würde ich in diesem Jahr sechs Hymnen geschrieben haben. Sechs Hymnen! Lieber zwölf Opern, als diese Sorte von Musik, die keine Musik ist, sondern wahre Verneinung der Kunst, und mit Kunst so viel zu tun hat, wie ich mit Theologie. Ich habe selbstverständlich alles abgelehnt, und Freund wie Feind hat es mißbilligt und wird es mißbilligen. Aber was wollt Ihr! Mein Kopf ist von einer Art, die mit anderen nicht oft übereinstimmt. Wenn ich merke, daß er mir einen seiner Streiche spielen will, nehme ich ihn zwischen beide Hände, halte ihn ganz fest und sage zu ihm: »Sei still und komm' mir nicht mit sonderbaren Ideen, die selbst die Mäuse zum Lachen bringen.« Stellt Euch vor, daß, als die Regierung mich vor zwei Jahren zum Präsidenten der Kommission ernannte, die das Konservatorium von Mailand auf die Beine bringen sollte, mein Kopf mich vorschlagen ließ: Punkt 1 – die Auflösung (Mazzucato und Filippi dürfen das um Himmels willen nicht erfahren) der Schulen für ÄSTHETIK und HOHE MUSIKALISCHE KOMPOSITION. Ich machte einen Sprung vor Entsetzen und schrieb dem Minister umgehend ab. Und so halte ich mich von allem und allen fern, aus Angst, eine Idee dieser Art könnte gegen Monumente oder Kongresse aufkommen oder gegen diese vermaledeiten und universalen Kammermusikvereinigungen, die gar keinen Zweck haben oder nur den (es ist immer mein Kopf, der da spricht), die italienische Musik auf einen Weg zu weisen, auf dem die Organe der Lebenden und der Toten verdorren.

[Busseto St. Agata,] 24. Oktober 1864

In Eurem letzten Brief sagt Ihr mir so viele, viele schöne Dinge, daß ich, selbst wenn ich einen ganzen Monat im Sack der Liebenswürdigkeiten stöberte, nicht einmal den kleinsten Teil finden könnte. Ich sage also gar nichts, und wenn Ihr Eure Phantasie einschaltet, werdet Ihr alles zwischen den Zeilen lesen, was ich Euch sagen möchte und sollte.

Ich habe den *Macbeth* wegen der Ballett-Arie durchgesehen, o je! Bei der Lektüre der Musik bin ich auf Dinge gestoßen, die ich da lieber nicht gefunden hätte. Mit einem Wort, da gibt es verschiedene Stücke, die entweder schwach sind oder des Charakters entbehren, was noch schlimmer ist. Nötig wäre:

1. Eine Arie der *Lady Macbeth* im II. Akt.
2. Verschiedene Teile der Vision im III. Akt neu zu machen.
3. Die Arie des *Macbeth* vollständig neu zu machen.
4. Die ersten Szenen des IV. Aktes zu retuschieren.
5. Das letzte Finale neu zu machen, mit Wegfall der Sterbeszene des *Macbeth*.

Diese Arbeit neben dem Ballett zu machen, kostet Zeit, und es wäre darum recht und billig, wenn Carvalho den Gedanken an eine Aufführung des Macbeth in diesem Winter aufgäbe. Sprecht mit ihm und antwortet mir. Ich reise morgen nach Turin, wo ich mich acht bis zehn Tage aufhalten werde.

St. Agata, 3. Februar 1865

Heute habe ich Ricordi den letzten Akt des völlig fertigen *Macbeth* geschickt. Neu ist da der ganze Chor zu Anfang des 4. Aktes. Die Arie des Tenors ist geändert und [neu] instrumentiert. Dann sind alle Szenen nach der Romanze des Baritons bis zum Ende neu, das heißt die Schilderung der Schlacht und die Hymne am Schluß. Ihr werdet lachen, wenn Ihr merkt, daß ich für die Schlacht eine Fuge geschrieben habe!!! Ich, der ich alles verabscheue, was nach Schule stinkt! Aber ich sage Euch, in diesem Fall kann diese musikalische Form gut passen. Wie die Stimmen einander nachlaufen, die Dissonanzen zusammenprallen, das kann eine Schlacht ganz gut schildern. Oh, wenn Ihr doch unsere Trompeten hättet, die so hell und voll klingen!! Euere *trompettes à pistons* sind nicht Fisch und nicht Fleisch. Übrigens – das Orchester wird Spaß

haben. Zu passenderer Zeit sende ich Euch meine Bemerkungen zu diesem ganzen vierten Akt.
Habt Ihr den dritten erhalten?
Sonntag reise ich nach Turin und Genua ab, wo ich mich für den ganzen Rest des Winters aufhalten werde. Von Genua schreibe ich Euch ausführlich, und Ihr antwortet mir dann.
Ich sehe, daß die Zeitungen bereits von diesem Macbeth zu sprechen beginnen. Um Gottes Willen, *ne blaguez pas trop.*

Das von Verdi nicht ganz richtig zitierte französische Sprichwort »Ne cherchons pas midi à quatorze heures« heißt wörtlich übersetzt »Suchen wir den Mittag nicht um vierzehn Uhr« und bedeutet »Suchen wir die Dinge nicht zu komplizieren«.

AN LÉON ESCUDIER

Genua, 8. Februar 1865

Lieber Léon,
Ne cherchons pas midi à quatre heures! Suchen wir keine Wirkungen mit einem hohen C aus der Brust oder einer neuen Stimme oder einer Nebenrolle; aber suchen wir nach einer soliden und dauerhaften Wirkung dessen, was in diesem *Macbeth* wirklich gut sein kann. Nehmt dies zur Richtschnur: in dieser Oper gibt es drei Rollen, und es können nur drei sein: *Lady Macbeth – Macbeth – der Hexenchor.* – Die Hexen beherrschen das Drama; alles stammt von ihnen; grob und geschwätzig im ersten Akt, erhaben und prophetisch im dritten. Sie bilden wirklich eine Persönlichkeit, und zwar eine von allerhöchster Bedeutung. Aus der Partie des *Macduff* werdet Ihr, so viel Ihr auch tun mögt, niemals eine von großem Interesse machen. Im Gegenteil, je mehr man ihn hervorhebt, um so mehr wird er seine Nichtigkeit offenbaren. Er wird erst am Schluß der Oper ein Held. Er hat jedoch genug Musik, um sich zu bewähren, wenn er eine schöne Stimme hat; man muß ihm keine einzige Note mehr geben. Ihn einen Teil des Trinkspruches im zweiten Akt sagen zu lassen, wäre ein Irrtum und ein dramatischer Widerspruch. *Macduff* ist in dieser Szene nichts weiter als ein Höfling wie alle anderen. Die wichtige Persönlichkeit, der diese Szene beherrschende Dämon ist *Lady Macbeth*; und obwohl Macbeth sich als Schauspieler im höchsten Maße auszeichnen

muß, beherrscht *Lady Macbeth*, ich wiederhole es, alles, überwacht alles, wirft Macbeth vor, nicht einmal ein Mann zu sein, und sagt zu den Höflingen, daß sie den Delirien ihres Mannes keine Aufmerksamkeit schenken sollen – »schnell geht der Anfall vorüber«; und um sie dessen noch besser zu versichern, wiederholt sie den Trinkspruch. Das ist schön und in ihrem Munde höchst bedeutungsvoll; in Macduffs Mund bedeutet es gar nichts und ist ein Widerspruch. Stimmt das oder nicht? Gebt zu, daß ich recht habe.

In ein paar Tagen bekommt Ihr den vierten Akt. Morgen oder übermorgen schreibe ich Euch alle meine Wünsche für diesen Akt. Wenn Herr Carvalho hundert Choristen in den letzten Akt bringen will, um so besser; aber mir wäre es lieber, wenn er den Hexenchor ganz allgemein verstärkte, besonders bei den Altstimmen, die immer schwach sind. Ich wiederhole Euch, daß der Hexenchor von allergrößter Wichtigkeit ist: *er ist eine Persönlichkeit.* Man darf nie vergessen, daß sie [die Hexen] sowohl in musikalischer wie in schauspielerischer Hinsicht am Anfang brutal und grob sein müssen, bis zu dem Augenblick im dritten Akt, in dem sie sich Macbeth gegenüber finden. Von diesem Augenblick an sind sie erhaben und prophetisch.

Ihr habt mir einmal geschrieben, Ihr wolltet während des Hexenchors im ersten Akt tanzen lassen. Tut es nicht; es ist ein Irrtum. Es beraubt das Ballett im dritten Akt seiner Wirkung; und außerdem ist dieser Chor gut so wie er ist. *Ne cherchons pas midi à quatre heures.* Manchmal, wenn man Effekte zu sehr multiplizieren will, macht man am Ende einen mit dem anderen kaputt.

Ich freue mich, daß Ihr gut findet, was ich Euch geschickt habe; erhitzt Euch nur nicht zu sehr den Kopf, damit Ihr am Ende nicht enttäuscht seid.

Kommen wir zum Italienischen Theater [Théâtre des Italiens]. – Seht zu, daß ich entweder Fraschini oder Bagier selbst bitte, die Aufführung dieser Oper in diesem Jahr zu verhindern. So wie sie ist, kann sie am Italienischen Theater unmöglich erfolgreich sein. Man muß in ihr unbedingt die Änderungen machen, die ich mir vorgestellt habe. Fügt hinzu, daß die Patti nicht passen würde. Nächstes Jahr aber kommt die Galletti, die die Oper himmlisch macht. Und das wäre auch für die Impresa gut, weil es für die Galletti nicht viele Opern gibt. *La Favorita* kann man im Italienischen Theater nicht machen. Die *Norma* ist zu anstrengend für sie, und jetzt will sie die nicht mehr machen. Was jetzt in Mailand passiert ist, mag Euch ein Beispiel geben: nach dem ersten Abend der *Norma* mußte sie 10 oder 12 Abende ausruhen; sie hat [die Norma] noch ein zweites Mal gesungen und jetzt trotz eines riesengroßen Erfolges für immer aufgegeben. Wenn *Bagier* weiß, was in seinem Interesse liegt, muß er machen, was ich vorschlage; anderenfalls sage ich, G. V., ihm ein Fiasko voraus, und ein Fiasko mit Pfiffen.

Ich habe die Wechsel in Turin eingelöst; sie verlangen dort, daß die Abrechnung bald unterschrieben wird. Schreibt mir hierher nach Genua. Addio, addio. G. Verdi

AN FRANCESCO MARIA PIAVE

[Genua, 8. Februar 1865]

Du bittest mich um Auskünfte und Dokumente aus meinem Leben als Politiker? Mein Leben als Politiker gibt es nicht. Ich bin Abgeordneter, das ist wahr, aber das beruht auf einem Mißverständnis. Trotzdem will ich Dir die Geschichte meines *Mandates* erzählen. Im September 1860 [1859] war ich in Turin. Ich hatte den Grafen Cavour nie gesehen und war höchst begierig, ihn kennenzulernen. Ich bat den damaligen englischen Gesandten, mich vorzustellen. Der Graf lebte nach dem Vertrag von Villafranca fern von allen öffentlichen Geschäften auf einem seiner Güter, ich glaube in der Gegend von Vercelli, und eines schönen Morgens begaben wir uns zu ihm. Danach hatte ich Gelegenheit, ihm zu schreiben und von ihm einige Briefe zu erhalten; in einem forderte er mich auf, die Abgeordneten-Kandidatur anzunehmen, die mir meine Mitbürger anboten und die ich zurückwies. Der Brief war überaus liebenswürdig, und ich konnte darauf nicht mit einem »Nein« antworten. Ich entschloß mich, nach Turin zu gehen; eines Dezembermorgens [Januarmorgens] um 6 Uhr bei 12 bis 14 Grad Kälte sprach ich bei ihm vor. Ich hatte meinen *speech* vorbereitet, der mir ein Meisterwerk schien, und ich sprach sehr ausführlich und frei heraus. Er hörte mir aufmerksam zu, und als ich ihm meine fehlende Begabung zum Abgeordneten und meine Anfälle von Ungeduld bei langen Reden beschrieb, die man in der Kammer ab und zu hinunterschlucken muß, tat ich das auf so bizarre Art, daß er in ein großes Gelächter ausbrach. Gut, sagte ich mir, das ist mir gelungen. Da begann er alle meine Gründe einen nach dem anderen zu widerlegen und fügte einige hinzu, die mir einen gewissen Eindruck machten. Ich sagte: Also gut, Signor Conte, ich nehme an; aber unter der Bedingung, daß ich nach ein paar Monaten meinen Abschied nehmen werde. So sei es, antwortete er, aber gebt mir vorher Bescheid. Ich wurde Abgeordneter und besuchte in der ersten Zeit häufig die Kammer. Da kam die feierliche Sitzung, in der Rom zur Hauptstadt Italiens proklamiert wurde. Ich gab meine Stimme ab, näherte mich dem Grafen und sagte: jetzt scheint es mir an der Zeit, diesen Bänken Lebewohl zu sagen. Nein, sagte er, wartet bis wir nach Rom gehen. – Gehen wir hin? – Ja. – Wann? – Oh, wann, wann! – Erst gehe ich mal aufs Land. – Addio, laßt es Euch gut gehen, addio. – Das waren seine letzten Worte zu mir. Wenige Wochen später war er tot! ... Ein paar Monate danach reiste ich nach Rußland, kam dann nach London, daraufhin nach Paris, kehrte nach Rußland zurück, kam nach Madrid, machte eine Reise in Andalusien und kehrte zurück nach Paris, wo ich mich mehrere Monate beruflich aufhielt. Ich blieb der Kammer über zwei Jahre lang fern, nachher ging ich nur selten hin. Mehrere Male wollte ich meinen Abschied nehmen, aber entweder war es nicht möglich, neue Wahlen durchzuführen, oder es gab einen anderen Grund, oder noch einen anderen, warum ich noch immer Abgeordneter bin – völlig gegen meinen Wunsch und Willen, ohne jede Eignung, ohne jedes Talent dafür, und ganz ohne die auf dem Gebiet so nötige Geduld. Das ist alles. Ich wiederhole, wenn man meine Biographie als Mitglied des Parlamentes schreiben wollte oder müßte, wäre mitten auf einem schönen Blatt Papier nichts anderes zu drucken als: »Die 450 sind in Wahrheit nur 449, weil es den Abgeordneten Verdi nicht gibt.«

AN FILIPPO FILIPPI

Busseto St. Agata, 26. September 1865
Lieber Herr Filippi,
Da ich fünf, sechs Tage nicht zu Hause war, habe ich nichts mehr über den Abgeordneten gehört, der dort zu ernennen ist; aber ich weiß, daß Scolari vorgeschlagen war und mit großer Wahrscheinlichkeit gewinnen wird.

Wenn Sie mich mit einem Besuch beehrten, würden Sie in Ihrer Eigenschaft als Biograph beim besten Willen recht wenig Material finden, um von den »Wundern St. Agatas« zu berichten. Vier Mauern, um sich gegen die Sonne und die Unbilden der Witterung zu schützen; ein paar Dutzend zum großen Teil von meiner Hand gepflanzte Bäume, und ein Tümpel, den ich mit dem Titel See beehren will, wenn ich Wasser haben werde, ihn zu füllen, usw. usw. Alles das ohne Plan, ohne architektonische Ordnung; aber nicht, weil ich die Architektur nicht liebe, sondern weil ich Mißklänge verabscheue und es ein sehr großer gewesen wäre, an einem so wenig poetischen Ort etwas Künstlerisches zu machen. Vergessen Sie also einen Augenblick lang, daß Sie Biograph sind. – Ich weiß, daß Sie ein leidenschaftlicher und tüchtiger *Musiker* sind ... Aber ach! ... Piave und Mariani werden Ihnen schon gesagt haben, daß man in St. Agata keine Musik macht und auch nie von ihr spricht; und Sie laufen Gefahr, dort vielleicht ein nicht nur verstimmtes, sondern sogar saitenloses Klavier zu finden.

Inzwischen danke ich Ihnen für den freundlichen Brief, den Sie an mich zu richten die Güte hatten, und verbleibe

Ihr ergebener   G. Verdi

AN OPPRANDINO ARRIVABENE

St. Agata, 16. Juni 1867

Lieber Arrivabene,
Der Maestro Verdi befindet sich entweder im Zug nach Genua oder in einem Brunnen von St. Agata . . . Du verstehst mich.

Diesem oben erwähnten Maestro ist es in den Kopf gekommen, eine Dampfmaschine konstruieren zu lassen, um Wasser aus einem kleinen Bach zu pumpen, der an seinem Hause vorbeifließt. Zur Ausführung dieser Absicht wird 6 Meter unter der Erde eine 25 Meter lange Leitung benötigt; außerdem ein etwa 7 Meter tiefer Brunnen. In dieser Tiefe finden sich Unmengen von Wasser und Sand, was die Maurerarbeit außerordentlich erschwert. Der vorher rühmlich genannte Maestro befindet sich den ganzen Tag lang dort unten, teils um die Arbeiter zu ermutigen, teils um sie zu schelten, und vor allem, um sie zu dirigieren.

Sie dirigieren?!!! Das ist die schwache Seite des Herrn Maestro. Wenn Du ihm sagst, daß der *Don Carlos* nichts taugt, pfeift er darauf, aber wenn Du seine Fähigkeiten als Maurergehilfe bestreiten würdest, wäre er beleidigt.

Und Du, der Du den Mut hast, um die Welt zu reisen, bist nie imstande gewesen, bei uns in Genua oder St. Agata hereinzufallen?

Hattest Du Angst, Dich wieder einmal im Schnee begraben zu finden? Aber jetzt ist es Juni, und außerdem gibt es in Genua fast niemals Schnee. Morgen gehe ich nach Genua, um Peppina abzuholen. Wir werden am Dienstagabend hier sein und bis Anfang Juli bleiben. Dann beabsichtige ich, die Ausstellung [Weltausstellung in Paris] zu sehen, anschließend nach Cauterets [zu gehen] und Ende August wieder hier zu sein. Wenn Du Dich entscheidest, komm bald. Wenn nicht, dann später; wenn gar nicht, dann nach Genua im November. Ist das recht? Wenn Dir keiner dieser Pläne paßt, bist Du ein armer Tropf. Entschließ Dich also zu etwas und komm.

Was werden unsere Staatsmänner machen? Einen Unsinn nach dem anderen! Es gehört mehr dazu, als das Salz und das Getreide zu besteuern und die Armen noch ärmer zu machen. Wenn die Bauern nicht mehr arbeiten und die Gutsherren sie wegen zu hoher Steuern nicht mehr arbeiten lassen können, dann werden wir alle verhungern. Merkwürdig! Als Italien in so viele kleine Staaten geteilt war, blühten überall die Finanzen! Jetzt, da wir alle vereint sind, sind wir ruiniert. Aber wo ist der Reichtum von einst?! Addio, addio   G. Verdi

AN OPPRANDINO ARRIVABENE

Busseto, 25. Juli 1867

Lieber Arrivabene,
Die Schmerzen folgen einander mit erschreckender Schnelligkeit. Der arme Signor Antonio, mein zweiter Vater, mein Wohltäter, mein Freund, der mich so sehr geliebt hat, ist nicht mehr! Sein hohes Alter kann den Schmerz nicht lindern, der sehr groß für mich ist! Der arme Signor Antonio! Wenn es ein zweites Leben gibt, wird er sehen, ob ich ihn geliebt habe und dankbar bin für das, was er für mich getan hat. Er ist in meinen Armen gestorben, und ich habe den Trost, ihm niemals Verdruß bereitet zu haben.
Addio.

G. Verdi

An den Verwalter des Gutes St. Agata:

AN PAOLO MARENGHI
Turin, 15. August 1867

Warum habt Ihr die Maschine in Betrieb gesetzt, obwohl ich ausdrücklich angeordnet hatte, sie bis zu meiner Rückkehr nicht anzurühren? . . . Überhaupt möchte ich einmal wissen, ob man meine Anordnungen respektieren will oder nicht! . . . Ihr werdet also niemals zu *befehlen* und auch nicht zu *gehorchen* lernen!! Es ist Zeit, daß alle diese Unordnung aufhört, und ich will unbedingt, daß sie aufhört.

Es war unrecht von Euch, und auch von Guarino war es unrecht, die Schlüssel zu dieser Werkstatt herauszugeben, die ich ihm zur Aufbewahrung gegeben hatte.

Ich reise nach Paris, schickt dorthin Eure Briefe: *Monsieur Verdi, poste restante, Paris*, und weiter nichts.

Vincenzo Torelli (1806–1884) war ein namhafter Journalist und Sekretär des Teatro di San Carlo in Neapel. Sein Sohn Achille (1841–1922) wurde ein erfolgreicher Bühnenautor, Bibliothekar und Intendant des San Carlo.

AN VINCENZO TORELLI
Genua, 23. Dezember 1867

Ich danke Euch für Euer Bild und das Eures Achille. Nur habt Ihr alle beide Worte auf sie geschrieben, die mich erröten machen würden, wenn die Sonne und die Luft der Felder meine Haut nicht schon gegerbt hätten. Indessen sage ich Euch Dank, und wenn ich Euch mein Bild nicht schicke, liegt es ganz einfach daran, daß ich keines habe!

Ich billige im höchsten, *allerhöchsten* Grade, daß Achille die Pension abgelehnt hat. Wenn es im Leben etwas zu schätzen gibt, dann ist es das Brot, das man sich im Schweiße seines Angesichts selber verdient. Er ist jung, er soll arbeiten. Wenn seine Gesundheit nicht die beste ist, soll er mit Mäßigung arbeiten, aber arbeiten soll er. Er soll niemandem etwas nachmachen, vor allem den Großen nicht; und jetzt, nur jetzt (die Gelehrten mögen es mir verzeihen) kann er davon absehen, sie zu studieren: er lege die Hand aufs Herz, studiere das, und wenn er aus dem wahren Schlag des Künstlers ist, wird das Herz ihm alles sagen. Lob möge ihn nicht überheblich machen,

Tadel ihn nicht einschüchtern. Wenn ihm die Kritik, selbst die ehrlichste, entgegentritt, soll er ruhig seines Weges gehen. Die Kritik tut, was ihres Amtes ist; sie urteilt und muß nach festgesetzten Normen und Formen urteilen; der Künstler muß in der Zukunft forschen, im *Chaos* neue Welten sehen; und wenn er ganz, ganz weit am Ende des neuen Weges das *kleine Licht* sieht, soll er sich nicht vom Dunkel erschrecken lassen, das es umgibt: er soll weitergehen, und wenn er manchmal stolpert und fällt, soll er aufstehen und immer weiter seines Weges gehen. Manchmal tut ein Fall auch dem Haupt einer Schule gut . . . Aber was zum Teufel schwatze ich da!! . . . Ich sage Dinge, die Euer Achille besser weiß als ich. Möget Ihr sie dem Wunsche und der Hoffnung zugute halten, daß er einer der ruhmreichsten Künstler Italiens werde. Addio, addio. Ein gutes Jahr Euch allen und aus vollem Herzen auch in Peppinas Namen. Addio.

AN OPPRANDINO ARRIVABENE

Genua, 11. April 1868

Lieber Arrivabene,

Wenn ich wieder nach Cremona fahre, werde ich genaueste Auskünfte über das Wunderbrot einholen.

Jawohl, *Don Carlos* ist in Mailand wirklich gut gegangen, wie auch die Kasse des Impresario beweist, die immer voll war, sogar bei den beiden letzten Vorstellungen außer Abonnement, und da bezahlten die armen Unglücklichen 5 Lire Eintritt und 15 für einen Sitzplatz! Ich habe die Artikel von Biaggi nicht gelesen, kann mir aber vorstellen, was darin steht. Oh, auf dem Gebiet der Musik habt Ihr in Florenz ein ganzes Nest von Langweilern, die sich einbilden, so schön zu reden, aber nicht imstande sind, irgend etwas zu machen oder machen zu lassen. Was haben sie in all den Jahren, die sie predigen, produziert?

Mein Billard hat nichts Außergewöhnliches, aber es ist ein gutes Billard. Es ist wie das, das Du in St. Agata gesehen hast, ausgenommen, daß dieses im Holz etwas mehr Verzierungen hat, vielleicht um mich 200 Francs mehr dafür bezahlen zu lassen. Es hat sechs solide, ziemlich breite und untersetzte, aber gut gearbeitete Beine; es ist (innen, von einem Rand zum anderen) 3 m lang, 1,47 m breit. Es hat Bronze in den sechs

Rillen; es hat 8 Billardlöcher, fünf für das Carolina-Spiel, drei für das Casino-Spiel, von denen zwei ziemlich groß sind; 18 gute Billardstöcke in verschiedenen Stücken; 3 lange Billardstöcke und alles Zubehör zur Unterbringung der Stöcke, zum Aufschreiben der Punkte, eine Kassette für die Kugeln, Kegel, Kreide usw.

Der Billardtisch ist aus Nußholz mit einigen Intarsien in gelblichem Holz, ich glaube Opium. Die Form ist solid, aber sehr viel eleganter als die häßlichen Barken, die in Turin gemacht werden. Der Fabrikant ist *Della Chiesa* in Mailand. Das Billard in St. Agata kostet einschließlich der Transportspesen bis Borgo S. Donnino und des Monteurlohns 1260 Lire. Es hat für ein Jahr Garantie, und vor Ablauf des Jahres kommt der Monteur wieder, hebt die Ränder und das Tuch heraus, zieht die Schrauben des Tisches an, setzt alles wieder zusammen wie es war, und damit fertig. Das von St. Agata hat sich gut bewährt und mit diesem hier wird es bestimmt ebenso sein.

Wir fahren am Mittwoch den 15. nach St. Agata. Und wenn Du ein paar Beine findest, Dich fortbewegen zu können, weißt Du, daß in St. Agata für Dich immer ein bescheidenes Zimmerchen da ist. Du wirst keinen Schnee mehr finden . . . Blach [ein Hund Verdis] ist tot!!! Er war nicht alt, aber er hat zu gut gelebt.

Tu mir den Gefallen, mich vom 15. d. M. an für drei Monate auf *Opinione* und *Italie* zu abonnieren. Sollte man Abonnements nur vom ersten des Monats ab machen, dann vom 1. April ab, unter Zusendung der vorausgegangenen Nummern. Ich weiß nicht, was die zwei dreimonatigen Abonnements kosten; sei so gut, sie zu bezahlen und es mir zu schreiben, damit ich Dir gleich eine *Postanweisung* schicke. Die Adresse: Maestro Verdi, Borgo S. Donnino bei Busseto.

Addio, addio   G. Verdi

AN TITO RICORDI

St. Agata, 17. November 1868

Liebster Ricordi,
Um das Andenken Rossinis zu ehren, möchte ich, daß die angesehensten italienischen Komponisten (Mercadante obenan, und wäre es nur für wenige Takte) eine *Totenmesse* kom-

ponieren, die am Jahrestag seines Todes aufzuführen wäre.

Ich möchte, daß nicht nur die Komponisten, sondern auch alle ausübenden Künstler ihr Werk zur Verfügung stellen, darüber hinaus aber auch eine Spende anbieten, um die nötigen Spesen zu begleichen.

Ich möchte, daß keine fremde Hand und keine der Kunst fernstehende, wäre sie auch noch so mächtig, uns zu Hilfe kommt. In diesem Fall würde ich mich sofort von der Gemeinschaft zurückziehen.

Die Messe sollte in S. Petronio zu Bologna aufgeführt werden, wo die wahre musikalische Heimat Rossinis war.

Diese Messe dürfte weder Gegenstand der Neugier noch der Spekulation sein; man müßte sie sogleich nach der Aufführung versiegelt im Archiv des Konservatoriums dieser Stadt hinterlegen, und sie dürfte von dort nie weggebracht werden. Vielleicht könnte man für die Gedenktage Rossinis eine Ausnahme machen, wenn spätere Generationen sie feiern möchten.

Wäre ich beim Heiligen Vater in Gnaden, so würde ich ihn bitten, dies eine Mal zu gestatten, daß diese Musik auch von Frauen gesungen werde; da ich es nicht bin, wird es sich empfehlen, eine geeignetere Persönlichkeit zu finden, die das durchsetzt.

Es wird gut sein, eine Kommission von intelligenten Leuten einzusetzen, die alles Nötige für die Aufführung ordnen und vor allem die Komponisten wählen, die Stücke verteilen und über die allgemeine Gestaltung wachen müßten.

Dieser Komposition wird es (so gut die einzelnen Stücke auch sein mögen) notwendigerweise an musikalischer Einheit fehlen; aber wenn es ihr in dieser Hinsicht mangelt, wird sie trotzdem davon zeugen, wie sehr wir alle den Mann verehren, dessen Verlust die ganze Welt beweint.

Addio. Herzlichst Dein getreuer

G. Verdi

AN FILIPPO FILIPPI

Genua, 4. März 1869

Lieber Herr Filippi,

Ich kann den Artikel in der *Perseveranza* über die *Forza del Destino* nicht übelnehmen und habe auch keinen Grund dafür. Wenn Sie mir inmitten des vielen Lobes manches angekreidet haben, so war das Ihr volles Recht, und Sie haben gut daran getan. Im übrigen beklage ich mich, wie Sie wissen, nicht einmal über feindselige Artikel, wie ich mich (vielleicht habe ich unrecht) auch niemals für die wohlwollenden bedanke. Ich liebe meine Unabhängigkeit in allem und achte sie durchaus bei anderen. Und darum bin ich Ihnen sehr dankbar für Ihre Zurückhaltung während meines Aufenthaltes in Mailand, denn da Sie einen Artikel über meine Oper schreiben mußten, war es gut, daß Sie weder durch einen Händedruck noch durch einen Besuch bei Ihnen oder bei mir beeinflußt waren. Und was Ihren Artikel betrifft, muß ich Ihnen, da Sie mich darum bitten, sagen, daß er mir weder mißfallen hat noch mißfallen konnte.

Ich weiß nichts von dem Vorfall zwischen Ihnen und Ricordi, aber es kann sein, daß Giulio, der dieses *Cantabile der Eleonora*, wenn ich nicht irre, vielen anderen Stücken vorzieht, ein bißchen verstimmt war, es als eine Nachahmung Schuberts bezeichnet zu sehen. Wenn es das ist, bin ich ebenso überrascht wie Giulio, weil ich in meiner sehr großen musikalischen Ignoranz nicht wüßte, seit wievielen Jahren ich das *Ave* von Schubert nicht gehört habe, und es mir deshalb recht schwer gefallen wäre, es nachzumachen. Glauben Sie nicht, daß ich scherze, wenn ich von *sehr großer musikalischer Ignoranz* spreche. Nein, das ist die reine Wahrheit. In meinem Haus gibt es fast keine Noten, ich bin nie in eine Musikbibliothek gegangen, nie zu einem Verleger, um ein Stück anzusehen. Über einige der besten zeitgenössischen Opern bin ich gut unterrichtet, aber ich studiere sie nie, sondern höre sie ab und zu im Theater: für all das gibt es einen Grund, den Sie verstehen werden. Ich wiederhole Ihnen schließlich, daß ich unter allen Komponisten der Vergangenheit und der Gegenwart der am wenigsten gebildete bin. Verstehen wir uns recht, und wiederum ohne zu scherzen: ich spreche von *Bildung* und nicht von musikalischem *Wissen*. Bezüglich des letzteren würde ich lügen, wenn ich sagte, ich hätte in meiner Jugend keine langen und strengen Studien gemacht. Denn eben das macht meine Hand stark genug, um die Musik zu formen, wie ich will, und meistens die Wirkungen zu erzielen, die ich mir denke. Und wenn ich etwas wider die Regel schreibe, so tue ich es, weil die strenge Regel mir nicht gibt, was ich will und weil ich nicht einmal alle bisher anerkannten Regeln für gut halte. Die Schriften über den Kontrapunkt bedürfen einer Reform.

Wie viele Worte und, was noch schlimmer ist, viele unnötige. Verzeihen Sie mir und nehmen Sie meine aufrichtige Hochschätzung entgegen.

Verdi, der kein Schmeichler war, nannte den Pariser Librettisten und Operndirektor Camille Du Locle (1832–1903) einmal »die Liebenswürdigkeit und Vornehmheit in Person«. Du Locles Mitarbeit am französischen Libretto des ›Don Carlos‹ hatte 1866/67 zu einer herzlichen Freundschaft beider Familien geführt, die schwere Prüfungen überstand. Im Jahre 1868 begleitete Du Locle den großen französischen Altertumsforscher Auguste Mariette Bey (1821–1881) nach Ägypten. Diesem Erlebnis und Du Locles Initiative ist die Entstehung der ›Aida‹ zu verdanken. Der Deutsch-Französische Krieg von 1870/71 und der ursprüngliche Mißerfolg von Bizets ›Carmen‹, die Du Locle als Intendant der Opéra-Comique in Auftrag gegeben hatte, verhinderten seine pünktliche Rückzahlung eines bedeutenden Darlehens an Verdi. Ein drohender Prozeß konnte vermieden werden, und Du Locle beglich seine Schuld, aber eine Versöhnung kam erst Jahre später zustande.

AN CAMILLE DU LOCLE

Genua, 8. Dezember 1869

Mein lieber Du Locle,
Ich danke Euch für *Froufrou*, das ich in einem Atem gelesen habe. Wenn es, wie die *Revue* sagt, in allem so vorzüglich und eigenartig wäre wie in seinen ersten drei Akten, wäre es außerordentlich schön; aber die beiden letzten fallen ins Gemeine ab, obwohl ihre Wirkung sehr groß ist. So schön *Froufrou* jedoch ist, wenn ich für Paris schreiben müßte, würde ich der *cuisine*, wie Ihr sie nennt, von *Meilhac* und *Halévy* eine andere, feinere und pikantere vorziehen: die Sardous mit Du Locle, um die Verse zu machen. Aber *hélas*!! es ist weder die Mühe, eine Oper zu schreiben, noch das Urteil des Pariser Publikums, die mich abhalten, sondern vielmehr die Gewißheit, daß es mir nicht gelingen kann, meine Musik in Paris so aufführen zu lassen, wie ich will. Es ist recht merkwürdig, daß ein Autor immer seine Ideen durchkreuzt und seine Eingebungen verdreht sehen muß. In Euren Opernhäusern (dies sei ohne jeden Spott gesagt) sind sie zu gescheit! Jeder will nach seiner eigenen Gelehrsamkeit, nach seinem Geschmack und, was noch schlimmer ist, nach einem *System* urteilen, ohne die

Individualität des Autors in Betracht zu ziehen. Jeder will eine Meinung äußern, einen Zweifel anmelden, und ein Autor, der lange Zeit in dieser Atmosphäre der Zweifel lebt, kann nicht vermeiden, daß er am Ende seiner Überzeugungen nicht mehr ganz sicher ist und seine Arbeit schließlich korrigiert, anpaßt oder, besser gesagt, verdirbt. Auf diese Weise hält man zu guter Letzt nicht ein Werk aus einem Guß in der Hand, sondern ein *Mosaik*, und sei es auch noch so schön, es bleibt ein *Mosaik*. Man wird mir entgegenhalten, daß es an der Opéra eine Reihe von Meisterwerken dieser Art gibt. Sie mögen noch so meisterhaft sein, aber mir sei zu sagen gestattet, daß sie sehr viel vollkommener wären, wenn man dabei nicht dann und wann das *Flickwerk* und die Anpassung spürte. Gewiß wird niemand Rossinis Genie bestreiten; nun gut, aber trotz all seines Genies entdeckt man im *Guillaume Tell* diese fatale Atmosphäre der *Opéra*, und manchmal, wenn auch sehr viel seltener als bei den anderen Autoren, spürt man, daß da ein Zuviel ist, dort ein Zuwenig, und, daß der musikalische Ablauf nicht so frei und sicher ist wie im *Barbiere*. Damit will ich nicht mißbilligen, was man bei Euch macht; ich versuche lediglich, Euch zu sagen, daß es für mich absolut unmöglich ist, noch einmal unter das *Kaudinische Joch* Eurer Theater zu kriechen. Denn ich bin mir bewußt, daß es für mich keinen wahren Erfolg gibt, außer wenn ich schreibe, wie ich fühle, frei von jeglichem Einfluß und ohne zu bedenken, daß ich für Paris schreibe statt für die Welt auf dem Mond. Im übrigen müßten die Sänger nicht auf ihre Weise singen, sondern auf meine; Chor und Orchester, »die auch in Paris viele Fähigkeiten haben«, müßten ebensoviel guten Willen haben; schließlich müßte alles von mir abhängig sein; ein einziger Wille müßte alles beherrschen: der meine. Das wird Euch etwas tyrannisch vorkommen! . . . vielleicht stimmt das; aber wenn die Oper aus einem Guß ist, gibt es nur *eine* Idee, und alles muß bestrebt sein, dieses EINE zu formen. Ihr werdet vielleicht sagen, daß einem nichts im Wege steht, dies alles in Paris zu erreichen. Nein: in Italien kann man das, jedenfalls kann ich es immer; in Frankreich nicht. Wenn ich mich z. B. [mit einer neuen Oper] im *Foyer* eines italienischen Theaters präsentiere, wagt niemand, eine Meinung, ein Urteil zu äußern, bevor er [sie] gut verstanden hat, und niemand läßt sich auf unangebrachte Fragen ein. Man achtet das Werk und den Autor und läßt das Publikum entscheiden. Im *Foyer* der *Opéra* hingegen flüstert man nach vier Akkorden überall »*olà ce n'est pas bon . . . c'est commun, ce n'est pas de bon goût ... ça n'ira pas à Paris!*« Was bedeuten nur diese armseligen Worte wie *commun... bon goût... Paris...*, wenn Ihr es mit einem Kunstwerk zu tun habt, das universal sein muß!

Die Folgerung aus all dem ist, daß ich kein Komponist für Paris bin. Ich weiß nicht, ob ich das Talent dazu habe, aber ich weiß, daß meine Auffassung von Kunst sehr verschieden von der Euren ist.

Ich glaube an die *Inspiration*, Ihr an die Regel. Euer *Kriterium* für die Diskussion lasse ich gelten; aber ich will den *Enthusiasmus*, der Euch beim Hören und Urteilen fehlt.

Ich will die *Kunst* in welcher Gestalt auch immer, nicht das *Arrangement*, das *Künstliche* und das *System*, das Ihr vorzieht. Habe ich unrecht? Habe ich recht? Wie dem auch sei, ich habe recht, wenn ich sage, daß meine Ideen sehr verschieden von den Euren sind; und ich füge noch hinzu, daß mein Rückgrat nicht so biegsam ist wie das so vieler anderer, daß ich meine Überzeugungen, die sehr tief in mir verwurzelt sind, nicht aufgeben und verleugnen kann. Ich wäre auch recht unglücklich, für Euch, mein lieber Du Locle, eine Oper zu schreiben, die Ihr womöglich nach ein oder zwei Dutzend Vorstellungen absetzen müßtet, wie es Perrin mit dem *Don Carlos* tat. Wenn ich etwa zwanzig Jahre jünger wäre, würde ich Euch sagen: »Sehen wir zu, ob Euer Theaterwesen später eine meinen Ideen angemessenere Wendung nimmt«; aber die Zeit geht schnell vorbei, und vorläufig ist es nicht möglich, sich zu verständigen, es sei denn, es geschähe etwas Unvorhergesehenes, was ich mir nicht vorstellen könnte. Wenn Ihr hierher kommt, wie Ihr es meiner Frau zu hoffen gabt, sprechen wir weiter und ausführlich davon. Wenn Ihr nicht kommt, werde ich wahrscheinlich Ende Februar ein wenig nach Paris fahren. Kommt Ihr nach Genua, werden wir Euch die *Ravioli* nicht mehr anbieten können, weil wir die Genueser Köchin nicht mehr haben; aber Ihr werdet jedenfalls nicht Hungers sterben und, das ist gewiß, zwei Freunde finden, die Euch sehr lieb haben und für die Eure Anwesenheit das größte Geschenk sein wird. . . . Tausend Grüße von uns beiden an Eure reizende Maria und einen Kuß für *petite Claire*. Addio, addio.

Euer G. Verdi

3 Um 1850

4 Villa St. Agata

5 Giulio Ricordi

St. Agata, 20. Juni 1870

Lieber Emanuele,

Ich bin froh, daß Eure Verhandlungen mit Bagier abgeschlossen sind. Das ist eine Stellung, die Ihr Euch [selbst] erworben habt, und jetzt liegt es nur bei Euch, ob Ihr sie behaltet. Macht Euch Ehre und macht Euch Mut. Jetzt, da Ihr anerkannt seid, hängen Euer Glück und Eure Zukunft allein von Euch ab; und selbst wenn Bagier weggehen oder sogar das Theater schließen sollte, gibt es zehn andere Theater, die um Euch werben werden, nachdem Ihr einmal als wertvoller Mann bekannt seid. Achtet andere und seid ihrer Achtung wert, seid niemals ungerecht und niemals schwach; behandelt die Höchsten ebenso wie die Niedrigsten. Zieht keinen einzigen vor; habt weder Sympathien noch Antipathien und habt auch keine Angst, manchmal verflucht zu werden.

Auf Wiedersehen. Herzlichst Euer

Giulio Ricordi (1840–1912) war nicht nur der Nachfolger seines Vaters Tito als Inhaber seines Musikverlages, sondern auch ein begabter Schriftsteller und Komponist. Er war Verdi freundschaftlich verbunden und wirkte nicht nur als sein Verleger, sondern auch als sein mächtiger Vertreter an der Scala. Giulio Ricordi förderte viele zeitgenössische Librettisten, Dirigenten und Komponisten, besonders Giacomo Puccini.

Die Oper, die Verdi »für ein sehr fernes Land« schreiben sollte, war ›Aida‹. Der Ägyptenforscher Auguste Mariette Bey hatte Ismail Pascha (1830–1895), dem Khediven von Ägypten, den Plan einer Oper ›La Fiancée du Nil‹ unterbreitet, die der Khedive in seinem – sechzehn Tage vor der Eröffnung des Suez-Kanals mit ›Rigoletto‹ eingeweihten – Theater in Kairo uraufgeführt sehen wollte. Als Verdi sich lange Zeit ablehnend verhielt, dachte der Khedive an Gounod und Wagner. Obwohl an einer neuen Verdi-Oper für seine eigene Opéra-Comique interessiert, wollte Du Locle Verdi daraufhin weismachen, daß der Khedive selbst der Autor des Szenariums sei. Verdi aber war schon von Mariettes Entwurf und dem ungewöhnlich hohen Honorar, das er im Laufe der Verhandlungen erzielte, so beeindruckt, daß er das Angebot des Khediven samt der Bedingung, daß die Oper zuerst in Kairo aufgeführt werde, schließlich annahm. Die Uraufführung wurde für Februar 1871 – also keineswegs, wie oft behauptet, für die Einweihung des Suez-Kanals (17. November 1869), festgesetzt.

Antonio Ghislanzoni (1824–1893) hatte an der italienischen Übersetzung des französischen Textes von ›Don Carlos‹ (1867) und an der Revision

der ›Forza del Destino‹ mitgearbeitet und half Verdi, aus dem französischen Szenarium der ›Aida‹ ein italienisches Libretto zu machen.
Im Laufe eines abenteuerlichen und rastlosen Lebens hatte sich Ghislanzoni als Bariton und Impresario, Schriftsteller, Journalist, Kritiker und Herausgeber von Ricordis Zeitschrift ›La Gazzetta Musicale di Milano‹ betätigt. Er soll 2162 Artikel und etwa 85 Libretti geschrieben haben, die die Mehrzahl italienischer Operntexte des neunzehnten Jahrhunderts an Niveau übertreffen.

AN GIULIO RICORDI

St. Agata, 25. Juni 1870

Lieber Giulio,
Seid Ihr bei den Wassern von S. Pellegrino? Wenn Ihr nicht dort seid, könnt Ihr es um ein paar Tage verschieben, um mit Ghislanzoni hierher zu kommen?
Es handelt sich um Folgendes:
Letztes Jahr wurde ich eingeladen, eine Oper für ein sehr fernes Land zu schreiben. Ich antwortete mit Nein. Als ich in Paris war, wurde Du Locle beauftragt, nochmals darüber mit mir zu sprechen und mir eine hohe Summe anzubieten. Ich antwortete wieder mit Nein. Einen Monat darauf schickte er mir einen gedruckten Entwurf und sagte mir, er stamme von einer mächtigen Persönlichkeit (was ich nicht glaube), er halte ihn für gut, und ich solle ihn lesen. Ich fand ihn sehr gut und antwortete ihm, daß ich ihn unter diesen und jenen Bedingungen komponieren würde. Drei Tage später antwortete er mir telegrafisch: »Akzeptiert«. *Du Locle* kam auch sofort hierher, und wir arbeiteten die Bedingungen aus, studierten gemeinsam den Entwurf und machten gemeinsam die Änderungen, die wir für notwendig hielten. Du Locle ist mit den Bedingungen und Änderungen abgereist, die dem mächtigen und unbekannten Autor zu unterbreiten sind. Ich habe den Entwurf nochmals studiert und habe weitere Änderungen in ihm gemacht und bin jetzt noch dabei.
Nun muß man an das Libretto oder, besser gesagt, an die Verse denken, denn jetzt sind nur noch die Verse vonnöten.
Kann und will Ghislanzoni mir diese Arbeit machen? Es ist keine Original-Arbeit, erklärt ihm das genau; es geht lediglich darum, die Verse zu machen, die selbstverständlich (das sage ich zu Euch) sehr großzügig bezahlt sein werden. Antwortet mir gleich und bereitet Euch vor, mit Ghislanzoni hierher zu

kommen, sobald Herr Rogier, den ich täglich erwarte, abgereist ist. Ich werde Euch telegrafieren.

Studiert inzwischen mit Ghislanzoni den Entwurf, den ich Euch schicke. Verliert ihn nicht, weil es nur zwei Exemplare davon gibt: die eine ist diese, die andere ist in den Händen des Autors.

Sprecht nicht davon, weil der Vertrag noch nicht unterschrieben ist. Es ist auch unnötig, davon zu reden . . . wir sprechen gemeinsam darüber.

Addio, addio   G. Verdi

P.S. Laßt mich wissen, was eine Kopie dieser Partitur mit allen Chor- und Orchesterstimmen kosten würde.

Ein aus armen Verhältnissen stammender Nachbar und Jugendkamerad Verdis, Giuseppe Piroli (1815–1890), war ein angesehener Jurist und Politiker geworden. Er war zeitlebens Verdis treuer Freund und sein Berater in rechtlichen Fragen.

AN GIUSEPPE PIROLI

[St. Agata,] 16. Juli 1870

Ich hatte schon sehr lange keine Briefe mehr von Euch erhalten, und dieser letzte von Euch hat mir große Freude gemacht. Auch ich habe Euch lange nicht geschrieben, aber ich bin beschäftigt gewesen und bin es noch immer, wie ich Euch im weiteren erklären werde. Wenn Ihr unterdessen ein gutes Gesetz zum Schutz des [künstlerischen] Eigentums machen wollt, dann verhindert die Nachahmungen. Um diese zu verhindern, verbietet einfach, [fremde] Themen zu nehmen, um Stücke zu machen. Das wäre ein wirklicher Vorteil für das Eigentum und die Kunst.

Für das Eigentum: wenn man [fremde] Themen verwenden kann, dann kann man ganze Opern aus verschiedenen Stükken drucken, wobei man auch noch die ursprünglichen Einfälle mit ein paar gewöhnlich scheußlichen Takten eines Vor- oder Nachspiels verdirbt.

Ein Vorteil für die Kunst, denn man würde den Pfuschern ihr unwürdiges Handwerk legen und die Tüchtigsten verpflichten, originelle Stücke zu komponieren. Seit ein paar Jahren, um der Wahrheit die Ehre zu geben, neigt man dazu, originelle Stücke zu machen und gut zu machen; und wäre die

Bequemlichkeit, fremdes Zeug zu benützen, abgeschafft, dann würde man es noch besser machen. Wir sprechen noch davon. Wann kommt Ihr?

Paris betreffend, kann ich wirklich sagen »und ich weiß nichts davon!!«. Ich weiß vielmehr, daß ich überhaupt nicht schreiben würde. Ich sagte Euch jedoch, daß ich beschäftigt bin. Ratet mal! . . . Eine Oper für Kairo zu schreiben!!! *Puh!* Ich gehe nicht hin, sie zu inszenieren, weil ich fürchten müßte, dort mumifiziert zu werden; aber ich schicke eine Kopie der Partitur und behalte das Original für Ricordi.

Ich muß Euch jedoch sagen, daß der Vertrag noch nicht unterschrieben ist; aber da meine Bedingungen – und die waren hart – telegrafisch akzeptiert worden sind, kann man ihn für abgeschlossen halten. Wenn mir jemand vor zwei Jahren gesagt hätte, »du wirst für Kairo schreiben«, hätte ich ihn für einen Verrückten gehalten, aber jetzt sehe ich, daß ich der Verrückte bin. Was wollt Ihr! Es ist abgemacht!!

Werden wir Krieg haben? Gott verhüte ihn! Ich kann jetzt keine französischen Zeitungen lesen! O, wie vermessen die sind!

Macht also schnell und kommt bald. Nein: kommt, wenn Ihr könnt! Bald oder spät, Ihr werdet Peppina wie mir immer Freude machen. Addio.

AN ANTONIO GHISLANZONI

St. Agata, 28. September 1870

Bester Herr Ghislanzoni,

Dieser dritte Akt ist sehr gut, wenn es auch für mein Gefühl ein paar Dinge zu verbessern gibt. Aber, ich wiederhole, im ganzen sehr gut, und dafür mache ich Ihnen mein aufrichtiges Kompliment.

Ich sehe, daß Sie Angst vor zwei Dingen haben: vor einigen *szenischen Kühnheiten*, würde ich sagen, und davor, *keine Cabaletten zu machen*! Ich bin stets der Ansicht, daß man Cabaletten machen soll, wo die Situation es verlangt. Die der beiden Duette verlangt die Situation nicht, und besonders scheint mir die Cabaletta im Duett zwischen Vater und Tochter nicht am Platz zu sein. Aida kann und darf in jenem Zustand von Furcht und moralischer Niedergeschlagenheit keine Cabaletta singen. Im Entwurf gibt es zwei außerordentlich dramatische Stellen, die wahr und gut für den Schauspieler sind und in der Dichtung nicht recht herauskommen. Erstens: nachdem Amonasro gesagt hat »*Sei la schiava dei Faraoni*« [Du bist die Sklavin der Pharaonen], kann Aida nur in abgebrochenen Sätzen sprechen. Zweitens: wenn Amonasro zu Radames sagt »*il Re d'Etiopia*« [der König Äthiopiens], da muß Radames fast allein die Szene halten und beherrschen, mit seltsamen, verrückten, sehr exaltierten Worten; aber davon sprechen wir zur rechten Zeit. . . .

Analysieren wir inzwischen diesen Akt von Anfang bis Ende. Im ersten Chor kommt mir die zweite Fassung besser vor; nur muß nicht noch einmal gesagt werden, was in den *Litaneien* gesagt wurde:

Luce divina eterna,   [Göttliches, ewiges Licht,
Spirto fecondator;   Befruchtender Geist;]

besser sagen wir wie im Entwurf: »*Iside favorevole agli Amori ecc. . . .*« [Isis, der Liebe gewogen usw.] Gut Rezitativ und Romanze. Gut das Duett, das auf die Zeile folgt: »*Ti maledico. Ah no*« [Ich verfluche dich. O nein] Danach kommt mir »*Tu agli occhi miei, Dei Faraon ecc.*« [Du vor meinen Augen, Der Pharaonen usw.] schwach vor, und ich finde diese Art von Enthusiasmus bei Aida falsch: »*Della patria il sacro amor*«. [Die heilige Liebe zum Vaterland]. Nach der furchtbaren Szene und den Schmähungen des Vaters hat Aida, wie ich Ihnen sagte, keinen Atem zum Sprechen mehr: darum abgerissene Worte mit tiefer und dunkler Stimme.

Ich habe den Entwurf nochmals gelesen, und mir scheint, daß diese Situation dort gut wiedergegeben ist. Für mein Teil würde ich auf Strophe und Rhythmus verzichten; ich würde nicht daran denken, singen zu lassen, sondern die Situation genau so geben wie sie ist, selbst in Form eines Rezitativs. Ich würde allerhöchstens Amonasro eine Phrase singen lassen: »*Pensa alla patria, e tal pensiero ti dia* forza e coraggio« [Denke ans Vaterland, und dieser Gedanke möge dir Kraft und Mut verleihen.] Vergessen Sie nicht die Worte: »*Oh patria mia, quanto quanto mi costi!*« [O mein Vaterland, wie viel, wie viel kostest du mich!] Kurz und gut, ich würde mich so weit wie möglich an den Entwurf halten.

Morgen schreibe ich Ihnen wieder und mache ein paar Bemerkungen zu dem Übrigen.

Während die Deutschen in Frankreich siegten, verließen die französischen Truppen am 20. September 1870 Rom, das unter Vittorio Emanuele II. Hauptstadt des Vereinigten Königreichs Italien wurde. Papst Pius IX. zog sich in den Vatikan zurück; 1864 hatte er einen Syllabus herausgegeben, dessen konservative Intoleranz Verdis fortschrittlicher, liberaler Gesinnung widersprach.

AN CLARINA MAFFEI

St. Agata, 30. September 1870

Liebe Clarina,
Dieses Unheil Frankreichs bringt auch mein Herz, wie das Eure, zur Verzweiflung! – Es ist wahr, die *blague*, die Unverschämtheit, die Anmaßung der Franzosen war und ist trotz all ihres Unglücks unerträglich. Aber schließlich hat Frankreich der heutigen Welt die Freiheit und die Kultur gegeben. Und wenn es fällt, machen wir uns nichts vor, dann fällt auch alle unsere Freiheit und Kultur. Mögen unsere Literaten und unsere Politiker ruhig die Bildung, die Wissenschaften und selbst (Gott vergebe es ihnen) die Künste dieser Sieger rühmen; aber wenn sie etwas ins Innere blickten, würden sie sehen, daß in ihren Adern noch immer das alte Gotenblut fließt, daß sie von maßlosem Stolz, hart, unduldsam gegen alles sind, was nicht germanisch ist, und von einer Gier, die keine Grenzen hat. Menschen mit Kopf, aber ohne Herz; eine starke, aber nicht gesittete Rasse. – Und jener König, der immer den lieben Gott und die Vorsehung im Munde hat und mit ihrer Hilfe den besten Teil Europas zerstört. Er glaubt sich ausersehen, die Sitten zu verändern und die moderne Welt von ihren Lastern zu säubern!! Was für ein Missionar! . . . Der antike Attila (ein anderer, ebensolcher Missionar) machte halt vor der Majestät der Hauptstadt der antiken Welt; aber dieser steht im Begriff, die Hauptstadt der modernen Welt zu beschießen; und jetzt, wo Bismarck behauptet, daß Paris verschont wird, fürchte ich mehr denn je, daß es wenigstens teilweise zerstört wird. Warum? . . . ich wüßte es nicht zu sagen. Vielleicht, weil es keine Hauptstadt mehr von solcher Schönheit gibt und es ihnen nie gelingen wird, eine gleiche zu bauen. Armes Paris, das ich so vergnügt, so schön und so strahlend im letzten April sah! –
Und wir? . . . Ich hätte gern eine großzügigere Politik gesehen, und gewünscht, daß man eine Dankesschuld bezahlte.

Zehntausend der Unseren hätten Frankreich und uns vielleicht retten können. Jedenfalls hätte ich dieser Trägheit, deretwegen man uns eines Tages verachten wird, vorgezogen, mit den Franzosen als Besiegte einen Frieden zu unterschreiben. Wir werden dem europäischen Krieg nicht entgehen, und er wird uns verschlingen. Er wird nicht morgen kommen, aber er kommt. Ein Vorwand ist schnell gefunden. Vielleicht Rom, vielleicht das Mittelmeer. . . Und ist da nicht die Adria, die sie schon zum Deutschen Meer proklamiert haben?

Die Geschichte in Rom ist eine große Sache, aber sie läßt mich kalt. Vielleicht, weil ich fühle, daß sie im Ausland wie im Inland Unglück verursachen könnte, weil für mich Parlament und Kollegium der Kardinäle, Freiheit der Presse und Inquisition, Zivilgesetzbuch und Syllabus nicht zu vereinen sind; und weil es mich erschreckt, zu sehen, wie unsere Regierung mit dem Zufall spielt und . . . auf die Zeit hofft. Laßt morgen einen geschickten, gerissenen und wirklich schlauen Papst kommen, wie sie Rom schon so oft gehabt hat, und er wird uns ruinieren. *Papst* und *König von Italien* – ich kann sie nicht einmal in diesem Brief zusammen sehen.

Ich habe kein Papier mehr. Verzeiht das *Geplapper*. Es ist ein Ausbruch. Ich sehe sehr schwarz; und dabei habe ich Euch nicht einmal von der Hälfte des Bösen gesprochen, an das ich denke und das ich fürchte. Addio. Peppina grüßt. Tausend Grüße an Donna Saulina, wenn sie bei Euch ist. Addio.

G. Verdi

Francesco Florimo (1800–1888), ein Komponist und Freund Bellinis, war Bibliothekar des Konservatoriums in Neapel. Auf seine Veranlassung hatte die Fakultät des Konservatoriums Verdi den Posten des Direktors als Nachfolger des am 17. Dezember 1870 verstorbenen Saverio Mercadante angeboten.

AN FRANCESCO FLORIMO

Genua, 4. Januar 1871

Lieber Florimo,

Wenn etwas meiner Eigenliebe schmeicheln könnte, so ist es diese Einladung, Direktor des Konservatoriums in Neapel zu werden, die mir die Lehrer am Konservatorium und so viele Musiker Eurer Stadt durch Euch senden. Es ist mir recht schmerzlich, auf diesen Vertrauensbeweis nicht antworten zu können, wie ich wünschte; aber bei meinen Beschäftigungen, meinen Gewohnheiten, meiner Liebe zum unabhängigen Leben wäre es mir unmöglich, ein so schweres Amt auf mich zu nehmen. Ihr werdet mir sagen: »Und die Kunst?« – Nun gut; aber ich habe so viel getan, wie ich konnte, und wenn ich dann und wann etwas tun kann, muß ich frei von jeglicher anderen Verpflichtung sein. Wäre es nicht so, stellt Euch vor, wie stolz ich wäre, den Platz einzunehmen, auf dem *A. Scarlatti* und dann *Durante* und *Leo* als Gründer einer Schule standen. Es hätte mir zum Ruhm gereicht (und wäre zur Zeit kein Rückschritt), die Schüler in den schweren und ernsten und dabei so klaren Studien dieser Urväter zu unterweisen. Ich hätte sozusagen einen Fuß in die Vergangenheit und den anderen in die Gegenwart setzen wollen (denn mir macht die *Musik der Zukunft* keine Angst). Ich hätte den jungen Schülern gesagt: »Übt Euch in der *Fuge*, beharrlich, zäh, bis zum Überdruß und bis die Hand frei und stark genug geworden ist, die Noten nach Euerem Willen zu schreiben. So werdet Ihr Sicherheit haben beim Komponieren, die Stimmen in die rechte Ordnung bringen und ohne Künstelei modulieren lernen. Studiert Palestrina und wenige andere seiner Zeitgenossen. Springt dann zu Marcello und wendet Euere Aufmerksamkeit besonders den Rezitativen zu. – Geht nur zu *wenigen Aufführungen* heutiger Opern und laßt Euch weder von den vielen harmonischen und instrumentalen Schönheiten noch vom *verminderten Septimenakkord* berücken, diesem rettenden Fels und Anker für uns alle, die wir keine vier Takte ohne ein halbes Dutzend *Septimen* komponieren können.«

Nach diesen mit großer literarischer Bildung verbundenen Studien würde ich den jungen Leuten schließlich sagen: »Jetzt legt die Hand aufs Herz, schreibt, und wenn Ihr das Zeug zum Künstler habt, werdet Ihr Komponisten sein. Auf jeden Fall werdet Ihr die Schar der Nachahmer und der *Kranken* unserer Zeit nicht vermehren, die suchen, suchen und (wobei sie manchmal Gutes machen) nie finden.« Im Gesangsunterricht hätte ich ebenfalls die alten Studien in Verbindung mit der heutigen Deklamation gewollt.

Um diese wenigen, scheinbar einfachen Leitsätze anzuwenden, müßte man den Unterricht mit so viel Eifer überwachen, daß zwölf Monate im Jahr sozusagen zu wenig wären. Ich,

der ich Haus, Geschäfte, Vermögen . . . alles, alles hier habe,
frage Euch selber: Wie könnte ich's tun?
Wollt Ihr, mein lieber Florimo, nun also Euren Kollegen und
den vielen Musikern in Eurem schönen Neapel mein höchstes
Bedauern ausdrücken, daß ich diesen für mich so ehrenvollen
Ruf nicht annehmen kann. Ich hoffe, daß Ihr einen Mann
finden möget, der vor allem gebildet und streng in den Studien
ist. Regellosigkeiten und Fehler im Kontrapunkt kann man
im Theater hingehen lassen, und da sind sie ab und zu sogar
schön. Nicht im Konservatorium. Kehren wir zum Alten
zurück: es wird ein Fortschritt sein.
Addio, addio. Immer Euer getreuer   G. Verdi

Trotz seiner ursprünglichen Absage führte Verdi den Vorsitz der Kommission zur Reform der Konservatorien, die im März 1871 in Florenz
tagte. Cesare Correnti (1815–1888), ein universal gebildeter Schriftsteller
und Politiker, damals Erziehungsminister in Italien, hatte veranlaßt, daß
Verdi diese Aufgabe übernahm.

AN GIUSEPPE PIROLI

Genua, 20. Februar 1871

Lieber Piroli,
Angesichts der Verhältnisse und Tendenzen – in der Musik
unserer Zeit sollte eine zur Reform des Unterrichtes einberu-
fene Kommission meiner Meinung nach das Folgende be-
schließen. – Es sind ganz allgemeine Ideen, von denen ich
Euch oft gesprochen und geschrieben* und die ich auch in
meinem Brief an Florimo angedeutet habe.
Ich will nur vom *Komponisten* und vom *Sänger* sprechen, weil
ich glaube, daß es auf Seiten der instrumentalen Aufführungen (die immer die besten Ergebnisse gezeitigt haben) wenig
zu reformieren gibt.
Ich wünschte also für den jungen Komponisten sehr lange
und strenge Übungen in allen Zweigen des Kontrapunktes.
Studien in der alten kirchlichen und weltlichen Musik. Man
muß allerdings beachten, daß auch bei den Alten nicht alles
schön ist; folglich muß ausgewählt werden.
Keinerlei Studium der Modernen! Das wird vielen sonderbar
vorkommen; aber wenn ich heutzutage so viele Opern höre
und sehe, die gemacht werden wie schlechte Schneider Klei-
der nach Schablonen machen, kann ich meine Meinung nicht

ändern. Ich weiß wohl, daß man mir viele moderne Werke anführen könnte, die soviel wert sind wie die alten; aber was bedeutet das? – Wenn der junge Mensch strenge Studien gemacht hat, wenn er seinen Stil und Vertrauen in die eigene Kraft hat, dann kann er, wenn er es für nützlich hält, später diese Opern ruhig studieren, ohne Gefahr zu laufen, ein Nachahmer zu werden. Man kann mir entgegenhalten: »Wer wird den jungen Menschen in der Instrumentation unterweisen? Wer in der idealen Komposition?« – Sein Kopf und sein Herz, wenn er die hat.

Für den *Sänger* wünschte ich: ausgiebige Kenntnisse in der Musik. Übungen im Stimmansatz, sehr lange Solfeggienstudien, wie früher. Stimm- und Sprechübungen mit klarer und vollkommener Aussprache. Dann wünschte ich, daß der junge Mensch, ohne daß ein Lehrer ihm gesangliche Ziererreien beibrächte, musikalisch sicher und mit geübter, geschmeidiger Kehle nur nach seinem eigenen Gefühl sänge. Das wäre kein Gesang der Schule, sondern der Inspiration. Der Künstler wäre ein Individuum; er wäre *er* oder, besser noch, er wäre im Musikdrama die Persönlichkeit, die er darstellen sollte.

Es braucht nicht erst gesagt werden, daß diese musikalischen Studien mit großer literarischer Bildung zu verbinden sind.

Da habt Ihr meine Ideen. – Können sie von einer Kommission gebilligt werden? – Ja? Dann bin ich bereit, dem Minister zur Verfügung zu stehen. – Nein? . . . Dann gehe ich besser nach St. Agata zurück. –

Addio, addio.   Herzlichst Euer G. Verdi

---

* Ich habe vielfach über die geplante Reform der Musikstudien nachgedacht und bedaure, Dir sagen zu müssen, daß ich diese Aufgabe nicht übernehmen könnte. – In allen Dingen, mögen sie groß oder klein sein, muß man erfolgreich sein oder sie nicht unternehmen. Der Erfolg wäre meiner Ansicht nach in diesem Falle unmöglich, weil man Respekt heischende Persönlichkeiten, übertriebene Empfindlichkeiten, alte und tiefliegende Vorurteile und auch beliebte – vielleicht nutzlose, wenn nicht schädliche – Neuerungen verletzen würde. Um mich noch deutlicher zu erklären, sage ich: ich bin mit Recht der Meinung, daß es in unseren Musikinstituten Studien gibt, die sehr streng sein sollen, aber nichts taugen; daß man – was

am Ende fatal ist – Zeit damit vergeudet, etwas zu lehren, was nicht gelehrt werden kann, und die Kunst zu einem System zu erniedrigen. Mit dem Ziel (das schöpferische Menschen besser kennen und spüren), Übel auszumerzen, die es tatsächlich gibt; wobei aber neue erzeugt werden, die noch schlimmer und verderblicher sind. Es ist eine sonderbare Sache um den Kampf zwischen den sogenannten Leuten der Wissenschaft und denen des SCHAFFENS (ein sinnloser Kampf wegen der Gleichgültigkeit der letzteren und der anmaßenden Hartnäckigkeit der ersteren); und es ist noch sonderbarer, daß die größten Geister unseres Jahrhunderts fast niemals Söhne von Konservatorien sind!

Die Konservatorien von Bologna und von Neapel sind auf die großen Namen Rossini und Bellini stolz; aber meiner Meinung nach dürfen sie sich dieser Männer nicht rühmen. Bei Rossini erscheint das auf dem Konservatorium erworbene Wissen in seinen ersten Opern, in denen sich häufige Schnitzer und Schreibfehler finden, lächerlich. Und später gibt es die prächtigen absichtlichen Schreibfehler in anderen seiner Opern und sogar im GUILLAUME TELL – übrigens einer in allen ihren Teilen sehr geschmähten und kritisierten Oper. Bellini hatte außergewöhnliche Eigenschaften, die kein Konservatorium vermitteln kann, und es fehlten ihm jene, die die Konservatorien zu lehren hätten.

Damit wirst Du verstehen, daß ich – abgesehen von ein paar Reformen bei Gesang und Komposition – gezwungen wäre, die Konservatorien so zu lassen, wie sie sind, und mich um eine nützlichere, praktischere und sichere Aufgabe zu kümmern: das Theater. Der Minister möge das Theater wieder zu Ehren bringen, und es wird an Komponisten, Sängern und Instrumentalisten nicht fehlen. Er möge zum Beispiel drei [Theater] bestimmen, die später allen anderen als Modell dienen würden. Eins in der Hauptstadt, das andere in Neapel, das dritte in Mailand. Orchester und Chor von der Regierung bezahlt.

In jedem Theater eine Gesangsschule GRATIS für das Volk, mit der Verpflichtung der Schüler, auf eine bestimmte Zeit dem Theater zu dienen. Für jedes Theater ein einziger künstlerischer Leiter und Dirigent des Orchesters, verantwortlich für den ganzen musikalischen Teil. Nur ein REGISSEUR, von dem alles abhängt, was die INSZENIERUNG betrifft.

Jedes Jahr sollen zwei neue Opern von jungen Komponisten aufgeführt werden, deren Partituren von einer Kommission kenntnisreicher und nicht pedantischer Männer zu prüfen sind, und nicht nach vorgefaßten Systemen.

Da hast Du in Kürze, was mir für unsere Kunst heutzutage am angemessensten scheint. Wenn der Minister diesem Gedankengang zustimmt, sag mir davon.

Ich drücke Dir herzlich die Hand und bleibe Dein Dir sehr zugetaner

G. Verdi

Die Wienerin Maria Waldmann (1844–1920) wurde nach langwierigen Verhandlungen und Verdis anfänglichen Bedenken zur Zeit der ›Aida‹ sein bevorzugter Mezzosopran und die liebste junge Freundin beider Verdis. Zur gleichen Zeit wurde die Böhmin Teresa Stolz (1834–1902) für die europäische Erstaufführung der ›Aida‹ an der Mailänder Scala gewonnen und blieb Verdi wie seiner Peppina, die anfänglich Grund zur Eifersucht hatte, bis zum Tode verbunden.

In jeder interpretativen Hinsicht war Verdi mit diesen beiden temperamentvollen Künstlerinnen in den Partien der Aida (Stolz) und Amneris (Waldmann) so glücklich, daß er das ›Requiem‹ in der Hoffnung auf ihre Mitwirkung schrieb. Sein Wunsch ging in Erfüllung. Beide nahmen auch an der europäischen Tournee dieses Werkes teil. Verdi verstand und bedauerte Maria Waldmanns Entschluß, sich mit vierunddreißig Jahren von ihrer brillanten Karriere in das Schloß ihres Mannes, des Grafen und späteren Herzogs Galeazzao Massari, in Ferrara zurückzuziehen.

AN GIULIO RICORDI

St. Agata, 10. Juli 1871

Lieber Giulio,

Ihr kennt das Libretto der *Aida* und wißt, daß man für die Amneris eine Künstlerin braucht, die das Wesen der Hochdramatischen haben und die Szene beherrschen muß. Wie kann man von einer Quasi-Debütantin diese hohen Qualitäten erhoffen? Die Stimme allein, so schön sie sei (was in einem Saal oder leeren Theater recht schwer zu beurteilen ist), genügt nicht für diese Partie. Ich halte wenig von der sogenannten *Vollendung des Gesangs*: ich lasse die Partien gerne singen, wie ich will; aber ich kann weder die Stimme noch die Seele noch jenes gewisse Etwas geben, was man gewöhnlich *den Teufel im Leibe haben* nennt. – Ich habe Euch gestern meine Meinung über die Waldmann geschrieben und bestätige sie Euch heute. Ich weiß wohl, daß es nicht so leicht sein wird, eine Amneris zu finden, aber wir sprechen noch davon in Genua. Das genügt jedoch nicht; Ihr habt mir bis jetzt nicht gesagt, ob die Bedingungen, die ich in meinen verschiedenen Briefen gestellt habe, akzeptiert worden sind. – Merkt Euch sehr wohl, mein lieber Giulio: wenn ich nach Mailand komme, geht es nicht um die *Eitelkeit, eine meiner Opern zu geben*: es geht darum, *eine wirklich künstlerische Aufführung zu erzielen*. Um das zu erreichen, muß ich die nötigen Kräfte haben; und ich bitte Euch, mir klipp und klar zu antworten, ob außer dem Sänger-Ensemble

1. Der Dirigent des Orchesters ernannt ist?
2. Ob der Chor, wie von mir angegeben, verpflichtet ist?
3. Ob das Orchester zusammengesetzt wird, wie ich ebenfalls angegeben habe?
4. Ob die *Pauken* und *Große Trommel* gegen sehr viel größere Instrumente ausgetauscht werden, als die, die es vor zwei Jahren gab?
5. Ob die Normalstimmung beibehalten wird?
6. Ob die Bühnenmusik diese Stimmung übernommen hat, um die ewigen Verstimmungen zu vermeiden, wenn sie einmal nach einer Stimmung, dann nach einer anderen spielt?
7. Ob die Aufstellung der Orchesterinstrumente so gemacht werden wird, wie ich schon im letzten Winter in Genua in einer Art *Bild* angedeutet habe? –

Diese Aufstellung des Orchesters ist von weitaus größerer Bedeutung als gewöhnlich angenommen wird, wegen der *Mischung* der Instrumente, wegen des Klanges und der Wirkung. – Diese kleinen Verbesserungen werden dann den Weg zu anderen Neuerungen bahnen, die bestimmt eines Tages kommen werden; dazu gehört, daß die Zuschauerlogen von der Bühne entfernt werden und der Vorhang an die Rampe kommt. Weiterhin: das *unsichtbare Orchester* schaffen. Diese Idee ist nicht von mir, sie ist von Wagner: sie ist ausgezeichnet. Es scheint heutzutage unmöglich, zuzulassen daß unser elender *Frack* und die weißen Fliegen vermischt mit z. B. ägyptischen, assyrischen, druidischen usw. usw. Kostümen zu sehen sind; und dazu wird auch noch das ganze Orchester, das ein Teil der fiktiven Welt ist, fast in der Mitte des Parketts in der Welt der Pfeifenden und Klatschenden plaziert. Fügt zu all dem hinzu, wie häßlich auch die Köpfe der Harfen, die Griffbretter der Kontrabässe und der Taktstock des Dirigenten in die Luft ragen.

Antwortet mir also klipp und klar und eindeutig, denn wenn man mir nicht bewilligen könnte, was ich verlange, wären weitere Verhandlungen zwecklos. – –
Addio, addio.

Euer G. Verdi

Draneht Bey (1815–1894) kam als Pavlos Pavlidis auf Zypern zur Welt, von wo er 1827 mit seiner griechischen Familie vor den Türken nach Ägypten floh. Mohammed Ali, der Herrscher Ägyptens, war so beeindruckt von dem jungen Flüchtling, daß er ihn in seine Dienste nahm und in Paris Medizin und Pharmazie studieren ließ. Dort war Pavlos' Lehrer, Baron Louis-Jacques Thénard, so stolz auf seinen Schüler, daß er ihm anbot, seinen eigenen Namen in umgekehrter Buchstabenfolge zu führen. Pavlos Pavlidis kehrte als Paul Draneht an den Hof des Khediven in Kairo zurück. Unter Mohammed Alis Nachfolgern wurde er bald zum Bey und später zum Pascha erhoben, ist aber – wie Auguste Mariette als Mariette Bey – allgemein als Draneht Bey bekannt. Mit Ferdinand de Lesseps befreundet, war Draneht Bey an der Finanzierung des Suez-Kanals interessiert, leitete aber auch den Bau und die Direktion der ägyptischen Eisenbahn, reformierte die Landwirtschaft und wurde Intendant des 1869 eröffneten Opernhauses in Kairo. Als solcher trat er mit Mariette Bey und mit Verdi in Verbindung, den er im Sommer 1871 in St. Agata besuchte und mit dem er wegen der Besetzung der Amneris in Streit geriet.

AN PAUL DRANEHT

Genua, 20. Juli 1871

Exzellenz!
Ihr geschätztes Schreiben vom 17. wurde mir nach Genua nachgesandt.

Mir scheint, daß vor der Übersendung des Librettos der *Aida* zu entscheiden wäre, wer die Partie der *Amneris* übernimmt. Wie ich Ihnen schon einmal zu sagen die Ehre hatte, sind und waren weder die Sass noch die Grossi Mezzosoprane. – Sie sagen, daß die Grossi die *Favorita* und *Fedes* im *Profeta* [›Le Prophète‹ von Meyerbeer] gesungen hat ... ; auch die Alboni sang einmal die *Gazza-Ladra* [›Die diebische Elster‹ von Rossini], ich glaube, die *Sonnambula*, und sogar die Partie des Carlo V in *Ernani*!! Aber wozu? Dies bedeutet lediglich, daß Sänger und Direktionen manchmal keine Skrupel haben, die

Werke der Autoren zu mißhandeln oder mißhandeln zu lassen.

Es sei mir gestattet, etwas über die Geschichte dieser *Aida* zu sagen . . .

Ich schrieb diese Oper für die letzte Spielzeit, und es war nicht meine Schuld, daß sie nicht aufgeführt wurde. –

Ich wurde gebeten, die Aufführung um ein Jahr zu verschieben, und ich stimmte ohne Schwierigkeiten [zu bereiten] zu, obwohl es für mich höchst nachteilig war.

Seit dem 5. Januar habe ich darauf hingewiesen, daß die Partie der *Amneris* für Mezzosopran geschrieben wurde . . . und später bat ich, sich auf keinen Dirigenten festzulegen, ohne mich im voraus zu verständigen. So hoffte ich immer, Mariani zu bekommen. –

Während ich mitten in diesen Verhandlungen stand, wurde ein anderer Dirigent engagiert, und man hat nie daran gedacht, einen *Mezzosopran* zu engagieren!! Warum das? – Und warum hat man bei einer für einen BESTIMMTEN ZWECK geschriebenen Oper nicht zu allererst daran gedacht, alle Kräfte zu beschaffen, die für ihre Aufführung vonnöten waren? Mir kommt es höchst merkwürdig vor, daß dies nicht getan wurde, und Eure Exzellenz möge mir zu sagen erlauben, daß dies nicht der Weg ist, eine gute Aufführung und einen Erfolg zu erzielen. –

Ich habe die Ehre und verbleibe   Ihr sehr ergebener

Nachdem die deutsche Belagerung von Paris, wo Dekorationen und Kostüme für die ›Aida‹ in Kairo hergestellt wurden, die Uraufführung (24. Dezember 1871) und vertragsgemäß ihre europäische Erstaufführung an der Mailänder Scala (8. Februar 1872) um fast ein Jahr verzögert hatte, fand Verdi Zeit zu wesentlichen Verbesserungen der Partitur.

Verdis Vorschlag, *Morir! si pura e bella* zu ändern, wurde Ghislanzoni von Giulio Ricordi pflichtgemäß unterbreitet. Der Text erfuhr jedoch keine Veränderung, nachdem Ghislanzoni am 21. September an Giulio Ricordi geschrieben hatte: »Versuchen Sie, Maestro Verdi zu überreden, Radames' Worte *Morir! si pura e bella* so zu lassen, wie sie sind. Ganz davon abgesehen, daß im Theater alle Frauen schön sind oder zumindest durch musikalische Idealisierung schöner werden, habe ich das Gefühl, daß jede Änderung der Worte an dieser Stelle die Wirkung der wunderschönen Phrase verringern würde, die der Maestro gefunden hat. Selbst wenn wir ein Ungeheuer aus Lappland auf der Bühne hätten, würde das Publikum in Ekstase geraten.«

St. Agata, 7. September 1871

Lieber Giulio,

Ich werde am Abend des 18. oder am Morgen des 19. in Mailand sein, um am 20. oder 21. wieder hier zu sein. Ich bin sehr glücklich, daß der Bürgermeister sich zu dieser kleinen *Reform* im Orchester entschlossen hat, die Vorteile in der Aufführung und der Wirkung ergeben wird. Empfehlt mich ihm und dankt ihm für mich.

Das Libretto ist gut [gedruckt], aber wenn Ihr so einen breiten Rand laßt, kommt es mir etwas zuviel vor. Mir hätte auch gefallen, daß es, wie Ghislanzoni wollte, außerhalb keine Verse mit kleinen Buchstaben gäbe, um Strophe oder Metrum anzudeuten. Eine Augenweide von schönster Wirkung sind die Seiten 29, 35, 36 und andere usw. usw. Macht es damit im übrigen, wie Ihr meint ...

Noch eine Bemerkung *sotto voce*: auf Seite 40 steht diese Strophe:

Morir! si pura e bella   [Sterben! so rein und schön

. . . .
. . . .
. . . .

Troppo t'amai   Zu sehr liebte ich dich
troppo sei bella . . . .   Zu schön bist du . . .]

Gewiß werden unsere Primadonnen wunderschön sein, aber wenn es später jemals eine gäbe, die es nicht wäre? Dann könnte das Publikum scherzen, und das täte mir leid, weil der Moment zu bedeutend ist.

Ob Ghislanzoni diese [Worte] ändern könnte? Es ist leicht, sie zu ändern, aber ich möchte es so, daß eine gewisse Kadenz, die da ist, nicht verloren geht.

Auf Seite 41 würde ich in sehr deutlichen und von den anderen zu unterscheidenden Buchstaben

GESÄNGE UND TÄNZE

DER PRIESTERINNEN IM TEMPEL

bezeichnen.

Am Anfang des 3. Akts, wenn Aida auftritt, nehmt die 4 Zeilen weg:

Astri del cielo azzuri   [Ihr blauen Sterne des Himmels,

copritevi d'un vel, m'avvolgi   bedeckt euch mit einem

o notte	Schleier, umhülle mich, o Nacht,
nel lugubre tuo manto	in deinem dunklen Mantel,
cela a tutti il mio duol, cela il mio pianto.	verbirg vor allen meinen Schmerz, verbirg meine Tränen.]

Sie verlängern das Rezitativ und sagen nichts. –

Ich habe den Vertrag [zwischen Ricordi und der Scala] gelesen, und der Impresa bleibt tatsächlich nichts anderes übrig, als sich ein paar Meter Strick zu kaufen, um . . . Seid also so entgegenkommend wie möglich, ohne die Gewähr einer guten Aufführung jemals aus dem Auge zu verlieren.

Ich will mit der Impresa nichts zu tun haben, aber das Haus Ricordi kann versprechen, daß ich an den Proben der *Aida* teilnehmen werde.

Ich will nichts für meine Mitarbeit an der *mise-en-scène* [Inszenierung], denn die Summe, welche die Impresa zu zahlen hat, soll für die *erste Leihgebühr* der Oper gehalten werden.

Die Bühnenmusik ebenso wie früher, aber gut ausgewählt; dazu 6 oder 8 gerade Trompeten [»Aida-Trompeten«].

Ein andermal habe ich schon erwähnt, daß an der Scala die folgenden Choristen genügen würden, vorausgesetzt, daß sie gut ausgewählt sind:

12	Erste Soprane
12	Zweite Soprane
12	Altistinnen
12	Erste Tenöre
12	Erste Bässe
12	Zweite Bässe . . . .

abgesehen von der Verstärkung mancher Stellen in besonderen Fällen, wie in dieser Oper, die 8 weitere Bässe für den Priesterchor erfordert . . .

Addio, addio   G. Verdi

Die folgenden Zeilen galten vermutlich einem der beiden Söhne Antonio Barezzis in Busseto.

St. Agata, 1. November 1871

Hoffen wir, daß der Mann, den Du vorschlägst, wirklich ein *ordentlicher Koch* ist und keinen Furz im Kopf hat.

Die dreißig Francs, Mütze und Küchenjacke sind in Ordnung.

Schicke ihn also gleich nach Genua, wohin wir in ein paar Tagen gehen. Das Monatsgehalt wird am 5. beginnen, aber Du solltest ihn erst am 8. nach Genua schicken. Die Adresse ist *S. Giacomo in Carignano* No. 13. – – – Sieh zu, daß er in Genua am Tage ankommt. Ich danke Dir und verbleibe immer

G. Verdi

P.S. Grüße Deine Frau von Peppina.

Mache ganz klar, daß es in Genua keinen Keller wie in St. Agata gibt; folglich haben wir, wenn wir in Genua sind, die Gepflogenheit, vier Liter Wein zu geben. Sehr guten und auserwählten Wein. – – –
Antworte gleich mit einem Wort nach Genua.

AN GIULIO RICORDI

Genua, 9. Dezember 1871

Lieber Giulio,

Als ich heute früh Euren Brief erhielt, könnt Ihr Euch mein Erstaunen nicht vorstellen, daß ich auch einen von Filippi erhielt, in dem er mir mitteilt, daß er auf Einladung des Vizekönigs nach Kairo geht. – Ahhhhh! . . .

Ich schreibe seinen Brief und meine Antwort für Euch ab, die man zur rechten Zeit und am rechten Platz vielleicht veröffentlichen sollte. Hier ist sein Brief:

Mailand, 8. Dezember 1871
Via Bigli 21

Verehrter Maestro! Der Vizekönig von Ägypten hat mich freundlichst eingeladen, der ersten Aufführung der *Aida* beizuwohnen, und ich habe angenommen, weil die große Bedeutung dieses künstlerischen Ereignisses die lange und beschwerliche Reise aufwiegen wird.

Ich müßte eine Pflicht zu versäumen glauben, wenn ich mich Ihnen nicht zur Verfügung stellte für alles, was Sie dort unten benötigen sollten. – Ich reise Sonntag von hier ab usw. usw. . . . Wenn Sie irgend einen Auftrag haben, wird es eine Ehre für mich sein, ihn mit peinlicher Gewissenhaftigkeit auszuführen und Ihnen, wenn Sie wollen, auch Informationen über den Gang der Proben zu geben, denn ich hoffe, einigen der letzten beizuwohnen.

Wenn dieser Brief Sie rechtzeitig erreicht, können Sie mir antworten oder auch durch Ricordis bestellen lassen, was immer Sie benötigen sollten.

Sehr beglückt von der mir gebotenen Gelegenheit, die Premiere Ihres Werkes zu hören, zeichne ich in Verehrung

Ihr sehr ergebener
Filippo Dr. Filippi

Antwort

Genua, 9. Dezember 1871

Verehrter Herr Filippi,

Es wird Ihnen sonderbar, recht sonderbar scheinen, was ich Ihnen zu sagen habe; aber verzeihen Sie, wenn ich Ihnen nicht alles verschweigen kann, was mich bewegt.

Sie in Kairo? Das ist eine der mächtigsten Reklamen, die man sich für *Aida* vorstellen kann! – Mir scheint, daß die Kunst auf diese Weise nicht mehr Kunst ist, sondern ein Gewerbe, eine Vergnügungsreise, eine Jagd, irgend etwas, hinter dem man herläuft, dem man, wenn nicht Erfolg, wenigstens um jeden Preis Publizität geben möchte! Was ich dabei fühle, ist Ekel und Erniedrigung! – Ich erinnere mich stets mit Freude der Zeit meiner Anfänge, als ich fast ohne Freunde, ohne einen Menschen, der von mir gesprochen hätte, ohne Vorbereitungen, ohne jeden Einfluß mit meinen Werken vor das Publikum trat, bereit, mich den *Schüssen* zu stellen, und überglücklich, wenn es mir gelingen konnte, hie und da einen günstigen Eindruck zu erwecken. – Und jetzt – wieviel Pomp für eine Oper!!! Journalisten, Solisten, Choristen, Direktoren, Professoren usw. usw. Alle müssen sie ihre Steine zum Gebäude der Reklame tragen und damit einen Rahmen aus elenden Nichtigkeiten formen, die das Verdienst einer Oper nicht im geringsten vermehren, sondern ihren wahren Wert, falls sie den hat, sogar vermindern. Das ist beklagenswert . . . tief beklagenswert!!!

Ich danke Ihnen für Ihr liebenswürdiges Angebot für Kairo. Vorgestern schrieb ich an Bottesini über alles, was die *Aida* betrifft. Ich wünsche dieser Oper nur eine gute und vor allem intelligente gesangliche, instrumentale und szenische Aufführung. Ansonsten *à la grâce de Dieu*, denn so habe ich meine Laufbahn begonnen und so will ich sie enden.

Reisen Sie gut und seien Sie stets von meiner Ergebenheit überzeugt. G. Verdi

Hört, mein lieber Giulio! Ich fühle mich in diesem Augenblick so angewidert, so angeekelt, so verstört, daß ich die Partitur der *Aida* ohne einen Seufzer tausendmal ins Feuer werfen könnte. – Tun wir's? . . . Es ist gerade noch Zeit! Der Vertrag ist noch nicht unterschrieben, und wenn Ihr alles vernichten wollt . . . Aber wenn diese arme Oper trotzdem bestehen muß, um Himmels willen keine Reklame, kein Drum und Dran, das für mich die erniedrigendste Erniedrigung ist.

O, alles, was ich in Bologna gesehen habe und jetzt aus Florenz höre, ekelt mich an! Nein, nein . . . ich will keine *Lohengrinate* . . . Lieber das Feuer!!

Habt Ihr schon mit den Proben begonnen? – Achtet auf alles, was ich Euch gesagt habe! – Und probiert die Stolz schon? Grüßt sie. – Aber Capponi wird nicht da sein? . . . Für welche zweite Oper hat man sich entschieden? . . . Wählt gut, weil sie sehr wichtig ist – –

Morgen (heute habe ich keine Zeit mehr) schreibe ich bezüglich der Chöre – –

Addio, addio G. Verdi

Die abfällige Bemerkung über die »Lohengrinate« bezieht sich auf den Wirbel um die italienischen Erstaufführungen von Wagners ›Lohengrin‹ in Bologna und Florenz.

Der weltberühmte Kontrabaßvirtuose Giovanni Bottesini (1821–1889) war auch ein nicht unbedeutender Komponist und der Dirigent der Uraufführung der ›Aida‹ am Weihnachtsabend des Jahres 1871 in Kairo.

Genua, 10. Dezember 1871

Lieber Bottesini,
Ich habe Dir vor zwei Tagen geschrieben und Dich um etwas
nicht gebeten, was mir am Herzen liegt. Was ich da nicht
getan habe, tue ich jetzt. – Ich bitte Dich also wärmstens, mir
Nachricht über das letzte Duett zu geben, sobald Du zwei
oder drei Orchesterproben gemacht haben wirst. Laß mir ein
paar Worte zukommen, sobald Du es gut mit Orchester
probiert hast, und auch ein paar nach der ersten Aufführung,
um mir zu sagen, wie die tatsächliche Wirkung dieses Stückes
ist. Beim Lesen der Partitur wirst Du verstehen, daß ich mir
mit diesem Duett alle Mühe gegeben habe; aber da es von
sozusagen *transparenter Art* ist, könnte es sein, daß die Wirkungen meinen Wünschen nicht entsprächen. Sag mir also
unverhohlen die volle Wahrheit, denn diese Wahrheit kann
mir nützlich sein. Sprich mir nur von dem 3/4 in Des-Dur
(Aidas Gesang) und von dem anderen Gesang der beiden in
Ges-Dur. Sag mir von dem Gesang und der Instrumentation,
immer nur hinsichtlich der *Wirkung.* – Ich erwarte also diese
beiden Briefe von Dir: einen nach ein paar Orchesterproben,
den anderen nach der ersten Vorstellung. Ich werde Dir
höchst dankbar sein. Ich grüße Dich auch in Peppinas Namen
und verbleibe   Dein G. Verdi

St. Agata, 26. April 1872
Ich lese in [der Zeitung] *Omnibus* zwei Worte, die mir mißfallen. Ich will mich nicht *entschuldigen, Nachahmer* von jemand zu sein. Ich bin der, der ich bin! Es steht aller Welt
völlig frei, von mir zu denken, was sie will.
Und Ihr seid, ich wiederhole es, gewaltige Perücken mit
Euerer italienischen Musik! . . . Nein, nein, es gibt weder
italienische Musik, noch deutsche, noch türkische . . . aber es
gibt MUSIK!! Langweilt mich also nicht mit diesen Definitio-
nen. Es ist zwecklos! Ich schreibe, wie mir's gefällt und wie
ich fühle. Ich glaube weder an die Vergangenheit noch an die
Gegenwart: ich verabscheue alle Schulen, weil sie alle zum
Konventionalismus führen, ich vergöttere kein Individuum,
aber ich liebe schöne Musik, wenn sie wirklich schön ist, von
wem auch immer sie sei.

»Fortschritt der Kunst«!! Ein anderes sinnloses Wort! Der ist selbstverständlich! Wenn der Autor ein Mann von Genie ist, wird er die Kunst fördern, ohne es zu suchen und ohne es zu wollen.

Sagt Torelli also, er möge auf eigene Rechnung alles sagen, was er will, aber ich verteidige mich nicht und wünsche nicht, daß die Dummheiten, die ich im Privaten sage, an die Öffentlichkeit kommen. In Eile addio.

AN GIULIO RICORDI

St. Agata, 10. Mai 1872

Lieber Giulio,

Gestern erhielt ich aus Reggio (Emilia) einen Brief, der so einzigartig und amüsant ist, daß ich ihn Euch mit der Bitte schicke, den Auftrag zu erledigen, den ich Euch zu geben habe. Hier ist der Brief:

An den sehr geehrten Signor Verdi.

Reggio (Emilia), 7. Mai 1872

Am Zweiten d. M. begab ich mich nach Parma, wohin mich die aufsehenerregende Oper *Aida* rief. Vorsichtshalber war ich bereits eine halbe Stunde vor Aufgang des Vorhangs an meinem Platz Nr. 120. Ich bewunderte die Inszenierung, hörte mit Vergnügen die großen Künstler und bemühte mich, nichts zu versäumen. Am Ende der Oper fragte ich mich, ob ich zufrieden sei, und die Antwort war negativ. Ich kehrte nach Reggio heim und hörte im Eisenbahnwagen die Urteile, die man fällte; fast alle Welt war sich einig, daß es ein großes Werk sei. Daraufhin kam es mir in den Sinn, es nochmals zu hören, und am Vierten fuhr ich wieder nach Parma. Ich machte teuflische Anstrengungen, ohne einen reservierten Platz hereinzukommen, aber der Zudrang war so ungeheuer, daß ich 5 Lire ausgeben mußte, um die Vorstellung bequem zu hören. Danach kam ich zu folgendem Schluß: Es ist eine Oper, in der sich kein einziges Stück findet, das Enthusiasmus erregt und elektrisiert; ohne das pompöse Drum und Dran, die ausschließliche Eigenschaft der c....... [coglioni, d. h. Arschlöcher] könnte man es nicht aushalten bis zum Schluß; nachdem sie noch an zwei, drei Bühnen angekommen ist, wird diese Oper in den Archiven verstauben. Nun, lieber Verdi, Ihr

habt keine Ahnung, wie es mich ärgert, die beiden Male 32
Lire ausgegeben zu haben, wozu noch der erschwerende
Umstand kommt, daß ich [einziger] Sohn einer Familie bin
und daß dieses Geld in Gestalt schrecklicher Gespenster
meinen Frieden stört. Deshalb wende ich mich bedenken-
los an Euch mit der Bitte, mir diesen Betrag zurückzusen-
den, und zwar müßt Ihr ihn mir baldigst erstatten. Hier ist
die Rechnung:

Eisenbahn-Hinfahrt . . . . L.	2.60
Eisenbahn-Rückfahrt	3.30
Theater	8.00
Grauenhaftes Abendessen am Bahnhof	2.00
L.	15.90
x 2	15.90

Summe – L. 31.80

Von solchem Ärger, denke ich, wollt Ihr mich befreien,
und in dieser Hoffnung grüße ich Euch von Herzen.

Bertani

Adresse – *Bertani Prospero*, Via S. Domenico Nr. 5.

Könnt Ihr Euch vorstellen, daß ich, um das Familiensöhn-
chen von *den schrecklichen Gespenstern* zu befreien, *die seinen Frieden stören*, nicht bereit wäre, diese kleine Rechnung
zu bezahlen, von der er mir Mitteilung macht! Ich bitte Euch
also, durch Euren Korrespondenten oder einen Bankier diesem Herrn Bertani Prospero, Via S. Domenico Nr. 5, auf
meine Rechnung Lire 27.80 zurückzuzahlen. Das ist nicht der
volle Betrag, den er von mir verlangt, aber . . . auch noch das
Abendessen zu bezahlen! . . . Das nicht. Er hätte gut zu
Hause abendessen können!!!!!
Selbstverständlich wird er den Betrag quittieren und auch eine
kleine Verpflichtung unterschreiben, in der er verspricht,
keine meiner neuen Opern mehr hören zu gehen, um sich die
Gefahr weiterer *Gespenster* zu ersparen und mir das Späß-
chen, ihm eine weitere Reise zu zahlen.
Addio. Euer getreuer   G. Verdi

P.S. Es versteht sich, daß dieser Brief mit dem des Signor
Prospero in so vielen Zeitungen wie Ihr wollt veröffentlicht
werden muß, nachdem Ihr Antwort aus Reggio habt.

Es könnte auch passieren, daß der Signore nicht zu finden wäre; dann veröffentlicht Ihr die Briefe ebenfalls und fügt nur eine Anmerkung hinzu –
»Der Signor Prospero war nicht auffindbar.« –
Stellt mir das Original wieder zu. Ich erwarte Antwort auf meine beiden letzten Briefe über *feststehende* Anordnung. –

AN CLARINA MAFFEI

St. Agata, 18. Mai 1872

Liebste Clarina,
Peppina hat vor mehreren Tagen dem Kerl, den man unseren Gärtner nennt, aufgetragen, einen großen Korb mit Blumen aller Arten für Euch zu machen. Dieser unser sogenannter Gärtner kam schwer verlegen zu mir und sagte, daß er außer Rosen fast keine Blumen habe, erstens weil ich sehr wenige pflanzen ließe, und dann, weil die wenigen von den vielen Regengüssen ruiniert worden seien.
Im übrigen wißt Ihr, daß dieser mein sogenannter Garten aus 12 Weiden, 18 Platanen und 24 Rosen besteht. Ich habe Blumen sehr gern, aber um schöne zu haben, braucht man einen *Großen Gärtner* . . . Ich hasse alle Tyranneien, und besonders die häuslichen. Jetzt sind die *Großen Gärtner,* die *Großen Köche*, die *Großen Kutscher* die wahren Tyrannen eines Hauses. Bei denen dürft Ihr keine Blume in Eurem Garten mehr anrühren, kein einfaches Ei mit Salat essen, Eure Pferde nicht gebrauchen, wenn es regnet oder wenn die Sonne zu sehr scheint. Usw. usw. usw. . . . Nein, nein: unter den Tyrannen im Hause genüge ich allein, und ich weiß recht wohl, welche Mühe mich das kostet!!! Zudem bin ich ein Tyrann, der immer damit endet, das zu tun, was er nicht will . . . Wollt Ihr ein Beispiel davon? Ich schreibe Opern . . . das ist etwas, was ich weniger als alles andere machen will!! – *Quelle blague!!* Verzeiht also meinem sogenannten Gärtner, daß er keine schönen Blumen hat, die würdig sind, Euch gesandt zu werden. – –
Und wie geht es Euch, meine liebe Clarina? Ich höre, daß Ihr an schweren Migränen leidet. Schont Euch, bleibt ein bißchen ruhig und still. Wie gut würde Euch ein bißchen St. Agata tun! Wollt Ihr herkommen? . . . Ich komme Euch abholen bis nach Mailand. Ihr wißt sehr wohl, welche Freude Ihr Peppina und mir machen werdet!

Addio, addio. – Sagt der Gräfin Gina tausend und abertausend gute Wünsche. Grüßt mir alle Freunde; empfehlt mich der Signora Viola und nehmt einen starken Händedruck.

G. Verdi

Franco Faccio, der die europäische Erstaufführung der ›Aida‹ an der Scala dirigiert hatte, bereitete vier Monate später Aufführungen des Werkes in Padua vor.

AN FRANCO FACCIO

St. Agata, 25. Juni 1872

Ausgezeichnet, ausgezeichnet! Man darf nicht zaudern, man darf nicht nachgeben, wenn es um die Kunst geht. Ich schätze Eure Behandlung des Orchesters in Padua hoch. Fürchtet nichts. Die Leute, auch die abgefeimtesten, respektieren am Ende immer das energische Handeln, wenn es gerecht ist. Dank für die guten Nachrichten; fahrt fort, mir solche zu geben, und laßt uns hoffen.

Ich verlasse Euch. Verzeiht die Kürze dieses Briefes, aber ich habe viel zu tun und fühle mich nicht einmal allzu wohl. Das sind magere Entschuldigungen, aber findet sie, ich bitte Euch, gut. Immer Euer getreuer

P.S. Bei der Inszenierung der *Aida* in Parma ließ ich das Podest der letzten Szene weiter vorn aufbauen als in Mailand. Das ist ein Irrtum: Wenn das Theater in Padua auch kleiner als die Scala ist, halte ich es für gut, die Entfernungen beizubehalten wie sie in Mailand waren. Man wird den Tempel besser sehen und den Gesang der Liebenden mysteriöser und (erlaubt dies Wort) poetischer finden. Ich habe das der Signora Stolz gesagt, ich habe es Giulio gesagt, ich habe es Magnani und Mastellari gesagt. Ich wiederhole es für Euch und bitte, es so zu machen, weil ich es für die bessere Wirkung halte.

AN VINCENZO TORELLI

St. Agata, 13. September 1872

Lieber Torelli,
Haltet Ihr mich für so verrückt und für so einen geringen Künstler, daß ich, wenn ich die Wahrscheinlichkeit einer guten Aufführung der *Aida* in Rom sähe, nicht sofort mein Einverständnis geben würde?

Ich wiederhole Euch, daß es jetzt zu spät ist, in Rom zu tun, was man in Mailand, Parma und Padua tat.

Ich lasse Mailand und Parma beiseite und will Euch nur von Padua sprechen. Für diese Stadt verlangte ich oder, besser gesagt, ließ ich verlangen:

1. Den und den als Sänger . . . . Ja
2. Den und den als Dirigenten . . . . Ja
3. Für den Chor alle zusätzlichen Chorsänger, die ich auch in Parma beifügen ließ . . . . Ja
4. Den und den als Bühnenbildner . . . . Ja
5. Den und den als Bühnenmeister . . . . Ja
6. Die Requisiten von Parma . . . . Ja
7. Die Kostüme von Parma . . . . Ja
8. Den und den Choreographen der Tänze . . . . Ja
   usw. usw. usw. . . . .

Man tat alles, was ich verlangte, und dann ließ Faccio, stark von mir unterstützt, nach der ersten Probe weiter nichts als die erste Geige, das erste Cello und die erste Flöte auswechseln. Drei prätentiöse alte Herren aus vergangenen Zeiten . . . derlei gibt es überall – hauptsächlich in Rom.

Ich wiederhole, daß es zu spät ist, in Rom etwas Gutes zu machen, und selbst wenn man [gute Leute] *finden* könnte, möchte ich für alles Gold der Welt nicht den *Haß* auf mich laden, *Tizio, Cajo, Sempronio* [Meier, Müller, Schulze] usw. usw. abzulehnen. Wenn man etwas Gutes machen will, muß man am Anfang damit anfangen, und als man *Aida* aufführen wollte, hätte man mich gleich (hier ist der *Anfang*) nach den nötigen Kräften fragen müssen. Es gehört mehr dazu, als von den Zeitungen »*erstes* Theater, *erste* Truppe, *erstes* Orchester, *erste* Chöre, herrliche Inszenierung!!!!!!!« ausposaunen zu lassen. Ich kenne alle diese *ersten* nur zu gut und kenne seit langem Jacovaccis feierliche Phrase: »Ich habe das erste Ensemble der Welt.« Das ist eine Phrase, weiter nichts als eine Phrase.

Als ich den *Trovatore* auf die Bühne brachte (immer mit Jacovaccis Phrase), konnte ich nur zwei gute Sänger bekommen, höchst kümmerliche Chöre, ein schlechtes Orchester, die erbärmlichsten Dekorationen und Kostüme. Als ich mit dem *Ballo in Maschera* kam, hatte ich (immer mit der üblichen Phrase) nur zwei gute Männer, den Rest wie beim *Trovatore*.

Trotz des Erfolges konnte ich nicht umhin, ihm nach der dritten Vorstellung zu sagen: »Siehst du, Hund von einem Impresario, wenn ich ein gutes Ensemble gehabt hätte, was für ein Erfolg [wäre das gewesen]!« Wißt Ihr, was er mir da geantwortet hat? »Eh, eh! Was, was wollt Ihr mehr! Das Theater ist jeden Abend voll. Nächstes Jahr werde ich die guten Frauen finden, so wird die Oper noch einmal gut für das Publikum sein. Dies Jahr eine Hälfte, die andere Hälfte später! . . .« Ihr werdet wohl verstehen, daß der Künstler dieser Antwort eines Krämers nicht beistimmen konnte.

Ihr seid zu intelligent, um nicht zu verstehen, daß ich tausend Gründe habe. Die Zeit wird kommen, wenn diese arme *Aida* den Händen der . . . ausgeliefert werden muß. Aber bis dahin will ich sie, da sie in Neapel gegeben werden muß, noch einmal (ich hoffe es wenigstens) so aufgeführt haben, wie es sich gehört.

AN GIUSEPPE PIROLI

Neapel, 23. November 1872

Lieber Piroli,

Sagt mir, ob es eine Konvention zum Schutz des künstlerischen und literarischen Eigentums zwischen Deutschland und Italien gibt. Es handelt sich darum, *Aida* auf deutsch im großen Theater in Wien zu geben. Ich würde sie dort inszenieren und möchte wissen, ob ich nach unseren Gesetzen zu den sogenannten *droits d'auteurs* berechtigt bin.

Ihr werdet gehört haben, daß das hiesige Theater zugrunde geht. Das ist ganz natürlich . . . Wißt Ihr, warum? Weil der Zuschuß von 250000 Lire, den die Stadtverwaltung gibt, nicht einmal für die ersten Ausgaben genügt; und wenn ein kleines Unglück passiert (wie die Krankheit der Stolz), steht der arme Impresario Kopf. Bei der Schlußabrechnung, wenn die Impresa Chor und Orchester und die 40- oder 50000 Lire (weiter nichts!) an Steuern an die Regierung bezahlt hat, bleiben ihr von dem Zuschuß nur etwa 30000 Lire übrig!!! Nun frage ich Euch, ob man allein mit den Einnahmen und 30000 Lire alle Künstler, das Ballett, Dekorationen, Technik usw. usw., Kostüme, Inszenierungen von drei großen Balletten (das erste allein kostet 80000) und fünf Opern, darunter ein paar höchst kostspielige, wie *Don Carlos* und *Aida*, bezahlen kann? – O, die Regierung hat recht viel Schuld! Die

Künste in Italien verkommen zu lassen, ist wie die Sonne zu verdunkeln! So viel macht das aus! Die Regierung hätte wenigstens konsequent sein und alle Künste verkommen lassen sollen, wie sie die Musik verkommen ließ! ... Warum gibt sie Geld aus für Akademien für Zeichnung und Malerei usw. usw.? Es wäre besser, diesem Volk, das *hauptsächlich, in hohem Grade* stets ein künstlerisches sein wird, einen tüchtigen Schlag zu versetzen, um es zu einem nichtssagenden Volk von Schwätzern und am Ende auch von Dummköpfen zu machen! ...

Verzeiht; und möge Gott unsere Regierenden besser erleuchten ... um es wenigstens, wenn nicht anders, schlechter zu machen ... um uns Hungers sterben zu lassen. ... Wir sind auf dem besten Wege dazu! ... Aber Ihr, werdet Ihr sagen, Ihr sterbt doch nicht Hungers? ... O nein! Aber Gott weiß, daß ich das bestimmt nicht der Regierung zu danken habe, die ich glücklicherweise nicht brauche. Nein, nein, ich danke ihr gar nichts. ... Aber nein ... ich danke ihr ein paar *Kreuze* und ein paar Säbelhiebe, die mir aber nicht geschadet haben! ... Addio!

G. Verdi

AN TITO RICORDI

Neapel, 3. Januar 1873

Lieber Tito,

Wenn die Wiener Angelegenheit für Dich mager ist, so ist sie für mich bestimmt ein Knochen, und ein ziemlich harter Knochen zu nagen. Ich füge noch hinzu, daß, wenn »die ursprüngliche Idee (wie Du schreibst), *Aida* auf deutsch zu geben, Giulios war« usw. ..., dann wird die Geschichte zu demütigend und wenig würdevoll, weil wir es waren, die den Herren *Aida* angeboten hätten und nicht sie, die sich darum bemühten.

Ich will nicht mehr lange auf die Frage der *Droits d'auteurs* zurückkommen. Ich verstehe sehr wohl, daß sie Dir nicht behagen können, weil ich sie verlangen würde, wie es mir zusteht, und Du nur einen kleinen Anteil an den Leihgebühren und dem Druck hättest, der, wie Du sagst, so wenig bringt, daß Dein Gewinn gering wäre.

Von dem Ruhm und der sogenannten *gerechten Sache*, von der Du am Ende Deines Briefes sprichst, laß uns um Himmels willen nicht reden. – Du siehst, wie ich von der Presse in all diesen Jahren behandelt worden bin, in denen ich mir so viel Mühe gemacht, Geld ausgegeben und sehr viele Strapazen ertragen habe! Blöde Kritiken und noch blödere Lobhudeleien; keine einzige Idee von künstlerischem Niveau; nicht einer, der meine Absichten hätte begreifen wollen ... Albernes Zeug und Torheiten die ganze Zeit und hinter dem allen eine gewisse, ich weiß nicht was – Mißgunst gegen mich, als hätte ich ein Verbrechen begangen, indem ich *Aida* schrieb und gut aufführen ließ. Nicht einer schließlich, der wenigstens die konkrete Tatsache einer ungewöhnlichen Aufführung und Inszenierung begriffen hätte. Nicht einer, der mir gesagt hätte »Hund, ich danke dir«; und Du wirst Dich entsinnen, wie ich bei der Abreise von Mailand mit dem Bürgermeister und der Direktion des Theaters verblieb.

Sprechen wir also nicht mehr von dieser *Aida*, die, wenn sie mir auch einen Haufen Geld eingebracht hat, mir andererseits unendlichen Ärger und sehr große künstlerische Enttäuschungen bereitet hat! Hätte ich sie nie geschrieben oder hätte ich sie nie veröffentlicht! Wenn sie nach den ersten Vorstellungen in meiner Mappe geblieben wäre und ich sie nur unter meiner Leitung hätte aufführen lassen, wann und wo es mir gefiel, dann wäre sie nicht so eine Weide für böswillige Neugierde und die Analysen Eurer Kritiker und stümperhafter Lehrer gewesen, die von der Musik nur die Grammatik kennen, und auch die nur schlecht. Die Spekulation hätte etwas verloren, aber die Kunst unendlich gewonnen.

Addio also und getreu   herzlichst G. Verdi

Der österreichische Dirigent und Komponist Johann Herbeck (1831–1877), von dem Verdi im folgenden Brief als dem »großen Direktor« spricht, war von 1870 bis 1875 Direktor des kk Hof-Operntheaters in Wien, wo er am 29. April 1874 die erste deutschsprachige Aufführung von ›Aida‹ in Österreich dirigierte.

AN LÉON ESCUDIER

Neapel, 18. Januar 1873

Was zum Teufel läßt Euch behaupten, ich hätte einen Brief vom Kaiser von Österreich bekommen, um in Wien die *Aida* zu inszenieren!! Das ist zu stark!! Viel zu stark, und es wäre gut, es zu dementieren.

Hier ist die Geschichte, wie sie war: Die Direktion des Theaters in Wien (Herbeck kam, um *Aida* in Mailand und, ich glaube, auch in Parma und Padua zu hören) hat seit sechs oder sieben Monaten Ricordi sehr nachdrücklich gebeten, *Aida* auf deutsch zu geben, und auch gebeten, daß ich mich nach Wien begäbe, um die Oper zu inszenieren und an den ersten drei, vier Abenden zu dirigieren. Zuerst wollte man die Oper in der Karnevalszeit geben, aber mit meiner Verpflichtung in Neapel war es mir unmöglich, nach Wien zu gehen. Die dortige Direktion erbat die Oper daraufhin für das Frühjahr, was mir nicht gefiel, weil die Aufführung zur Zeit der Ausstellung stattgefunden hätte. Trotzdem liefen die Verhandlungen immer weiter, und Ricordi schickte eigens Faccio nach Wien, um das Theater zu prüfen und zu sehen, ob es dort geeignete Kräfte für die Aufführung der *Aida* gäbe. Nachdem ich alles erwogen und berechnet hatte, sagte ich schließlich Ricordi, daß ich nicht nach Wien gehen würde; und Ricordi hielt es für gut, die Oper ohne meine Mitwirkung nicht zu geben. Das ist die ganze wahre Wahrheit! – Niemand hat mir direkt geschrieben. Ich habe der Direktion in Wien nichts aufgedrängt, aber die Direktion selbst hat die Oper und meine Mitwirkung verlangt. Das ist alles. Was mich bei all dem freut, ist, daß sie dort (wo sie einen großen Direktor haben) verstehen, daß die Mitwirkung des Autors der Interpretation und dem Erfolg der Oper nützen kann. Recht verschieden von Euch Franzosen, die Ihr glaubt, daß jeder armselige Musiker eine Oper interpretieren kann. Das ist der Grund, warum meine Opern niemals [in Frankreich richtig] aufgeführt worden sind und auch niemals sein werden (Ihr könnt das Halanzier im Hinblick auf die *Aida* sagen), solange Ihr diese verdrehten Ideen und diese Dummköpfe von Direktoren habt.

Um nicht zwei Rechnungen zu machen, warte ich, bis Peragallo Euch das Geld der *Droits* von der Provinz gibt; dann machen wir nur eine Rechnung und nur eine Sendung.

Addio, addio. Grüße an alle auch im Namen Peppinas. Immer

Euer getreuer G. Verdi

AN OPPRANDINO ARRIVABENE

St. Agata, 16. April 1873

Lieber Arrivabene,

Ich habe Deinen sehr lieben Brief fast gleich nach der Rückkehr nach St. Agata erhalten und will auf alle Deine Fragen antworten.

Ich habe in Stunden der Muße in Neapel wirklich ein Quartett geschrieben. Ich habe es eines Abends zu Hause aufführen lassen, ohne ihm die geringste Bedeutung beizumessen und ohne viele einzuladen. Anwesend waren nur sechs oder sieben Menschen, die gewöhnlich zu mir kommen. Ob das Quartett schön oder häßlich ist, weiß ich nicht . . . ich weiß aber, daß es ein Quartett ist!

Wer immer Dir einen so spröden Bericht über die Aufführung der *Aida* in Neapel gab, hat Dir nicht die Wahrheit gesagt. Nichts ist vollkommen, aber diese Aufführung war im ganzen besser als die in Mailand und Parma. *Orchester* den beiden anderen überlegen. *Chor* nur dem Mailänder unterlegen. *Kostüme* wie in Mailand und besser als Parma. *Bühnenbild, Requisiten, Technik* wie in Parma. Das Sängerensemble ist fast immer das gleiche. Alles in allem mehr Leben und größere Wirkung. Du irrst Dich, wenn Du an die beträchtlichen Ausgaben für die Soße dieser Partitur glaubst. Vor allem bleibt zu entscheiden, ob sie nur eine Soße ist und ob es in den früheren Opern einen *Braten* gab. So bleibt auch der Verdienst dieser oder jener Sänger festzustellen, und was man unter *Melodie*, unter *Harmonie* usw. versteht und unter all dem anderen Scheißkram, der keinerlei Bedeutung hat. Wenn Dir z. B. einer sagen sollte, daß die Alten nicht gewußt hätten, was *Melodie* ist, und allen voran Palestrina; daß es im *Barbiere di Siviglia* außer »Ecco ridente in cielo« keine Melodie gebe . . . Solfeggien ja, Melodie nein . . . würdest Du das für eine große Lästerung halten? . . . Aber um auf diese angeblichen Kosten für die jetzigen Partituren zurückzukommen: die *Forza del Destino* wurde in diesem Karneval auch an den kleineren Bühnen aufgeführt: Kannst Du Dir vorstellen, daß *Bari* und *Piacenza* usw. . . . große Ausgaben machen könnten?

Lassen wir den Dingen also ihren Lauf. So schlimm wird's schon nicht sein.

Ponchielli kenne ich weder als Komponisten noch als Menschen . . .

Peppina läßt Dich grüßen. Ich drücke Dir die Hände und bleibe stets herzlichst

G. Verdi

Am 22. Mai 1873 war in Mailand der Dichter Alessandro Manzoni (1785–1873), den Verdi zutiefst verehrte, gestorben. Die folgenden Zeilen sprechen zum ersten Mal den Gedanken an das ›Requiem‹ aus.

AN GIULIO RICORDI

St. Agata, 23. Mai 1873

Lieber Giulio,
Ich bin tief betroffen vom Tod unseres Großen! Aber ich komme morgen nicht nach Mailand, weil ich es nicht übers Herz brächte, an seinem Begräbnis teilzunehmen. Ich werde bald sein Grab besuchen, allein und ohne gesehen zu werden. Und vielleicht werde ich nach weiterem Nachdenken und nachdem ich meine Kräfte eingeschätzt habe, etwas vorschlagen, um sein Andenken zu ehren.
Bewahrt das Geheimnis und sagt kein Wort von meinem Besuch, weil es mir so peinlich ist, wenn die Zeitungen von mir berichten und mich sagen und tun lassen, was ich gar nicht sage und tue. Grüßt Clarina . . . addio.

G. Verdi

AN GIULIO RICORDI

Mailand, 3. Juni 1873

Lieber Giulio,
Auch ich möchte bezeugen, wieviel Liebe und Verehrung ich jenem Großen entgegenbrachte und entgegenbringe, der nicht mehr ist und den Mailand so würdig geehrt hat.
Ich möchte eine Totenmesse komponieren, die im nächsten Jahr an seinem Todestag aufgeführt werden soll.
Die Messe soll von ziemlich großem Umfang sein, und neben einem großen Orchester und einem großen Chor würden auch (jetzt kann ich das noch nicht genau sagen) vier oder fünf Solosänger gebraucht.
Glaubt Ihr, daß die Stadtverwaltung die Kosten der Aufführung übernehmen würde? Die Kopien der Noten würde ich auf meine Kosten machen, und ich selber würde die Aufführung sowohl in den Proben wie in der Kirche dirigieren.
Wenn Ihr die Sache für möglich haltet, sprecht mit dem Bürgermeister darüber; gebt mir schnellstens Antwort, denn Ihr könnt diesen Brief als verbindlich ansehen. . .
Addio

Euer G. Verdi

Paris, 6. September 1873

Lieber Giulio,
Ihr wollt scherzen, wenn Ihr sagt: »Armes Mailand und arme
Scala, wenn Sie sie verlassen und warum?« *Warum* sagt Ihr
warum?
Niemand ist notwendig in der Welt, und wenn die Scala so
lange ohne mich gewesen ist, kann sie auch noch ohne mich
weitermachen, und das wird nur besser sein!
Was die *Aida* betrifft, bin ich dafür, sie jetzt populär zu
machen. Nach fünf Erfolgen scheint mir die Strenge jetzt
allzugroß. Man darf die Dinge nie *übertreiben*. Und jetzt
könnten Eure Forderungen, wenn sie überspannt sind, zu
Übertreibungen werden. Die Szenen, die es in Triest gab,
waren nicht schön. Seid darum jetzt etwas nachgiebiger mit
Aida, laßt sie aufführen, wo es Euch am besten scheint (jedoch
mit einigen unvermeidlichen Vorsichtsmaßnahmen), und an
vielen Bühnen gleichzeitig. Wenn sie an einem Ort durchfällt,
steht sie an einem anderen wieder auf, wie es im vergangenen
Karneval mit der *Forza* geschah. Z. B. gebt *Aida* ruhig in
Mailand und Neapel (und wißt, daß ich nicht an zwei Erfolge
glaube), aber gebt sie an weiteren drei oder vier Bühnen. Es ist
recht, daß danach Florenz kommt usw. usw. . . . Macht es
also leichter (bis zu einem gewissen Punkt) und *tyrannisiert*
diese armen Impresarios nicht zu sehr, die schon nicht mehr
wissen, wo ihnen der Kopf steht.

Kommen wir jetzt zur Geschichte der *Messa* und Waldmann,
an deren Mitwirkung mir außerordentlich liegt. Ohne sie
wäre ich gezwungen, nicht für eine Altistin zu schreiben (ich
traue den anderen nicht), und es wäre schlimm, in einer
wichtigen Arbeit kein vollständiges Vokal*quartett* zu
haben.

Die Stolz ist seit mehreren Tagen in Mailand, denn ich habe
einen Brief von ihr, der am 31. August in Mailand datiert ist.
Als ich die Geschichte von Florenz erfuhr, schrieb ich ihr mit
der Bitte, den dortigen Vertrag anzunehmen. Falls sie sich
entschließen sollte, ihn anzunehmen, habe ich sie auch gebeten, es so zu machen, daß sie für die Zeit der *Messa* frei ist, daß
mit ihr auch die Waldmann frei ist, und daß alle beide am 8.

Mai in Mailand sind. – Die Impresarios verstehen nie das Geringste (und darum haben sie so viele Fiaskos) und der Vorschlag der 10 Tage für Proben und Aufführung ist eine wirkliche Dummheit! Ich habe der Signora Stolz geschrieben, die Dinge so einzurichten, daß sie am 8. Mai in Mailand ist. Ich hoffe, sie wird dabei fest bleiben. Auch Ihr müßt ihr helfen, denn wenn es nicht um die *Aida* geht, so geht es um eine Sache von gleicher und vielleicht größerer Bedeutung . . . Ich lege Euch das sehr ans Herz, schreibt mir sofort. Addio.   Euer G. Verdi

P.S. Beachtet, daß ich in dieser Angelegenheit in keiner Weise mit den *Ronzis* genannt zu werden wünsche.

Ich erhalte einen Brief vom Präsidenten [des Theaters] in Triest, der mich zur *Premiere der Aida* einlädt!!! Gott im Himmel, gelte ich denn als ein Scharlatan, ein Bajazzo, der sich gern zur Schau stellt wie ein *Tom Thumb*, eine *Miss Baba*, ein *Orang-Utan* oder was noch!! Ich Armer! Ich Armer!

Impresarios und Direktionen verstehen noch immer nicht, daß ich bei *Aida* deshalb dreimal mitgewirkt habe, weil ich sicher war, sie besser aufführen zu lassen, als es die anderen konnten. So viele Leute glauben (das ist eine alte *blague*, mit der aufgeräumt werden sollte), daß es Menschen gibt, die besser interpretieren und ausführen können, als der Autor es vermag. Dummköpfe sind das alle tausendmal! . . . Bei Gott, für mein Teil habe ich noch niemals Wirkungen gefunden, die ich mir nicht vorgestellt hatte!! . . . Verflucht sei das Theater!

Du Locle war seit Ende Januar alleiniger Direktor der Opéra-Comique, die Verdi – im Gegensatz zur Opéra, »la grande boutique« dem großen Laden – »la petite boutique«, den kleinen Laden, nannte.

AN CAMILLE DU LOCLE

Genua, 28. Februar 1874

Ich grüße und ziehe tief den Hut vor dem einen und einzigen Tyrannen und Despoten der *Petite Boutique*; wobei ich mir vorbehalte, mich auf die Knie zu werfen, wenn Ihr Zar und Sultan *de la Grande* sein werdet . . . Ihr sagt mir nichts von der Carvalho! Was ist passiert! Ist das ein Betrug, den sie an Euch begangen hat, oder ist das üblich? Genug, wie immer es sei, ich wünsche Euch Glück, Ruhe und vor allem, daß Eure Wünsche in Erfüllung gehen mögen.

Ich arbeite an meiner *Messa* und wirklich mit großer Freude. Mir scheint, daß ich ein ernster Mensch geworden und nicht mehr der Bajazzo des Publikums bin, der Tambour und große Trommel rührt und »herein, herein, hereinspaziert usw.« schreit. Ihr werdet verstehen, daß mein Gewissen sich empört, wenn ich jetzt von Opern reden höre, und ich mich ganz schnell bekreuzige!! Was sagt Ihr dazu? . . . Seid Ihr nicht erbaut von mir?

Aber hört, es ist wahrscheinlich, daß ich auch in diesem Jahr nach der *Messa* eine Fahrt nach Paris mache, das heißt zu Ende Mai . . . Warum nicht? . . . Wer weiß! . . .

AN OPPRANDINO ARRIVABENE

Genua, 7. März 1874

Liebster Arrivabene,

Ich schreibe und verstehe nichts anderes als Noten, und darum habe ich Dir keine Worte geschrieben.

Du willst über Gobatti und Ponchielli hören? Nun gut, ich werde Dir offen meine Meinung sagen und . . . ich glaube, daß niemand gewissenhaft sagen kann, was eines Tages aus Gobatti werden wird. Er schreibt heute eine Sprache, die er absolut nicht kennt, und selbst wenn er die schönsten Ideen der Welt hätte, könnte er sie ohne größere melodische, harmonische, poetische und literarische Kenntnisse niemals zum Ausdruck bringen. Und siehst Du, was mich z. B. am meisten erschreckt, ist jener Zusammenstoß zwischen Note und Wort in seinen *Goti*. Ponchielli versteht etwas von Musik, aber seiner Oper mangelt es an Individualität, und – ohne von dem fehlenden Zusammenhang zwischen seiner Musik von vor 16 [Jahren] und seiner neuen zu sprechen – es ist schlimm, daß seine alte wie seine neue Musik älter ist als ihre Zeit! Verstehst Du, was ich sagen will? Wird er in der neuen Oper, die morgen aufgeführt wird, jene *Individualität* gefunden haben, die sagt »diese Musik wurde nicht gestern geschrieben«? . . . Wir werden sehen!! Was mich betrifft, ist nichts von dem wahr, was der *Monitore* schreibt.

Ich habe niemals und *niemand* hat jemals einen Pfennig für die Aufführung meiner Opern ausgegeben. Meine Oper *Oberto* sollte im Frühjahr 1839 zugunsten des Pio Istituto

Filarmonico gegeben werden. Die Sänger sollten *Peppina* [Strepponi], *Ronconi, Moriani* sein; die Rollen waren schon verteilt, als Moriani schwer erkrankte und nicht mehr sang. Nach der Saison kam eines schönen Morgens ein Theaterdiener mit der Mitteilung zu mir, daß Merelli mich sprechen wolle. Ich hatte nie mit Merelli gesprochen und glaubte, daß die Einladung ein Mißverständnis sei, ging aber trotzdem. Merelli sagte mir wörtlich: »Ich habe die Strepponi und Ronconi gut von Eurer Oper sprechen gehört; wenn Ihr sie der Marini, Salvi usw. anpassen wollt, lasse ich sie aufführen, ohne daß es Euch das Geringste kostet. Wenn die Oper gefällt, verkaufen wir sie und teilen den Erlös; wenn sie nicht gefällt, dann haben wir eben Pech gehabt!« Gut, und so war es . . .

Nach dem *Oberto* schloß ich mit Merelli einen Vertrag für drei Opern zu je viertausend österreichischen Lire. Die erste war der *Giorno di Regno*, der mir trotz seines Fiaskos pünktlich ohne die geringste Schikane bezahlt wurde. Ich selber wollte den Vertrag für die beiden anderen Opern kündigen, aber Merelli sagte, »das ist eine schlechte Laune, die vorübergehen wird, und wenn Du komponieren willst, bleibt dieser Vertrag bestehen«. Er selbst zwang mich buchstäblich viele Monate später, das *Nabucco*-Libretto zu lesen und zu behalten. Lessona, dem ich diese Geschichte selber eines Abends auf einem Spaziergang durch die Hügel von Tabiano erzählte, berichtet ausführlich davon in seinem Buch *Volere e potere!*

Es gab nicht die geringste Schwierigkeit, diesen *Nabucco* aufzuführen, wie oft gesagt worden ist; nur hätte Merelli diese Oper lieber im Frühjahr als im Karneval gegeben, weil er im Karneval *La Padilla* – extra von *Donizetti* geschrieben – hatte; dazu noch eine andere extra von *Nini* geschriebene Oper, und schließlich noch die *Saffo*, die für Mailand neu war. Angesichts dieser drei neuen Opern war die meine gewiß nicht nötig; trotzdem blieb ich fest und setzte mich durch. Seit dem *Nabucco* habe ich immer so viele Verträge gehabt, wie ich wollte, und während der zweiten Vorstellung tanzte Merelli in Peppinas Garderobe mit einem von ihm bereits unterschriebenen Vertrag herein, in dem lediglich die Ziffer des Honorars fehlte, die ich selber hineinschrieb. Die Oper war *I Lombardi* . . .

Hier hast Du meine wahre, wahre, wahre Geschichte. Damit auf Wiedersehen auch in Peppinas Namen. Herzlichst

G. Verdi

AN TITO RICORDI

Genua, 8. März 1874

Lieber Tito,

Ich beabsichtige ganz und gar nicht, die Affäre von Neapel hingehen zu lassen.

Es konnte für Clausetti keine Überraschung sein, daß *Aida* an mehreren Abenden verstümmelt wurde.

Auf jeden Fall liegt die Schuld entweder bei Clausetti oder Musella. Sie muß mit einem ordentlichen *Prozeß* vergolten werden; das verlange ich *formell* als *Autor* des *Hauses Ricordi.*

Es ist für mich keine Geldangelegenheit, es geht um die Würde der Kunst. Hätte ich mich so sehr um das Geld gekümmert, dann würde mich niemand gehindert haben, nach der *Traviata* alljährlich bei höchsten Einkünften eine Oper zu schreiben; stattdessen habe ich seit jener Zeit – *es ist 21 Jahre her!* – das Theater so gut wie verlassen, denn ich habe nur noch zwei Opern für Italien geschrieben.

Wenn ich es vor vier Jahren über mich gebracht habe, für *Forza del Destino* nach Mailand zu kommen, war es wiederum um der Kunst willen. Ich wußte, daß die Scala seit vielen, vielen Jahren die Opern furchtbar schlecht ausführte und aufführte (ich sah das selbst eines Abends bei *Don Carlos*); daraufhin sagte ich mir, verzeih' die Eitelkeit, »versuchen wir mal, ob es einem gelingen kann, eine des Theaters würdige Vorstellung zustande zu bringen«, und beschloß, nach Mailand zu gehen, um die *Forza* zu inszenieren.

Damals schien es ein Resultat zu geben, aber ich hätte es nicht für möglich gehalten, daß ich mit allen möglichen Sticheleien dafür bezahlen mußte... Es macht nichts! Kommen wir wieder zur Sache. Ich wiederhole, daß die *Aida*-Affäre in Neapel ein Verbrechen an der Kunst ist und bestraft werden muß! – Verlier also keine Zeit und erhebe sofort scharfen Protest. Addio, addio.

Herzlichst G. Verdi

Genua, 30. März 1874

Lieber Tito,

Heute schicke ich Dir mit der Post einen großen Teil der *Messa*, das heißt das *Requiem*, und den ganzen *Dies irae*.

Morgen werde ich von 3 bis 5 Uhr nachmittags in Piacenza sein. Schicke mir ein Telegramm postlagernd an den dortigen Bahnhof, um mir zu bestätigen, daß Du das Notenpaket erhalten hast.

Am selben Abend werde ich in St. Agata sein. Donnerstag gehe ich nach Cremona, und von Cremona aus komme ich am selben Tag nachmittags um 5.30 Uhr in Mailand an. Sage Giulio, daß ich mich abends in Mailand aufhalten könnte, wenn es etwas zu tun, etwas zu besprechen gibt, und daß man von 5.30 Uhr bis Mitternacht alles machen kann, was man will.

Wenn es nichts gibt, fahre ich mit dem Zug um 6.45 Uhr gleich nach Genua. –

Ist das klar?

Auf jeden Fall bleibe ich am Donnerstag bis etwa 11 Uhr früh in St. Agata. Dies zu Deiner Kenntnisnahme. –

In Eile addio, addio.
G. Verdi

P.S. Eben erhalte ich ein Telegramm von Giulio und höre mit Freude vom Erfolg der *Lituani*. Ich gratuliere Dir und Ponchielli.

St. Agata, 26. April 1874

Lieber Giulio,

Wie? Ihr habt mit den Chorproben noch immer nicht angefangen? O, Ihr habt ein bißchen zu viel Zuversicht! Es kann noch so leicht sein, und doch gibt es *Nuancen*, den Ausdruck und vor allem den *Charakter* betreffend, die nicht so ganz leicht sind. Ihr werdet besser als ich verstehen, daß diese Messe nicht wie eine Oper gesungen werden darf; folglich werden mich Färbungen, die im Theater gut sein können, ganz und gar nicht befriedigen. Das Gleiche gilt für die Akzente usw. usw. Dazu kommt immer die Schwierigkeit mit den großen Ensembles. Und Ihr sagt mir nicht einmal ein Wort über die Aufstellung des Orchesters, nichts über die Änderungen, die ich vorgeschlagen habe? Verliert keine Zeit und wartet nicht bis zum letzten Augenblick; es wird da sehr,

sehr viel zu tun geben. Seid nicht leichtsinnig! Ihr werdet merken, daß wir auf Schwierigkeiten stoßen werden, die zur Zeit nicht zu sehen sind. Ich bitte Euch nochmals und wärmstens: Beschäftigt Euch ernstlich mit dieser armen Messe und – nehmt es mir nicht übel – mehr, als es bis jetzt der Fall gewesen ist. Es kann durchaus sein, daß sich der Aufwand nicht lohnt, aber wir haben damit angefangen und müssen hindurch. Am 22. wird alles vorbei sein. Mut!...

Die Waldmann, zu dieser Stunde werdet Ihr es wissen, ist im [Hotel] Europa.

Ich rechnete damit, mit den Sängern am 1. Mai zu beginnen, aber wir werden am Samstagabend anfangen. Ich werde am gleichen Samstag um *5.30 Uhr* in Mailand sein. Bestellt die vier Sänger pünktlich auf *8* Uhr in den Saal, den die Stadtverwaltung bestimmen wird. Wenn Capponi bis Samstag nicht in Mailand ist, fangen wir ebenso an, und trotzdem nicht allzu spät.

Ich wünsche, daß Ihr die Partien nicht vorher verteilt. Der Samstagabend wird nur dazu bestimmt sein, [die Sänger] ihre Partien hören zu lassen, ohne daß sie sie singen ... Vielleicht wird es darum sogar besser sein, zuerst die Männer auf *8* einzuladen und dann die Damen auf *9*. Aber davon sprechen wir noch.–

Ich bat Euch, die Partien nicht zu verteilen; wenn Maini (den ich für sehr eigensinnig halte) Euch darum bittet, könnt Ihr ihm die seine geben. Aber gebt weder der *Stolz* noch der *Waldmann* ihre Partien: Ich habe Angst, daß ein paar Fehler im Text sind.

Bestellt also, wenn möglich, die üblichen Zimmer für Samstag um fünf. Für die ersten Tage werde ich jedoch nur ein einzelnes Schlafzimmer brauchen, weil Peppina sich ein paar Tage lang bei ihrer Schwester in Cremona aufhalten wird, der es nicht gut geht. Addio.

G. Verdi

Zu Euerer Kenntnisnahme: Ich bin bis acht Uhr am Samstag hier.

AN GIULIO RICORDI

Genua, 5. März 1875

Lieber Giulio,

Euer Brief (von den Komplimenten abgesehen) ist wunder-

schön, beredsam, dringlich, und könnte überzeugend sein,
wenn ich in diesem Fall zu überzeugen wäre. Es ist nicht eine
Frage der Zeit: sieben Monate, ein Jahr, zwei Jahre können zu
viel sein; wie sie auch genug sein können. Was mich betrifft,
möchte ich keinerlei Absicht äußern, zu schreiben oder nicht
mehr zu schreiben; aber es ist sicher, daß ich es niemals mehr
zu einem festgesetzten Zeitpunkt tun werde, selbst wenn ich
[noch] zwanzig Jahre vor mir hätte.

Ich kenne die Verhältnisse Eurer Theater sehr gut und verstehe, daß sie sich seit einiger Zeit auf dem Abstieg befinden
und durch die übertriebenen Kosten für die Inszenierungen
und die Künstler und durch die hohen Ansprüche des Publikums ruiniert werden können. Aber was kann ich da tun? –
Wenn ich jung wäre, würde ich dem Theater eine andere
Richtung geben, aber dazu bedürfte es wirklich eines jungen
Menschen – eines jungen Menschen, der stark und seiner
sicher ist und der *keine Angst hat*! Ihr wißt, vor wem und vor
was! ... Ich sagte Euch vor ein paar Tagen, daß alle heutigen
Kompositionen *Produkte der Angst* sind. Alle haben Angst,
selbst das Publikum ... Aber überlassen wir denen die Angst,
die sie haben, und fassen wir zusammen:

Das Zaudern ist das schlechteste aller Dinge, und darum ratet
(mit meinem Dank) dem Bürgermeister, der Kommission, der
Intendanz, Faccio und allen, nicht an mich zu denken, [und]
die Idee aufzugeben, *Don Carlos* oder *Vespri* oder *Boccanegra*
zu geben. Sagt der Intendanz, daß sie keine Lieblingsstücke
im Repertoire habe und die Langeweile dieses Jahres vermeiden solle. (Im Theater ist ein Fiasko besser als Langeweile),
und Ihr werdet sehen, daß die Dinge noch gut gehen
können.

Ich habe Euren Brief erhalten und telegrafisch geantwortet,
daß mir der 8. Mai in London recht ist; aber ich bedauere, daß
die Dinge für Wien zu spät gehen usw. usw.

Addio und getreu.

Herzlichst Euer G. Verdi

Mauro Corticelli, angeblich in Bologna gebürtig und dort eine Zeitlang
Theateragent, war einer der ältesten Freunde von Giuseppina Strepponi
Verdi, ein beleibtes, vollblütiges Original. Von 1859 bis 1867 war er
Sekretär der berühmten italienischen Schauspielerin Adelaide Ristori
und begleitete sie auf ihren Tourneen durch Europa, Rußland, Ägypten

und Amerika. 1867 wurde er Verdis Verwalter in St. Agata, das er, ein großer Schürzenjäger, nach einer Affäre mit der Köchin zwölf Jahre später verließ. Ein Selbstmordversuch in Mailand mißlang. Giuseppina Verdi kam ihm mit Teresa Stolz zu Hilfe, aber Corticelli überlebte die Tragödie wohl nicht lang genug, sich in Verdis ›Falstaff‹ verewigt zu finden.

AN MAURO CORTICELLI

Mailand, 10. April 1875

Ich bitte nochmals, auf alles zu achten. Ich wiederhole Dir zum tausendsten Mal: Es genügt nicht, »zu befehlen«, wie Du es tust, sondern Du mußt so »befehlen«, daß man Dich versteht, und dann aufpassen und nachsehen, ob die gegebenen Befehle auch ausgeführt werden. Das ist die einzige Art, etwas zu erreichen. Aber das ist nicht nur in St. Agata, sondern überall und in allen Dingen der Fall.

Ich bitte auch nochmals, daß das jüngste Fohlen ständig angebunden wird und ihm nie erlaubt wird, in Galopp zu fallen.

Es soll auch in ruhigem und langsamem Trab gehen, aber immer nur im Trab. Ihr werdet sehen, daß es nächstes Jahr schnell werden wird, vielleicht ebenso wie das andere. Und was dies andere betrifft, paßt auf, daß es keine schlechte Gewohnheit bekommt. Es ist ein Pferd, das sich sehr stark fühlt, und da es auch flink ist, könnte ihm leicht etwas Schlimmes zustoßen.

Wache schließlich über alles. Laß keine anderen Herren zu und traue niemand.

AN GIUSEPPE PIROLI

St. Agata, 4. August 1875

Ich schreibe Euch mit der Bitte, mir in einer Sache beizustehen, die mir ans Leben geht. In Ferrara hat ein Mörder von einem Blaskapellmeister die *Messa* für Manzoni für grobe militärische Instrumente arrangiert und öffentlich in einer Arena aufführen lassen! Könnt Ihr Euch eine größere Abscheulichkeit vorstellen? Eine Totenmesse – für *Blaskapelle* – in einer *Arena*!! . . .

Da gibt es noch mehr: in Bologna drohen sie, die *Messa* öffentlich mit Gesang, Chor und Klavieren aufzuführen!! Man hat das Rathaus verständigt, das antwortet, es wisse nicht, ob der Artikel 15 des Gesetzes eine solche Aufführung verbietet, und daß es das Ministerium davon unterrichten wird. Aber dieser Artikel verlangt die Veröffentlichung der *vollständigen Komposition*. Nun ist ein Arrangement für Klavier nicht meine Komposition und ist auch nicht die *vollständige Komposition*.

Was sagt Ihr dazu?

Wollt Ihr in meinem Namen an zuständiger Stelle ein Wort sagen?

Ist es denn wirklich nicht möglich, sich vor diesen Wucherern zu retten, die unser Blut saugen und uns so barbarisch verstümmelt dem Publikum vorsetzen?

Und dann können andere über das verfügen, was mir gehört, was die Frucht meiner Studien und meines Talentes, wie groß es auch sein mag, ist! Das ist eine absolute Infamie und eine Entwürdigung . . .

Addio. Schreibt mir. Verzeiht die Belästigung und nochmals addio.

AN TITO RICORDI

Genua, 2. September 1875

Lieber Tito,

Hier hast Du, was man mir aus Rom über die *Messa* schreibt: »Die Stadtverwaltung von Bologna hat sich in dieser Angelegenheit mit der Bitte um Rat an den Minister gewandt. Dem Minister schien die Frage zweifelhaft, da es sich um eine Komposition zum Zwecke öffentlicher Vorstellung handelt und diese vollständig gedruckt in Form eines die Gesangsstimmen enthaltenden Klavierauszuges veröffentlicht wurde. Er konsultierte den Staatsrat, der, da es sich um eine Kompetenzfrage der Gerichte handelt, der Ansicht war, daß der Minister sie in keiner Weise beurteilen könne . . . In seiner Antwort an die Stadtverwaltung hat der Minister ihr die ihm durch diesen Entscheid auferlegte Zurückhaltung mitgeteilt, hat jedoch nicht verschwiegen, daß es in einem sehr ähnlichen Fall ein Urteil gab, demzufolge die Interpreten einer Opernkomposition, die der Zustimmung des Autors nicht zu bedürfen glaubten, bestraft worden sind.«

Weiterhin schreibt man mir: »Ich habe die verschiedenen Proteste gelesen . . . Auf jeden Fall hätte ich Ricordi geraten (und vielleicht haben Sie das getan), nicht nur Protest zu erheben, sondern den Impresario ohne weiteres vor Gericht zu ziehen, damit er die Aufführung unterläßt.«

Nun frage ich: Was habt Ihr getan? Ich höre nichts mehr davon und es scheint mir, daß Ihr gar nichts tut! Das Haus Ricordi hat diese Sache von Anfang an nachlässig behandelt und will sie jetzt wohl in Vergessenheit geraten lassen. Aber Ihr müßt wissen, daß dies nicht meine Absicht ist und daß ich darauf bestehe, meine Rechte respektiert zu sehen. Ich habe Euch immer gebeten, energisch zu handeln, und bis jetzt habt Ihr nichts getan!

Und was habt Ihr in Sachen Ferrara getan? . .

Schreibt mir und adressiert nach Busseto, wo ich Freitag abend sein werde. Giulio schrieb mir, es handle sich um eine Eboli-Arie! Ich habe alle Achtung und Freundschaft für die Waldmann, und niemand kann mehr als ich wünschen, ihr entgegenzukommen, aber der Verleger hat kein Recht, ein Stück aus *Don Carlos* herauszunehmen.

Schreibt mir und sagt mir, wie die Dinge laufen, denn bis jetzt bin ich mit der Weise, in der sie behandelt werden, wenig zufrieden. Addio.

G. Verdi

P.S. In dem Brief aus Rom steht auch diese Meinung: »Ich bin der Ansicht, daß die öffentliche Aufführung der *Messa* mit anderen Mitteln als denen des Autors zum Zwecke öffentlicher Vorstellung eine eklatante Verletzung der Rechte des Autors ist.«

Der Adressat des folgenden Briefes war ein alter Freund Verdis in Piacenza.

AN GIOVANNI MALOBERTI

St. Agata, 17. Oktober 1875

Hast Du einen Kutscher, der gefällig, tüchtig und anständig ist und sich nicht betrinkt? Wenn Du einen hast, schicke ihn schnellstens her, denn ich habe Francesco gestern abend unverzüglich hinausgeworfen, weil er von Cremona betrunken zurückkam (nicht das erste Mal) und sich äußerst schlecht benommen hat.

Gegebenenfalls schicke ihn sofort, damit er morgens von Reggio abfahren kann, um sich in Borgo einzufinden, wenn Cristoforetti zurückkommt.

Die Bedingungen kennst Du.

Addio

G. Verdi

St. Agata, 25. Dezember 1875

Lieber Arrivabene,

Ich hoffe, daß Du ein besseres Weihnachten gehabt hast als ich, und daß das bevorstehende Jahr für Dich glücklich sein wird, wie ich es Dir von ganzem Herzen wünsche. Ich sagte »ein besseres Weihnachten als ich«, weil Peppina zu Bett lag und mit einer ganz leichten Bronchitis noch immer liegt. Ich könnte Dir nicht sagen, wer die junge Barezzi ist, die im Konzert in Busseto sang. Du weißt doch, daß ich für diesen Ort eine Art *Paria* bin. Ich habe so viele Sünden gegen ihn begangen!!! Sie haben mir keine Absolution erteilt, weil ich zum Anlaß der Eröffnung ihres Theaters keine Oper geschrieben habe; weil ich damals 10 000 Lire gestiftet habe (die sie allerdings annahmen) und weil ich die *Patti, Fraschini, Graziani* usw. nicht kommen ließ, um zu singen. (Das war ein Theater!) . . . Wie zum Teufel sollte ich diese Künstler beim Kragen packen und zwingen, in Busseto zu singen!!! Du wirst also verstehen, daß ich mich mit den Angelegenheiten Bussetos überhaupt nicht beschäftige; wenn sie schreien, lasse ich sie schreien; wenn sie singen, rezitieren, tanzen, lasse ich sie auf ihre Weise singen und tanzen; und wenn sie etwas Gutes und Nützliches tun, schicke ich Ihnen meinen Obolus und gute Nacht!

In Rom ist also alles geschlossen!! Kammer, Senat, und was sonst noch? . . . Und der Fürst von Galliera?!!! Gut, gut, sehr, sehr gut. Ja, der verdient ein Denkmal und zwar sogleich. Und die Theater! Auch die möchte ich alle geschlossen wissen, weil ich auf diese Weise Hoffnung hätte, daß sie eines Tages in dauerhafter und würdiger Weise geöffnet werden könnten. Auf diese [heutige] Weise läuft man nur von einem Mißgeschick ins andere, und es scheint unmöglich, daß es so viele Blinde gibt, die das Glück mit Stöcken schlagen. Und sieh zum Beispiel: Mailand hat eine gute Truppe, hat prächtige Kostüme und Dekorationen, ein sehr gutes Orchester und einen sehr guten Chor; . . . es hat aber ein Repertoire zusammengestückelt, das Mitleid erregt. Die erste Oper, *La Favorita*, ist zu alt, macht's keinem recht (das habe ich ihnen schon letztes Jahr gesagt) und wird ein Fiasko sein. *Carlo VI* [Oper von Halévy] war nichts für Mailand. Da bleibt nur die Hoffnung auf die neuen Opern und »das Unbekannte« – und ein Impresario, der sich auf das *Unbekannte* stützt, ist ein wahres Arschloch . . . Aber lassen wir die Theater, erzähle mir von Dir; gute Nachrichten werden mir immer Freude machen. Wir bleiben hier bis . . . wer weiß wann . . .

Laß es Dir gut gehen. Schreib mir und erinnere Dich an Deinen

G. Verdi

AN OPPRANDINO ARRIVABENE

Genua, 5. Februar 1876

Lieber Arrivabene,

Was tust Du zum Teufel? Bist Du so krank, Baccelli nötig zu haben? Weg damit! Aber wenn es nur eine Warnung war, dann wollen wir uns alle freuen. Bleib noch lange gesund, wenigstens ein halbes Jahrhundert lang, und dann will ich ebenso zufrieden sein wie Du.

Ich weiß von *Dolores* und wußte auch schon etwas davon, bevor sie in Rom aufgeführt wurde. Sarria kenne ich nicht. Von denen, die ich kenne, kann Ponchielli das Beste machen, aber leider ist er nicht mehr der Jüngste – ich glaube, in den Vierzigern – und er hat zu viel gesehen und *gehört*. Du kennst meine Ansichten über das *Zuviel-Hören* . . . ich sprach Dir davon in Florenz. Wenn die Jungen einmal gemerkt haben, daß man das Heil weder bei Mendelssohn noch bei Chopin noch bei Gounod suchen darf, dann werden sie es vielleicht *finden*. Es ist jedoch merkwürdig, daß sie sich für das Drama Autoren zum Muster nehmen, die nicht dramatisch sind. Es wird Dich überraschen, daß ich in solcher Weise vom Komponisten des Faust spreche. Was soll ich Dir sagen? *Gounod* ist ein ganz großer Musiker, der erste Komponist Frankreichs, aber er hat keine dramatische Ader. Erstaunliche, sympathische Musik, herrliche Details, das Wort fast immer gut ausgedrückt . . . verstehen wir uns recht; das Wort, nicht die Situation; die Charaktere sind nicht gut gezeichnet, und das Drama bzw. die Dramen haben kein besonders farbiges Gepräge.

Dies *inter nos*. Das Repertoiretheater wäre ausgezeichnet, aber ich halte es nicht für realisierbar. Die Beispiele der *Opéra* und Deutschlands haben für mich sehr wenig Wert, weil die Aufführungen aller dieser Theater beklagenswert sind. In der *Opéra* hervorragend die Inszenierungen, an Richtigkeit der

Kostüme und gutem Geschmack allen anderen Theatern überlegen, aber der musikalische Teil ist abscheulich. Immer höchst
mittelmäßige Sänger (seit ein paar Jahren mit Ausnahme von
Faure), Orchester und Chor träge und disziplinlos. Ich habe in
dem Theater Hunderte von Vorstellungen gehört und niemals
eine musikalisch gute. Aber in einer Stadt mit drei Millionen
Einwohnern finden sich immer zweitausend, die das Haus
auch bei einer schlechten Vorstellung füllen.

In Deutschland sind die Orchester und Chöre aufmerksamer
und gewissenhafter; sie spielen genau und ordentlich; dennoch habe ich in Berlin klägliche Vorstellungen gesehen. Das
Orchester ist grob und klingt grob. Der Chor nicht gut,
Inszenierungen ohne Charakter und ohne Geschmack. Sänger . . . o, die Sänger schlecht, absolut schlecht. Ich habe
dieses Jahr in Wien die *Meslinger* gehört (ich weiß nicht, ob
ich richtig buchstabiere), die als die deutsche Malibran gilt.
Ewiger Gott! Eine jämmerliche und ausgesungene Stimme;
verschrobener und plumper Gesang, annehmbares Spiel. Unsere drei, vier Primadonnen von Ruf sind ihr, was Stimme und
Gesangskunst anbelangt, unendlich überlegen und spielen
mindestens ebenso gut.

In Wien (das ist heute das erste deutsche Theater) liegen die
Dinge besser, was Chor und Orchester (hervorragend) betrifft. Ich habe mehrere Vorstellungen gehört und die Leistungen von Chor und Orchester sehr gut gefunden, aber
mittelmäßige Inszenierungen, und Sänger, die unter dem Mit-
telmaß waren. Aber meistens kostet eine Vorstellung wenig.
Das Publikum (sie lassen es während der Vorstellung im
Dunkeln sitzen) schläft oder langweilt sich, applaudiert am
Ende jedes Aktes ein bißchen und geht am Schluß der Vorstellung nach Hause, ohne Mißbehagen und ohne Begeisterung.
Und das mag gut zu diesen nordischen Naturen passen; aber
bringe mal eine ähnliche Vorstellung in eins von unseren
Theatern, und Du wirst sehen, was Dir das Publikum für
Sinfonien komponiert! Unser Publikum ist zu erregbar und
würde sich nie mit einer Primadonna zufriedengeben, die, wie
in Deutschland, 18 000 bis 20 000 Gulden im Jahr bekommt.
Wir brauchen Primadonnen, die nach Kairo, Petersburg, Lis-
sabon, London usw. für 25 000 bis 30 000 Francs im Monat
gehen; aber wie bezahlt man die? Sieh: an der Scala haben sie
dieses Jahr eine Truppe, wie sie nicht besser zu finden wäre:

eine Primadonna, die eine schöne Stimme hat, gut singt, äußerst lebendig ist, jung, schön, und noch dazu eine der *Unseren*; einen Tenor, der vielleicht der erste ist, bestimmt aber unter den allererersten; einen Bariton, der nur einen Rivalen, Pandolfini, hat; einen Baß, der keinen Rivalen hat. Und trotzdem macht das Theater dürftige Geschäfte. Letztes Jahr sprach man sehr gut von der Mariani! Dieses Jahr hat man zu sagen begonnen, daß sie ein bißchen müde sei (notabene das ist nicht wahr). Jetzt sagt man, daß sie gut singt, aber die Leute nicht anzieht usw. . . usw. . . Ich erinnere mich, in Mailand einen gewissen Villa gekannt zu haben, einen alten Impresario aus der Zeit, in der *Lalande, Rubini, Tamburini* und *Lablache* an der Scala waren. Der sagte mir, daß das Publikum nach [ursprünglich] großer Begeisterung *Rubini* am Ende auspfiff und *nicht mehr ins Theater* ging, so daß die Impresa eines Abends ganze sechs Billette kassierte!! Unglaublich!! Jetzt frage ich Dich, ob bei unserem Publikum eine ständige Truppe wenigstens drei Jahre lang möglich ist! Und weißt Du auch, was eine Truppe, wie sie jetzt an der Scala ist, jährlich kosten würde? Der Mariani kann es wohl Spaß machen, an der Scala eine *stagione* lang für 45 000 oder 50 000 Francs zu singen, aber wenn man ihr einen Jahresvertrag böte, würde sie natürlich eine Monatsgage von fünfzehntausend Francs verlangen, wie sie im Ausland 25 oder 30 verdienen kann. Ebenso ein Tenor . . . usw. usw. O mein Gott, was für ein langer Brief! Ich hätte Dir viel, viel anderes zu sagen, aber zu dem, was ich Dir gesagt habe, wirst Du den Rest stillschweigend ergänzen.

Addio also und bleib gesund. Immer herzlichst

G. Verdi

Peppina läßt Dich grüßen.

Die hier erwähnten Glückwünsche betreffen San Giuseppe, den Namenstag beider Verdis am 18. März.
Mit »Papa« ist Shakespeare gemeint.

AN CLARINA MAFFEI

St. Agata, 20. März 1876

Peppina und ich danken Euch für Euere Glückwünsche, die gewiß aufrichtig sind. Ich bin Euch seit langem eine Antwort schuldig und, wie üblich, ist's meine Schuld.

Der arme Piave! Auch er ist gegangen! Ich habe einen Freund verloren, der mir ein aufrichtiger Freund war, und der es auch gewesen wäre, wenn er es nicht nötig gehabt hätte! Der arme Piave! Er war gut; gewiß der Beste seiner Familie! Ihr seid vielleicht in Euerem Optimismus nicht meiner Meinung, aber verlaßt Euch darauf, daß er bei weitem der Beste war . . .

In Genua habe ich *Color del Tempo* gehört. Es gibt große Vorzüge darin, vor allem eine *schnelle Handlung*, was eine besondere französische Gabe ist; aber es steckt wenig dahinter . . . Das Wahre zu kopieren kann gut sein, aber *das Wahre zu erfinden* ist besser. In diesen beiden Worten mag ein Widerspruch liegen, *das Wahre erfinden*, aber frag den Papa. Es kann sein, daß er, der Papa, irgend einem Falstaff begegnet ist, aber er wird schwerlich einem solchen Bösewicht wie Jago begegnet sein und nie und nimmer solchen Engeln wie *Cordelia, Imogene, Desdemona* usw. usw., die doch alle so wahr sind! . . . Das Wahre zu kopieren ist schön, aber Fotografie, nicht *Malerei.*

Wieviel unnötiges Geschwätz. Wir reisen heute ab . . . Gute Reise, werdet Ihr sagen! Ich hoffe es.

Seid mir gut und addio. Herzlichst G. Verdi

Verdi gab die folgende Schilderung am Tage nach der Aufführung des ›Requiem‹, das er auf Einladung des mit Mendelssohn, Schumann und Brahms befreundeten Dirigenten, Komponisten und Schriftstellers Ferdinand Hiller (1811–1885) beim Niederrheinischen Musikfest in Köln dirigiert hatte.

AN CLARINA MAFFEI

Köln, 22. Mai 1877

Liebe Clarina,

Ich sagte Euch in Mailand, daß ich Euch schreiben würde, und ich schreibe Euch; aber muß ich alles sagen? Ich werde Euch vielleicht nicht sehr bescheiden vorkommen, aber ich kann nun doch nicht umhin, Euch zu sagen, daß ich gut empfangen worden bin und daß der Empfang größer war, als ich erwartet hatte. Stellt Euch den musikalischen Tumult in diesen Tagen des Musikfestes vor: Klänge, Gesang überall, verschiedene Orchester, Bläserkapellen, Quartette, Serenaden, Matineen und dazu Einladungen bis in die Nächte hinein, Diners und Soupers. Vor allem *Soupers*, weil hier jede Aufführung – sonst ginge die Welt unter – um zehn Uhr abends beendet sein muß, damit man danach in die Restaurants gehen kann, wo sich niemals eine Flasche Wasser findet, aber Bier, Bordeaux, Rheinwein, Champagner und viel zu essen. Gestern nach dem Konzert, das das letzte war, lud uns die Festspielgesellschaft zum Souper ins Kasino ein. Wir waren wohl mehr als fünfhundert . . . mit Wein und Trinksprüchen; und am Ende wurde an jeden ein gedrucktes Lied verteilt, und alle Welt, Männer wie Frauen, fing zu singen an. Es war kurios! Später teilten sie ein anderes Lied aus – stellt Euch vor, auf italienisch mit den nettesten Schnitzern der Welt – und alle fingen wieder zu singen an. Die Lieder waren für mich gemacht. Schließlich machte Hiller einen *Spruch* auf französisch zu Ehren Italiens und Deutschlands, mit dem Wunsche, daß sie, wie sie jetzt künstlerisch verbunden sind, stets als Nationen verbunden sein mögen usw. . . . usw. . . . Da gab es ein furchterregendes und in dem Moment *aufrichtiges Hurra* . . . Und möge es jetzt und immer so sein, denn das wünsche ich von ganzem Herzen, wie Ihr ja wißt. Was die Konzerte angeht, gelangen sie prachtvoll, und die *Messa* wurde gut aufgenommen. Hervorragende Aufführung seitens Chor und Orchester.

Die Mitwirkenden des Musikfestes haben mir ein prachtvolles, riesengroßes Album mit den Ansichten des Rheins geschenkt; im ersten Bild sieht man das Innere eines Tempels: *Requiem*; auf einem Teil die letzte Szene der *Aida*, auf dem anderen vier Spieler: *Das Quartett*. Auch das *Quartett*, in Mailand mit so viel Herablassung beurteilt, wird hier anerkannt und oft gespielt. Ich habe es hier selber gehört, sehr, sehr gut.

Man hat mir auch einen Taktstock aus Elfenbein und Silber mit dem Buchstaben V in kleinen Diamanten und einer Inschrift geschenkt. (Die Damen des Chores.)

Dazu auch einen wunderschönen Kranz aus Silber und Gold; auf jedem Blatt steht einer der Namen der Kölner Damen, die ihn mir schenkten . . . Und damit genug . . .

Heute wird es im Garten eine Zusammenkunft von Mitgliedern der Bläserkapellen geben, dann addio . . .

Übermorgen reisen wir ab und machen eine Fahrt nach Holland und von dort nach Antwerpen, Brüssel und Paris, wo wir uns acht bis zehn Tage aufhalten werden, um (staunt nur) auszuruhen!!!! So ist's . . .

Peppina geht es gut und sie grüßt Euch. Bei der Rückkehr nach Italien schicke ich Euch ein paar Worte aus Turin . . .

Einen guten Händedruck und addio von Herzen.

G. Verdi

Die berühmte italienische Primadonna Adelina Patti (1843–1919) kam in Madrid zur Welt und wuchs in New York auf, wo sie mit sechzehn Jahren als Lucia di Lammermoor debütierte. Zwei Jahre später sang sie an der Covent Garden Opera in London und trat dort regelmäßig bis 1886 auf. Gleichzeitig wurde sie auf dem europäischen Kontinent, in Rußland, Nord- und Südamerika gefeiert. Zum letzten Mal sang sie im Alter von einundsiebzig Jahren in der Londoner Albert Hall.

AN GIULIO RICORDI

St. Agata, 5. Oktober 1877

Lieber Giulio,

Ich lese den Brief, den Ihr an Corticelli geschrieben habt, und ich antworte Euch darauf. Ich verstehe nicht, ob man mit der Verpflichtung der Patti beabsichtigt, *Aida* zu geben. Wenn das so wäre, könnt Ihr Euch vorstellen, daß ich zufrieden wäre; mit dem Übrigen aber nicht!

Erfolg also – großer – der sollte wohl sein! – Ihr hörtet sie vor zehn Jahren, und jetzt ruft Ihr aus »wie anders ist sie«. Ihr irrt Euch! Die Patti war damals dieselbe, die sie heute ist: vollkommene Gestaltung; vollkommene Balance zwischen der Sängerin und der Schauspielerin – *geborene* Künstlerin im vollen Sinne des Wortes.

Als ich sie zum ersten Mal in London hörte – sie war 18 Jahre alt –, erstaunten mich nicht nur ihre wunderbare Darstellung, sondern verschiedene szenische Momente, die eine große Schauspielerin erkennen ließen. Ich erinnere mich ihrer keuschen und schamhaften Haltung, wenn sich die Sonnambula auf das Bett des Soldaten legt, wenn sie in *Don Giovanni* entehrt aus dem Zimmer des Wüstlings kommt. Ich erinnere mich an ein bestimmtes stummes Spiel in der Arie des Don Bartolo im *Barbiere*; und mehr als an alles andere an das Rezitativ, das dem Quartett im *Rigoletto* vorangeht, wenn der Vater, auf den Liebhaber in der Taverne weisend, zu ihr sagt »E l'ami sempre« und sie »Io l'amo« antwortet. Kein Ausdruck könnte die sublime Wirkung dieses Wortes wiedergeben, wie sie es sprach. – Dies und anderes konnte sie schon vor zehn Jahren. Aber viele wollten das damals nicht zugeben, und Ihr habt es so gemacht wie Euer Publikum: Ihr wolltet, daß sie Euren Segen habe, als ob das ganze Publikum Europas, das verrückt nach ihr ist, absolut nichts verstünde! »Aber wir sind wir – Mailand – das erste Theater der Welt!« Meint Ihr nicht, daß dies alles etwas zu sehr an das so verabscheute *chez nous* der Franzosen gemahnt? Und überhaupt: das Erste Theater der Welt! Ich kenne fünf oder sechs dieser ersten Theater, und ausgerechnet in denen macht man mehr als häufig schlechte Musik. Und, *inter nos*, gebt nur zu, was das vor sechs Jahren für ein mittelmäßiges Orchester war, was für ein armseliger Chor, eine miserable Technik, eine scheußliche Beleuchtung, was für unmögliche Requisiten das waren. Die *Inszenierung* war *unbekannt* – Gott sei Dank! Heute sind die Dinge etwas besser, aber nicht viel, sogar recht wenig! Inzwischen *sitzt* und *richtet* da das gute Publikum, überzeugt, im erhabensten Tempel der Kunst zu sein! Immer unwissend, wenn es nicht auf Grund seiner Eindrücke richtet, wird dieses Publikum, das morgen zum Beispiel eine unmögliche Sängerin wie die Fossa herzlich begrüßt, beim Erscheinen der Patti kalt bleiben. Dieses Publikum, das so oft so vieler mittelmäßiger Mittelmäßigkeit wiederholt applaudiert hat, wird der Patti nach der Cavatine der Traviata – einer beispiellosen Leistung – kaum den Gefallen eines Herausrufes tun. – Ah, Publikum, Publikum, Publikum!!!

Wenn Ihr die Patti seht, grüßt sie vielmals von mir und auch von meiner Frau. Ich sende ihr nicht das übliche »ich gratuliere«, weil ich denke, es wäre für die Patti bestimmt das Nutzloseste von der Welt. Sie weiß außerdem, und zwar sehr wohl, daß ich nicht auf den Erfolg in Mailand gewartet habe, sondern daß ich sie, seitdem ich sie zum ersten Mal in London (fast als Kind) hörte, stets für eine wunderbare Sängerin und Schauspielerin, eine Ausnahme in der Kunst gehalten habe. Grüßt sie also und weiter nichts . . .

Ich drücke Euch die Hände und sage Euch addio.

G. Verdi

[vermutlich 21.] April 1878

Wir alle betreiben, ohne es zu wollen, den Untergang unseres Theaters. Vielleicht bin auch ich, seid auch Ihr und die anderen dabei. Und wenn ich Euch etwas scheinbar völlig Ungereimtes sagen wollte, würde ich sagen, daß eigentlich die italienischen Konzertgesellschaften den Anstoß dazu gaben; seit neuestem die Aufführungserfolge – nicht Programmerfolge – des Scala-Orchesters in Paris. Ich hab's gesagt – steinigt mich nicht! Die Gründe anzuführen würde zu lange dauern. Aber in Dreiteufels Namen: wenn wir in Italien leben, warum machen wir deutsche Kunst? Vor zwölf oder fünfzehn Jahren wählte man mich – ich erinnere mich nicht, ob in Mailand oder woanders – zum Präsidenten einer Quartettvereinigung. Ich lehnte ab und sagte: warum gründet Ihr nicht eine Quartettvereinigung für Gesang? Der lebt in Italien. Die andere Musik ist deutsche Kunst. Vielleicht war das auch damals Ketzerei wie heute, aber eine Quartettvereinigung für Gesang, die Palestrina, die besten seiner Zeitgenossen, Marcello usw. usw. gebracht hätte, würde die Liebe zum Gesang in uns lebendig erhalten haben, wie sie ihren Ausdruck in der Oper findet. Heute neigt alle Welt zum Instrumentieren und Harmonieren. Das *Alpha* und *Omega*: die Neunte Sinfonie von Beethoven (herrlich in den drei ersten Sätzen, ganz schlecht gearbeitet im letzten Teil). Die Höhe des ersten Teils wird man nie erreichen; man wird mit Leichtigkeit die sehr schlechte Lage der Stimmen im letzten nachahmen und mit Beethovens Autorität rufen: so muß man's machen . . .

Sei's drum; laßt sie's nur so machen! Es mag auch besser sein; aber dieses Bessere ist zweifellos der Verfall der Oper. Die Kunst ist universal, niemand ist davon mehr überzeugt als ich; aber die sie ausüben, sind Individuen; und da die Deutschen andere Mittel haben als wir, ist [in ihrer Kunst] etwas auch innerlich anders. Wir können, ich sage sogar, wir dürfen nicht wie die Deutschen schreiben und die Deutschen nicht wie wir. Mögen die Deutschen unsere Eigenschaften annehmen, wie es seinerzeit Haydn und Mozart taten, wobei sie doch immer symphonische Musiker blieben; auch daß Rossini sich einiges Formale von Mozart aneignete, stimmt, wobei er doch immer Melodiker blieb. Aber aus Mode, Neuerungssucht,

angeblicher Wissenschaftlichkeit unsere Kunst, unseren Instinkt, unser freies, spontanes, natürliches, sensibles, strah-
lendes Schaffen zu verleugnen, ist albern und dumm.

Adolphe Dennery (1811–1899) schrieb über fünfzig Jahre lang sehr
populäre, erfolgreiche Pariser Boulevardstücke, aber auch Libretti für
Gounod und Massenet.

AN ADOLPHE DENNERY
[Aus dem Französischen]   Busseto, 19. Juni 1878
Wenn es mir widerstrebt, noch einmal für die *Opéra* zu
schreiben, so ist es nicht – ich bitte Sie, mir das zu glauben –
wegen der Direktoren, zu denen ich immer die besten Beziehungen hatte. Meine Abneigung, besser gesagt, mein Wider-
streben rührt von einem gewissen Widerstand des Chores und
Orchesters her, von Gewohnheiten und Systemen, die nicht
die meinen sind, und von zwar exakten, aber im allgemeinen
schlappen, nervenlosen und farblosen Aufführungen. Es
kann sein, daß dies meine ganz eigene Einstellung ist, aber ich
kann nicht anders denken als ich denke; und wenn ich (zum
Unglück meiner Mitarbeiter und zu meinem eigenen) zu dem
Entschluß käme, noch einmal für dieses Theater zu schreiben,
dann wäre ich gezwungen, gewisse Bedingungen zu stellen,
die für einen Direktor vielleicht schwer zu akzeptieren wären.
Ich möchte hinzufügen, daß ich zur Zeit überhaupt sehr
wenig geneigt bin, für die *Opéra* oder irgendein anderes Theater zu schreiben. Aber glauben Sie nicht, Monsieur Dennery,
daß es, bevor man von Bedingungen und mit dem Direktor
spricht, einfacher und nützlicher wäre, von der Dichtung zu
sprechen? Es wäre nutzlos, der Sache nachzugehen, wenn die
Dichtung – selbst, wenn sie, wie ich nicht bezweifle, wunderschön ist – nicht nach meinem Geschmack wäre. Ich bitte Sie
nicht, sie mir zu schicken, sondern ich bitte Sie einfach um ein
paar skizzenhafte Seiten, um mir ein Bild davon zu machen.
Verzeihen Sie die Offenheit meiner Sprache und seien Sie
meiner Hochachtung versichert.
Ihr ergebener   G. Verdi
P. S. Schreiben Sie mir nach Busseto, Italien.

AN ADOLPHE DENNERY
[Aus dem Französischen]   Busseto, 9. Juli 1878
Mein lieber Monsieur Dennery,
Alles, was Sie sagen, ich richtig, und Sie haben vollkommen
recht; aber, was mich betrifft, so bringen Sie mich in die
allergrößte Verlegenheit! Ich würde zutiefst bedauern, wenn
Sie oder Ihr Mitarbeiter so eine lange Reise unternehmen
müßten; und ich würde es noch tiefer bedauern, wenn mir
nach Überwindung der schweren Hindernisse, die ich der
Direktion bereiten würde, Ihre Dichtung nur durch meine
eigene Schuld nicht gefallen sollte. Nehmen Sie zum Beispiel
an, ich müßte Ihnen dann sagen, daß ich den Text, wenn er
vollkommen phantastisch wäre oder die Inszenierung zu sehr
im Vordergrund des Interesses stünde, nicht annehmen
könnte. Auch mir liegt an der Inszenierung, aber unter der
Bedingung, daß sie gewisse Grenzen nicht überschreitet und
nicht zur Technik wird. – Ich hätte wirklich gewünscht, für
mich ganz allein eine Skizze Ihrer Dichtung zu lesen, aber Sie
fürchten, daß ich sie nicht verstehen könnte. Das ist durchaus
möglich, aber andererseits fürchte ich, daß das Vorlesen eines
Textes durch den Autor, daß schon seine Gegenwart mich
beeinflussen könnte, einen Eindruck zu haben, der später
beim Wiederlesen in der Stille meines Zimmers geringer sein
könnte. Das wäre schade, ich sage sogar, außerordentlich
schade, denn ich kann selbst mit der schönsten Dichtung der
Welt nichts anfangen, wenn sie mich nicht anspricht. Im Gegenteil: lassen Sie den Text so voll der Mängel sein wie Sie
wollen, wie *Rigoletto, Ballo* [in Maschera], *Aida* und so viele
andere; aber wenn *io lo senta* [ich es fühle], – ich gebe meine
Schwäche zu – glaube ich immer, daß mir etwas gelingen kann.
Doch sagen Sie mir, Monsieur Dennery, ist es wirklich nicht
möglich, wenn nicht eine Skizze, wenigstens einen Entwurf
zu bekommen, der mir das Genre, die Epoche usw. und,
wenn es ein historisches ist, das Sujet andeuten würde? Fürchten Sie nichts, denn Sie können sicher sein, daß ich zu niemand in der Welt einen Ton darüber verlauten ließe! Auf
diese Weise könnten wir entweder sogleich einhalten oder
mutiger vorwärts gehen. Jedenfalls müßten Sie auch keine
Reise nach Italien unternehmen, weil ich wahrscheinlich später eine Reise nach Paris zu machen habe, teils wegen meiner
Geschäfte, teils, um die Ausstellung zu sehen.

Überlegen Sie es also, antworten Sie mir und seien Sie meiner größten Hochschätzung versichert.

Ihr ergebener   G. Verdi

In Verdis neapolitanischem Freundeskreis spielte der naturalistische Maler Domenico Morelli (1826–1901) eine besondere Rolle, weil er den Wunsch des Musikers erfüllte, ihm Bilder der Figuren und Schauplätze seiner Opern zu geben.

AN ACHILLE TORELLI

St. Agata, 7. November 1878

Lieber Torelli,

Ich danke Euch für das kleine Buch, das so viele schöne und feine Gedichte von Euch enthält. Ich möchte ein Literat, ein Dichter, ein ... was weiß ich, irgendein großes Tier sein, um Euch ein gewichtiges, eindrucksvolles Urteil hinauszuposaunen, wie sie die ... den größten Teil der Menschheit mit offenem Mund dastehen lassen. Aber ich bin weiter nichts als ein Bauer, der aus gutem Holz geschnitzt ist und nie ein Urteil zu geben vermochte, das auch nur zwei Groschen wert gewesen wäre. Ich habe so oft Gedichte gefunden, die mir gefielen, so viele Bilder, die mich begeisterten, wie der *Heiland* von Morelli, der Trost und Stärkung inmitten so vielen Unglücks bringt ... (ich sehe ihn an: er macht mich traurig und er erhebt mich); manchmal habe ich sogar ein Musikstück gefunden, das mich interessierte, aber ich habe niemals etwas anderes zu sagen gewußt als: »Es gefällt mir«. So sage ich von Euren Gedichten: »Sie gefallen mir«. Trotzdem kann ich Euch nicht verzeihen, daß Ihr dem Theater so lange ferngeblieben seid. Das war unrecht von Euch, und die Herzogin von Bovino ist zu bewundern, weil sie den Weg gefunden hat, der Euch zum Theater zurückführte, für das Ihr, Signor Achille, Eure ganz besondere Begabung habt. War's Trägheit? War's Verstimmung durch das Publikum, durch die Zeitungen?

Der wahre Dichter ist ein Held ... Das habt Ihr gesagt. Was die Zeitungen betrifft, wer verpflichtet Euch, sie zu lesen? Und was das Publikum angeht – wenn Euer Gewissen Euch sagt, daß Ihr etwas Gutes geschrieben habt, laßt die Leute doch ruhig schimpfen (das ist sehr oft ein gutes Zeichen); der Tag der Gerechtigkeit kommt, und für einen Autor ist es ein

großer Genuß, der höchste Genuß, sagen zu können: »Ihr Dummköpfe, ihr habt euch geirrt!«
Meine Frau schließt sich meinem Dank an Euch an und gratuliert Euch zu allem.

AN CESARE DE SANCTIS

Genua, 22. Dezember 1878

Lieber Cesarino,
Wie üblich möchte ich bitten, mir zu schicken:
90 kg Assortierte lange Pasta mit Ausnahme der Nudeln, und die dicksten Maccaroni.
10 kg Pastine, d. h. Carmelline, Anellini usw. usw. usw.
Ich bitte um die höchste Qualität.
Mit aufrichtigen Wünschen für alle verbleibe ich
Euer   G. Verdi

AN MARIA WALDMANN

Genua, 30. Dezember 1878

Liebste Maria,
Unter den vielen Briefen, die ich schreibe, ist dieser einer, den ich mit größtem Vergnügen schreibe. So viele schreibt man heutzutage aus Gewohnheit, aber nicht diesen, weil ich für Euch wahre Freundschaft empfinde und weiß, daß es Euch auch nicht mißfallen wird, mein armes Gekritzel zu lesen. Unsere Signora Teresina [Stolz] schrieb einen langen Brief an Peppina und einen an mich mit Nachrichten über die Oper; der Peppina gab sie eine ausführliche Beschreibung von Euch, von Eurem Palast, Eurem Reichtum, Eurem kleinen Franz und Eurem vollkommenen Glück! Ihr könnt Euch vorstellen, mit welcher Beruhigung Peppina und ich diese Nachrichten erhalten haben.
Seid nun immer glücklich und habt alles Gute. Tausend Wünsche dem Grafen von uns. Verzeiht die Kürze dieses Briefes, und glaubt mir mit dem herzlichsten Händedruck, daß ich immer der aufrichtigste und liebevollste unter Eueren Freunden bin.   G. Verdi

AN CESARE DE SANCTIS
[Telegramm]   Genua, 13. Januar 1879
PASTA NOCH NICHT EINGETROFFEN GEBT MIR BESCHEID   VERDI

Genua, 26. Januar 1879

Lieber Hiller,
Seit anderthalb Jahrhunderten habe ich keine Nachricht von
Euch! Ihr werdet sagen, daß Ihr von mir seit zwei Jahrhun-
derten keine habt, und das Recht wird vielleicht ganz auf
Eurer Seite sein. In solchen Dingen bin ich stets bereit, mein
Unrecht zuzugeben, weil ich mich gut genug kenne, um zu
wissen, daß die Unterlassungen fast immer meinerseits
sind.
Vielleicht habe ich auf Euren letzten Brief nicht geantwortet,
aber soweit ich mich erinnere (ich sage dies nicht zu meiner
Entschuldigung) sagtet Ihr, daß die Aufführung Eurer *Re-
becca* in Stuttgart bevorstand und daß Ihr mir über ihren
Erfolg berichten würdet. Ich warte, warte, warte.... Ich habe
schön gewartet, aber niemals Nachricht erhalten!! Nun sagt
mir also, was Ihr mir bisher nicht gesagt habt. Gebt mir vor
allem Nachricht über Eure und Eurer Familie Gesundheit;
dann erzählt mir vom Musikleben in Eurem Land... sagt mir
ruhig alles, was Ihr wollt, denn mir wird immer lieb sein, was
von Euch kommt.
Ich bin zu Beginn des Winters acht Tage in Paris gewesen und
war in der Opéra, um *Polyeucte* von Gounod zu hören. Was
für eine schlappe, langweilige Aufführung, ohne Leben, ohne
Kraft! Sie war jedenfalls so, daß man sich vom Wert der Musik
keinen Begriff machen konnte.
Bei uns sind die Verhältnisse in der Musik recht und schlecht.
Viele Theater sind offen, aber o Schreck! ... Man schreibt
viele Opern, und abermals o Schreck!
Unsere politischen Verhältnisse werden Euch bekannt sein,
und Ihr werdet sie aus der Ferne sogar besser beurteilen
können als wir. Was mich angeht, bin ich nicht zufrieden,
nicht, weil die von der *Linken* an der Macht sind, sondern
weil sie nicht die Fähigkeiten der anderen haben. Sie sind
gewalttätig und absolut und nennen sich Liberale.
Addio nun, mein lieber Hiller. Wenn ich gesündigt habe,
sprecht mich frei und schreibt mir.
Meine Frau läßt sich empfehlen und bittet Euch mit mir, der
Euren viele Grüße zu übermitteln. Euch drücke ich herzlich
beide Hände.
Euer

G. Verdi

Der »fremde Komponist«, von dem im nächsten Brief die Rede ist, war Jules Massenet, dessen Oper ›Le Roi de Lahore‹ am 6. Februar 1879 an der Scala aufgeführt wurde.

AN CLARINA MAFFEI

Genua, 21. Februar 1879

Liebste Clarina,

Danke für das kleine Gedichtbuch von Prof. Rizzi, das ich lesen und über das ich Euch dann schreiben werde. Dank auch für die Zeitungsausschnitte, die Ihr mir schicktet; ich kannte sie, weil sie mir direkt aus Mailand geschickt wurden, ich weiß nicht, von wem. Unter diesen Zeitungen war eine, die sehr harte Dinge sagte ... sie sprach von Intrigen, Cliquen usw. ... Ob daran etwas wahr ist, weiß ich nicht und will es nicht wissen; aber ich weiß, daß all diese Aufregung und dieses Getue um eine Oper, all dieses Lob und diese Schmeichelei mich an die Vergangenheit erinnern (man weiß ja, daß die Alten immer ihre Zeiten loben), als wir uns ohne Reklame, fast ohne jemanden zu kennen, dem Publikum stellten. Wenn es klatschte, sagte man »danke« oder auch nicht. Wenn es pfiff, »auf Wiedersehen ein andermal«. Ich weiß nicht, ob das besser war, aber es war bestimmt würdiger.

Corticelli zeigte mir eine dieser Zeitungen, über die ich laut lachen mußte. Diese Zeitung schlug vor, die folgende Inschrift auf einer Tafel an der Scala aufhängen zu lassen:

»Im Jahre 1879 kam ein fremder Komponist hierher, um den man großes Aufsehen machte und für den man ein Diner gab, an dem der Präfekt und der Bürgermeister teilnahmen.

1872 kam ein gewisser Verdi, um persönlich Aida zu inszenieren, und man bot ihm nicht einmal ein Glas Wasser an.«

Was für ein Glas Wasser, sagte ich; um ein Haar hätten sie mich verhauen! Nehmt diesen Satz nicht wörtlich, der nichts anderes sagen will, als daß ich mit aller Welt um *Aida* gestritten habe, und daß sie mich alle angeglotzt haben wie ein wildes Tier. Ich beeile mich, Euch zu sagen, daß es meine Schuld war, ganz die meine, weil ich, um ehrlich zu sein, im Theater nicht sehr höflich bin ... und auch außerhalb; und weil ich leider nie verstehe, was andere verstehen. Und da ich eben nicht verstehe, gelingt es mir nie, eines jener süßen Worte, eine jener Phrasen auszusprechen, die alle Welt in Ekstase versetzen. Nein; ich werde z. B. niemals einem Sänger

sagen können: »Was für ein Talent! Was für ein Ausdruck! Besser kann man's nicht machen! Was für eine himmlische Stimme! ... Was für ein Bariton, man muß fünfzig Jahre zurückgehen, eine ähnliche Stimme zu finden ... Was für ein Chor! So ein Orchester! Das ist das erste Theater der Welt!!«
Oh, hier komme ich nicht mehr mit ... Immer und immer wieder habe ich in Mailand sagen gehört (selbst als ich die *Forza del Destino* inszenierte, sogar dann!):
Die Scala ist das erste Theater der Welt.
In Neapel: *Das San Carlo erstes Theater der Welt.*
Früher sagte man in Venedig: *Das Fenice erstes Theater der Welt.*
In Petersburg: *Erstes Theater der Welt.*
In Wien: *Erstes Theater der Welt*, und dieser Meinung wäre auch ich.
In Paris ist die *Opéra* natürlich das erste Theater von zwei oder drei Welten!
So stehe ich verdattert da, mit großen Augen, sage mit offenem Mund: »ich Dummkopf verstehe nichts«, und meine am Ende, daß unter so vielen *ersten* ein zweites besser sein wird.
Aber lassen wir die Scherze, die wirklich Scherze sind und über die ich laut lachen müßte, wenn nicht auch ich ein Künstler gewesen wäre. Ich höre mit Freude, daß es Euch gesundheitlich trotz des scheußlichen Winters recht gut geht. Ich kann das von mir nicht sagen: ich bin nicht krank, habe aber irgend etwas in Hals und Magen, worauf sich verzichten ließe! Ich hoffe auf schönes Wetter, falls es trotz allem kommt.
Peppina hat Eure Karte erhalten; sie dankt und grüßt Euch.
Gebt mir oft Nachricht und laßt kein Jahrhundert mehr vorbeigehen wie diesmal. Es stimmt, daß Ihr dasselbe [von mir] sagen könnt. Friede also, und drückt mir die Hand, die Hand eines Freundes.
Herzlichst Euer   G. Verdi
P. S. Ihr habt also gesehen . . . Wenn's nötig ist, zählt auf mich; und das bleibt zwischen uns.

Genua, 14. April 1879

Liebster Hiller,

Me voilà! me voilà! Nach so langer Zeit finde auch ich endlich
eine Stunde, Euch ein Lebenszeichen zu geben. Ihr sagt mir
vieles über die Kunst und Euer Land, und immer mit jenem
Geist, jener Feinheit und jenem Scharfsinn, die Eure Briefe so
sehr reizvoll machen. Glücklich Ihr, die Ihr immer einen
guten Stern, so viel Tätigkeit, immer zu arbeiten und der
Musikwelt neue Schöpfungen zu geben habt! Ich beneide
Euch, aber ich kann's Euch nicht nachmachen. Je älter ich
werde, umso mehr habe ich Lust nichts zu tun. Genau das
dolce far niente der Italiener! Ich empfinde Scham und Reue
deswegen, weiß aber nicht, was dagegen zu machen wäre. Wie
wollt Ihr also, daß ich ein paar *beaux choeurs pour vos concerts*
schriebe, wenn mir sogar die Lust mangelt, schlechte zu machen? Ich verbringe ein bißchen Zeit, indem ich auf und ab
durch die Berge der Umgebung schlendere, ein bißchen mit
der Lektüre ein paar schlechter Bücher von heutzutage, ein
bißchen damit, ein paar Dinge auf meinen Feldern zu tun, was
mich immer am meisten befriedigt. Aber wehe mir! Dies Jahr
ist die Landwirtschaft traurig daran wegen des schlechten
Wetters, das wir bisher gehabt haben, das noch immer anhält
und für die Zukunft miserable Zustände bringt.

Da habt Ihr es alles! . . . Ich spreche nicht von Politik, weil
Ihr mehr davon wißt als ich, und weil es mir widerstrebt, mit
Euch von unerfreulichen Dingen zu sprechen. Wirklich,
wirklich steht es um ganz Europa schlecht, aber um uns am
schlechtesten. Ihr habt recht: alle wollen Präsidenten oder
Minister sein, und ans Vaterland denke wer will! – In der
Musik sind die Verhältnisse nicht besser als in der Politik. Ein
wahres Chaos! Sie haben alles durcheinandergebracht, ohne
auf unsere angestammte Natur zu achten! Ein paar Theater
haben sich gut gehalten, wie Mailand, Turin usw. . . . . aber
man bringt nichts zustande, das heißt man bringt Schlechtes
zustande. Die Oper *Maria Tudor* von Gomez ist an der Scala
durchgefallen! Andere Opern in anderen Theatern desglei-
chen, außer *Ero e Leandro* von Bottesini . . . aber ist sie denn
auch gut?!!!

Nun, Ihr habt etwas Berlioz mit einem großen Fiasko aufgeführt! Armer, jetzt zur Mode gewordener und früher so

schlecht behandelter Berlioz! Auch ich habe ihn gut gekannt und *L'Enfance du Christ* zum ersten Mal unter seiner Leitung gehört, ich glaube, in der Salle [unleserlich]. Gewiß gibt es da wunderschöne Sachen! Erhabene Bestrebungen und verdrehte, verwirrte, unnatürliche Ausführung.

Und damit bin ich fertig. Ich atme auf, werdet Ihr sagen!

Grüßt mir Eure Damen sehr vielmals auch seitens meiner Frau. Für Euch zeichne ich mich als Euer Verehrer und aufrichtigster Freund. Addio und einen guten Händedruck

Euer   G. Verdi

P. S. In drei, vier Tagen verlassen wir Genua. Wenn Ihr mir schreibt, adressiert wie gewöhnlich

Maestro Verdi
Italien   Busseto

AN GIULIO RICORDI

St. Agata, 2. Mai 1879

Lieber Giulio,

Tut mir den Gefallen, auf meine Rechnung der Gräfin Clarina Maffei die Summe von zweihundert Lire zu bringen oder zu senden.

Gestern habe ich ein dickes Paket erhalten, das ich für eine Partitur des *Simone* [Boccanegra] halte! Wenn Ihr in sechs Monaten, in einem oder in zwei, drei Jahren nach St. Agata kommt, werdet Ihr es so unberührt finden, wie Ihr mir's geschickt habt. Ich sagte Euch in Genua, daß ich nutzlose Dinge verabscheue. Es ist wahr, daß ich in meinem Leben nichts anderes gemacht habe, aber dafür gab es in der Vergangenheit mildernde Umstände. Heute gibt es im Theater nichts Nutzloseres als eine meiner Opern . . . und außerdem, und außerdem ist es besser, mit der *Aida* und der *Messa* zu enden als mit einem *Arrangement*.

Immer Euer getreuer   G. Verdi

AN GIULIO RICORDI

St. Agata, 11. Juni 1879

Lieber Giulio,

Lassen wir den *geliebten Namen* beiseite, denn Ihr wißt, daß ich nicht an solche Lieben glaube. Ich kenne mich selber zu gut, zu gut die Launen des Publikums, zu gut seine heutigen Neigungen. Wir alle haben unsere Momente der *Beliebtheit* gehabt . . . sie sind vorbei, wie alles vorbeigeht in dieser Welt! Außerdem habe ich 65 Jahre hinter mir und bin kein Ausländer! . . .

Lassen wir also alles beiseite. Sprechen wir im Ernst von dem Konzert, das ernst sein soll.

Wollt Ihr etwas Bedeutendes und Würdiges machen? Dann bin ich dabei. Wollt Ihr ein gewöhnliches Feld-, Wald- und Wiesenkonzert machen, zählt nicht auf mich. Alte und neue Beispiele davon zu zitieren, ist nutzlos. Ich diskutiere sie nicht: ich bleibe weg. Wenn Ihr wollt, werde ich die ganze Messe dirigieren, in einer Aufführung mit bedeutenden Kräften, mit der Stolz und der Waldmann. (Die letztere ist außerordentlich wichtig wegen ihrer heutigen Position, und weil auch sie durch die Überschwemmung Schaden erlitten hat.) Der Baß könnte Maini sein; und der Tenor, ich wüßte nicht wer, aber einer mit guter und sicherer Stimme. – Ich weiß, daß die Messe zu kurz ist für einen ganzen Abend und würde vorschlagen, sie mit dem *Stabat* von Pergolesi zu verbinden, das nicht schwer aufzuführen ist, mit anderen, sehr leicht zu findenden Sängern. All dies, das weiß ich wohl, verpflichtet zu bestimmten Proben. Wenn wir in irgendeiner auch noch so kleinen Stadt Deutschlands wären, würde jeder die Messe kennen, und drei, vier Proben wären genug. Nicht in Italien.

Sagt mir ein Wort über den Vorschlag des *Stabat*. Aber merkt Euch: Kein Feld-, Wald- und Wiesenkonzert.

Kein Laterna magica von Dirigenten. Zwei sind schon zu viel.

Immer Euer aufrichtiger   G. Verdi

AN FERDINAND HILLER

Busseto St. Agata, 31. Juli 1879

Liebster Hiller,

Stellt Euch meine Überraschung bei der Rückkehr von Genua vor, auf meinem Schreibtisch das Original einer Arbeit von Euch zu finden! Und die Überraschung wuchs tausendfach beim Lesen des *De Profundis* von Dante. Das Schöne dabei ist, daß es mir selber im letzten Winter in den Kopf kam, diesen Psalm zu komponieren; aber glücklicherweise gab ich die Idee auf und entschied mich dann, das *Pater noster* für fünf Stimmen zu machen, in Dantes eigener Übersetzung, die sich ebenfalls unter seinen *Opera minori* befindet, denen Ihr Euer *De Profundis* entnahmt.

Beim Lesen und Wiederlesen dieses Eures Stückes konnte ich
– davon abgesehen, daß es viel Charakter hat und wunderschön ist wie Eure anderen Sachen – nicht anders als ausrufen:
»Zum Teufel, der Hiller schreibt auch italienisch! . . . und er
schreibt es wie wir und besser als viele von uns! . . .« Ich
hätte etwas darum gegeben, ein paar Unkorrektheiten im
Silbenmaß, ein paar fehlerhafte Akzente zu finden . . . Eitle
Hoffnung! Ich wiederhole nochmals: *Besser als wir!* Hervorragend, hervorragend!

Wie ich Euch oben sagte, war ich mit meiner Frau vierzehn
Tage lang anläßlich einer landwirtschaftlichen Ausstellung in
Genua. Sie war klein und erbärmlich; trotzdem gab es hier
und da etwas Gutes unter dem Vieh und den Blumen. Einen
Monat zuvor war ich auch etwa zehn Tage in Mailand (seht,
was ich für ein Landstreicher geworden bin!). Ihr wißt, daß
wir im Spätfrühling in Italien Überschwemmungen gehabt
haben, die ganze Provinzen zerstört haben. Alle Städte und
[viele] Privatleute haben Hilfe gesandt. Mailand hatte unter
vielem anderen ein großes Konzert veranstaltet, bei dem
meine Messe aufgeführt wurde. Mit einem sehr guten Orchester, sehr gutem Chor, und Sängern ersten Ranges konnte die
Aufführung nur ausgezeichnet sein. Aber noch mehr als das
künstlerische Ergebnis befriedigte mich das materielle, das
selbst meine Hoffnungen übertraf. Die *recette*: mehr als
37 000 Lire. So war die Hilfe nicht gering.

Und nun bin ich wieder hier auf meinen Feldern, von denen
ich mich nicht rühren werde, bis wir im November nach
Genua gehen.

Addio, mein lieber Hiller. Schreibt und erzählt mir von Euch,
von Eurem Land, von Eurer Musik. Grüßt Eure Gattin auch
von meiner Frau, die Euch gemeinsam mit mir viele tausend
gute Wünsche sendet.

Nochmals addio. Euer   G. Verdi

AN GIULIO RICORDI

St. Agata, 4. September 1879

Lieber Giulio,
Das Stück aus der kleinen Schrift von Dupré konnte in Eurer
Gazzetta, meinte ich, keinen anderen Sinn haben als den, mir
zu sagen: »Maestro, schreiben Sie ja keine komischen
Opern!« Und so hielt ich mich für verpflichtet, Euch zu

sagen: »Ich werde einen anderen Verleger ruinieren.« Wenn ich nun diese komische Oper schreibe und Ihr Euch ruinieren lassen wollt – um so schlimmer für das Haus Ricordi.

Euer Besuch mit einem Freund, der jetzt natürlich Boito wäre, wird mir immer willkommen sein. Erlaubt mir aber, über diese Angelegenheit ganz klar und ohne Umschweife zu sprechen. – Sein Besuch würde mich zu sehr verpflichten, und ich will mich absolut nicht verpflichten. Wie dieser *Schokoladen*plan entstanden ist, wißt Ihr . . . Ihr aßt mit mir zusammen und ein paar Freunden. Man sprach von *Otello*, von Shakespeare, von Boito. Am folgenden Tag brachte Faccio Boito zu mir ins Hotel. Drei Tage später brachte Boito mir die Skizze zum *Otello*, die ich las und gut fand. Macht die Dichtung daraus, sagte ich ihm; sie wird immer gut für Euch, für mich, für einen anderen sein usw. usw. . . .

Wenn Ihr jetzt mit Boito hierher kommt, bin ich unausweichlich verpflichtet, das Libretto zu lesen, das er fertig mitbringen wird.

Wenn ich das Libretto vollkommen gut finde, dann bin ich in gewisser Hinsicht gebunden.

Wenn ich es gut finde und ein paar Änderungen anrege, die Boito akzeptiert, bin ich noch mehr gebunden.

Wenn es mir aber, auch noch so schön, nicht gefällt, wäre es zu hart, ihm diese Meinung ins Gesicht zu sagen.

Nein, nein . . . Ihr seid schon zu weit gegangen und man muß haltmachen, ehe es zu Klatsch und Ärger kommt. – Meiner Ansicht nach wäre es das beste (wenn Ihr so denkt und es Boito recht ist), mir die fertige Dichtung zu schicken, damit ich sie lesen und in Ruhe meine Meinung äußern kann, ohne daß diese irgend einen der Beteiligten verpflichte.

Wenn diese recht heikle Schwierigkeit einmal überwunden ist, werde ich sehr glücklich sein, Euch mit Boito hier ankommen zu sehen.

Bis dahin Euer getreuer

G. Verdi

AN GIULIO RICORDI

St. Agata, 28. September 1879

Lieber Giulio,
Ich schicke Euch Hillers *De Profundis* und danke Euch usw. usw.

Nur kann ich es nicht übernehmen, sein Honorar zu bestimmen. Das ist nicht meine Gewohnheit. Sagt Ihr mir also die Summe, und ich teile sie Hiller mit. Oder schreibt ihm direkt.

Es gibt da zwei Fehler zu korrigieren . . . *Redenzione* besteht in diesem Fall aus 5 Silben. Am Ende paßt das einzelne Wort *Io* schlecht. Ich habe ihm darüber geschrieben.

Seht mal, was es da für Harmonien gibt! Der Witz dabei ist, daß er Wagner-Gegner ist usw. usw. Aber in diesem Stück ist er Wagner voraus, selbst Goldmark! . . . Das gefällt mir bei einem Deutschen, während ich so etwas bei einem Italiener bedauere. Bei den [Deutschen] ist es natürlich; bei uns ist es forciert und künstlich. Unter ihren Exzessen finden sich ab und zu ein paar starke Stellen, bei uns das Verdrehte, Triviale, Konventionelle. Schade, schade! Und dabei verlieren wir durch das Studium ihrer Absurditäten die Eigenheiten, welche die unseren, unbedingt die unseren sind. Ah, ah, ah! Ich lache über mich selbst, weil ich die Dinge ernst nehme, wie es scheint.

Addio. Euer getreuer   G. Verdi

AN GIULIO RICORDI

St. Agata, 18. November 1879

Lieber Giulio,

Ich schicke Euch die Druckfahnen meiner Biographie mit einigen Korrekturen verschiedener Ungenauigkeiten von gewisser Bedeutung zurück.*

Wenn Ihr diese Arbeit schon macht, macht sie so genau wie Ihr könnt. Aber ganz offen gesagt, glaubt Ihr, daß diese Biographie sehr interessieren kann? Wäre es nicht besser gewesen, sie unter den vergessenen Artikeln des *Ménestrel* schlafen zu lassen? Mich würde sie, wenn ich das Publikum wäre, sehr wenig interessieren und womöglich würde ich über allerhand Details lachen und sagen »Was geht's mich an!« –

Am Donnerstag, dem 20., um 5. 3/4 werde ich mit Peppina in Mailand sein. Wir kommen privat, sagt also niemand etwas davon. Wenn Ihr zum Bahnhof kommen wollt, ist es recht, aber sonst niemand, und ohne das *tralàlà* von eleganten Wagen . . . Ein *Omnibus*, ein *Fiaker* kostet ebensoviel, sogar weniger.

In diesem Augenblick erhalte ich die Schokolade [Boitos

Entwurf des *Otello*]. Ich werde sie heute abend lesen, weil ich den Kopf jetzt voll mit Geschäften habe.

Addio, addio
                                                                G. Verdi

*Ich habe die *klassische* Musik niemals der *romantischen* vorgezogen, weil ich nicht weiß, was in der Musik *klassisch* oder *romantisch* heißen soll. Sagt mir, warum Beethoven klassisch ist. Ich habe weder *Rubinstein* noch M. Klauss gebeten, mir klassische Musik vorzuspielen.

Es stimmt, daß ich mit Musikern ein paar Stücke von Bach gespielt habe, darunter ein herrliches in c-Moll. Aber das war *ein Zufall*.

Die kleine Stadt [Busseto] bewilligte mir eines jener um 1500 gegründeten Stipendien des Monte di Pietà, das heißt 25 Lire im Monat für vier Jahre. Im ganzen *1200* Lire. Nichts mehr. – Später, als ich meine Karriere begonnen hatte, erfreute ich mich der Sympathien der Kleinstadt nicht mehr, die, wenn sie konnte, alles, was ich tat, mißbilligte und befehdete, sei es wegen verschiedener Gepflogenheiten, des Geschmacks oder aus anderen Gründen. – Im Jahr 1856 oder 57 mangelte es in Busseto an einem Musikmeister, und die Stadtverwaltung und die Philharmonische Gesellschaft baten mich, Muzio zu bewegen, diesen Posten zu übernehmen. Ich kümmerte mich darum und sah zu, daß Muzio sogar ein Engagement aufgab, das er in Padova hatte. Muzio kam nach Busseto, aber stellt Euch mein Erstaunen vor, als ich erfuhr, daß der Bürgermeister zu Muzio sagte: »Alles ist gut, aber Sie müssen sich [einer Prüfung unterziehen], da ich Sie nicht kenne. Hier sind die Bedingungen.«

Diese Ohrfeige war etwas stark, aber nicht genug . . . Etwa einen Monat später wurde ein Maestro . . . *ohne Wettbewerb* ernannt!! . . . Seit jener Zeit habe ich Busseto kaum mehr betreten. Zur Eröffnung des Theaters kamen sie mit der Bitte zu mir, ihm meinen Namen geben zu dürfen, und boten mir eine Loge an! Ich ließ sie (wenn auch mit Mißbehagen) das Theater auf meinen Namen taufen, aber die Loge nahm ich nicht an. Ich bezahlte *10 000* Lire dafür. Ich habe sie nie besucht und vor zwei Jahren für *2000* Lire verkauft, wie ich auch das Haus verkauft habe, das ich zu Beginn meiner Karriere mit dem Wunsch erworben hatte, es, wenn möglich, bis zum Ende meiner Tage zu bewohnen. – Es ist nicht möglich gewesen!

Während der Proben zur Premiere der ›Aida‹ in französischer Übersetzung an der Pariser Opéra schrieb Verdi den folgenden Brief an seine alte
Freundin. Die fünf Aufführungen der ›Aida‹, die er dort zwischen dem
22. März und dem 2. April dirigierte, zählten zu den größten Triumphen
seines Lebens.

AN CLARINA MAFFEI

Paris, 7. März 1880

Liebe Clarina,
Ich hätte eher schreiben sollen, und jetzt sollte ich Euch einen
langen, langen Brief schreiben, aber es fehlt mir an Zeit. Ich
bin, glaube ich, täglich 26 Stunden lang in der *Opéra*! Ich
wünsche alles zu wissen und will alles sehen, was man in dem
Theater mit meiner Oper macht, und so bringe ich mich vor
Anstrengung um – vielleicht, um mit einem Fiasko zu enden
. . . Nein, ein großes Fiasko wird es, glaube ich, nicht sein, aber
es könnte ein *fiaschetto* sein . . . Es könnte auch ein Erfolg sein
. . . Wer weiß! Das Theater, das heißt das Publikum ist so
etwas Seltsames, daß man auf alles gefaßt sein muß. Im übrigen läuft alles normal, und ich habe mich über nichts zu
beklagen. Ich werde Euch nach der ersten Vorstellung schreiben, und ich werde Euch die Wahrheit, die ganze, ganze
Wahrheit schreiben.
Gesundheitlich geht es mir gut, obwohl ich bis zum Äußer-
sten angestrengt bin.
Peppina sendet Euch viele Grüße, und ich drücke mit der
üblichen Zuneigung Eure Hände. Addio, addio. Herzlichst

G. Verdi

AN OPPRANDINO ARRIVABENE

St. Agata, 14. September 1880

Lieber Arrivabene,
Du darfst Dich glücklich schätzen, daß Du gute, gesunde Luft
atmen und die Meisterwerke der alten italienischen Kunst
bewundern kannst. Ich sitze hier und atme so viel Luft wie ich
will, habe aber nichts anderes zu bewundern als meine Kühe,
meine Ochsen, Pferde usw. und bin Bauer, Maurer, Schreiner
und Packesel, wenn's nötig ist. Du verstehst mich. Ich habe
viele so baufällige Bauernhäuser, wie sie alle in dieser Gegend
sind. Nun habe ich mir in den Kopf gesetzt, sie, solange die

Zeit dazu reicht, instandzusetzen und ihr Mauerwerk aufzu-
richten, damit nicht früher oder später mal einer oder mehr als
einer davon erschlagen wird. So mache ich den Architekten,
den Baumeister, den Eisenschmied, ein bißchen von allem.
Darum addio den Büchern, addio der Musik; es kommt mir
vor, als hätte ich die Noten vergessen und verlernt.
Von dem verruchten Jago spricht man vorläufig nicht. Boito
hat mir das Buch gemacht, ich hab's gekauft, aber noch keine
Note dafür gemacht. Die Felder sind in ganz ordentlichem
Zustand. Die Ernte ist nicht gut, aber auch nicht schlecht.
Meine Nichte hat einen hübschen *Schubkarren* fabriziert.
Meine Frau war an einer Magenentzündung erkrankt, ist jetzt
aber geheilt. Sie hat jedoch noch Mühe, wieder auf die Beine
zu kommen; ich hoffe aber, daß es ihr bald wieder ganz gut
gehen wird. Meine Gesundheit ist gut, obwohl ich mich über-
müdet fühle. Peppina grüßt Dich, und ich drücke Dir von
ganzem Herzen beide Hände.   G. Verdi

Nach seiner entschiedenen Ablehnung vom 2. Mai 1879 hatte Verdi sich
von Giulio Ricordi umstimmen lassen und arbeitete jetzt – zum ersten
Mal gemeinsam mit Boito – an einer Neufassung des ›Simon Boccanegra‹.

AN ARRIGO BOITO

                              Genua, 11. Dezember 1880
Lieber Boito,
*Entweder den Senat . . . oder die Kirche von San Siro . . .
oder gar nichts machen.*
Gar nichts machen wäre das Beste; aber Gründe – nicht des
Interesses, sondern sozusagen berufliche – lassen mich die
Idee nicht aufgeben, diesen *Boccanegra* zu reparieren – zumindest nicht, ohne erst einmal versucht zu haben, etwas
daraus zu machen. Nebenbei ist es in jedermanns Interesse,
daß die *Scala* lebt! Der diesjährige Spielplan, ach, ist beklagenswert! Ausgezeichnet Ponchiellis Oper, aber das Übrige?
Ewige Götter!!!! Es gäbe die Oper, die beim Publikum großes
Interesse finden würde, und ich verstehe nicht, warum Autor
und Verleger darauf bestehen, sie zu verweigern. Ich spreche
vom *Mefistofele.* Der Augenblick wäre günstig, und Sie würden der Kunst und aller Welt einen Dienst erweisen.

Der Akt, den Sie in der Kirche von San Siro spielen lassen wollen, ist großartig in jeder Hinsicht. Schön wegen seiner Novität, schön wegen seines historischen Kolorits, schön in szenisch-musikalischer Hinsicht; aber er würde mich zu sehr in Anspruch nehmen, und ich könnte so viel Arbeit nicht auf mich nehmen.

Wenn man auf diesen Akt unglücklicherweise verzichtet, muß man sich an die Szene im Senat halten, die, wenn Sie sie machen, zweifellos nicht kalt lassen kann. Ihre Kritik ist gerechtfertigt, aber inmitten wichtigerer Arbeiten und mit *Otello* im Sinn streben Sie eine Vollkommenheit an, die hier unmöglich zu erreichen wäre. Ich sehe mehr nach unten und, optimistischer als Sie, verzage ich nicht. Ich gebe zu, daß der Tisch wackelt, aber wenn man ein paar der Beine repariert, wird er sich, glaube ich, halten können. Ich gebe auch zu, daß es da keine (immer recht seltenen!) Figuren gibt, die Euch ausrufen lassen: »gut getroffen«; trotzdem scheint mir, daß es in den Gestalten des *Fiesco* und *Simone* etwas gibt, woraus sich etwas Gutes machen läßt.

Versuchen wir's also und machen wir dies Finale mit dem besagten tartarischen Gesandten, mit den Briefen Petrarcas usw. usw. usw. Versuchen wir's, wiederhole ich. Wir sind ja schließlich nicht so unerfahren, daß wir nicht von vornherein sehen, was im Theater Erfolg haben kann. – Wenn es Sie nicht belastet und wenn Sie Zeit haben, gehen Sie gleich an die Arbeit. Ich werde mich inzwischen bemühen, hier und da die vielen krummen Beine meiner Noten geradezustellen und ... sehen wir mal!

Mit Zuneigung herzlich   G. Verdi

AN OPPRANDINO ARRIVABENE

Mailand, 25. März 1881

Lieber Arrivabene,

Schon vor der Aufführung von gestern abend würde ich Dir, hätte ich Zeit zum Schreiben gehabt, gesagt haben, daß mir die gebrochenen Beine dieses alten *Boccanegra* gut repariert vorkamen.

Der Erfolg von gestern abend bestätigt mich in dieser Meinung. Also eine sehr gute Aufführung auf allen Seiten; hervorragend seitens des Protagonisten [Maurel]; ausgezeichneter Erfolg.

Ich bleibe noch für die zweite und dritte [Vorstellung] hier und fahre Montag nach Genua. Wenn der Erfolg an diesen beiden Abenden nachläßt, schreibe ich's Dir.

Nun in Eile einen guten Händedruck von Deinem   G. Verdi

AN ACHILLE TORELLI

St. Agata, 17. Juni 1881

Was habt Ihr von mir gesagt und gedacht? Ich habe Euch so spät auf die liebenswürdige Sendung mit Euren letzten Arbeiten geantwortet! Ihr so höflich und ich . . . muß ich's aussprechen? Sagt Ihr das Wort und ich werde zustimmen. Ich danke Euch nun und freue mich über diese beiden schönen Werke. Ich las sie sogleich in einem Atem und habe sie eben gerade wiedergelesen. Der Eindruck war erst gut, ist jetzt ausgezeichnet. Es stimmt, daß man für das Theater Gemachtes im Theater hören muß; trotzdem scheint mir, daß diese zwei Eurer Komödien wirkliche und sichere Vorzüge haben. Besonders bewundere ich übrigens den ersten Akt der *Margravia*. Was sagt Ihr dazu?

Auf denn! Ihr, die Ihr noch jung seid, schreibt, schreibt, schreibt! Kümmert Euch nicht um das Publikum. Macht Ihr Euer Handwerk, es soll das seine machen. Man weiß, daß das Publikum niemals ins Theater geht, um etwas zu bewundern. *Vergnügen* ist seine Parole (hassenswertes Wort für einen Autor). Wie immer es sei, laßt dem Publikum nie Zeit, sich in Heiterkeit zu verlieren; allmählich zieht Ihr es zu Euch herauf. Selbstverständlich ist dies eine gute Theorie für jene, die das Zeug zum Künstler haben wie Ihr. Addio denn. Schreibt. Ich danke Euch, ich freue mich und drücke zusammen mit meiner Frau Eure Hände.

AN DOMENICO MORELLI

St. Agata, 24. September 1881

Lieber Morelli,

»Was sagt Ihr dazu?« . . . sind Worte aus Deinem letzten Brief . . . Ich sage, wenn ich Domenico Morelli hieße und eine Szene vom *Otello* machen wollte, und gerade die, wo *Otello* in Ohnmacht fällt, dann würde ich mir keineswegs den Kopf über die Spielanweisung »vor der Festung« zerbrechen. Im Libretto, das Boito für mich gemacht hat, spielt diese

Szene *drinnen*, und ich bin damit sehr zufrieden. *Drinnen* oder *draußen* spielt keine Rolle. Darüber muß man sich schon deshalb nicht so viel Skrupel machen, weil die Inszenierung zu Shakespeares Zeiten so ausfiel . . . wie Gott wollte! – Jago muß schwarz wie seine Seele gekleidet sein, besser geht's nicht; aber ich verstehe nicht, warum Du Otello venezianisch kleiden würdest! Ich weiß zwar, daß dieser General namens Otello im Dienst seiner Hoheit niemand anders als der Venezianer Giacomo Moro war. Aber da Signor William Shakespeare einen *Mohren* haben wollte, laß das Signor Williams Sache sein. Otello in türkischer Kleidung wird nicht gut gehen, aber warum ginge er nicht gut in äthiopischer Kleidung ohne den üblichen Turban? Beim Typ der Figur Jagos ist die Sache ernster. Du möchtest eine kleine Gestalt mit unterentwickelten Gliedern (wie Du sagst) und, wenn ich recht verstanden habe, einen jener schlauen, verschlagenen, sozusagen *messerscharfen* Typen. Wenn Du ihn so empfindest, mach' ihn so. Aber wenn ich Schauspieler wäre und Jago darzustellen hätte, möchte ich ziemlich hager und lang sein, mit schmalen Lippen und kleinen Augen nahe der Nase wie bei den Affen, einer hohen, fliehenden Stirn und mit einem stark entwickelten Hinterkopf; sein Gehaben wäre das eines Zerstreuten, *nonchalant*, gleichgültig gegen alles, skeptisch, witzelnd. Er sagt das Gute wie das Böse leichthin mit einer Miene, als dächte er eher an alles andere als an das, was er spricht. Würde ihm jemand den Vorwurf machen: »Was Du da sagst, was Du vorschlägst, ist eine Gemeinheit«, könnte er antworten: »Wirklich? . . . Das glaubte ich nicht . . . sprechen wir nicht mehr davon! . . .« Eine solche Gestalt kann jeden hintergehen und bis zu einem gewissen Punkt auch die eigene Frau. Eine kleine bösartige Gestalt macht sich bei allen verdächtig und hintergeht niemand! – *Amen*. Lache nur, ich lache ja auch über all dies Geschwätz! . . . Aber ob Jago nun groß oder klein ist und Otello Türke oder Venezianer, mach's wie Du willst; es wird immer gut gehen. Nur nicht zu viel nachdenken! Los, los, los . . . schnell . . .

Ich grüße Dich auch von meiner Frau und verbleibe herzlichst Dein getreuer

G. Verdi

Genua, 23. Dezember 1881

Lieber Arrivabene,

Ich bin tatsächlich drei Tage lang in Mailand gewesen, ohne
Noten mitzunehmen, ohne welche zu schreiben, und selbst
ohne davon zu sprechen, obwohl ich sowohl Faccio wie Boito
wie Ricordi und die ganze musikalische Versammlung sah!
. . . Was sagst Du dazu? Es scheint nicht wahr, aber es ist so.
Peppina wiederum scheint die kleine Strapaze dieser Reise
ganz gut bekommen zu sein und sie spürt fast überhaupt keine
Magenkrämpfe mehr. Gestern abend bin ich von St. Agata
zurückgekehrt, wo ich zwei Tage lang war. Du wirst sagen,
was zum Teufel ich auf dem Land zu suchen habe. Aber Du
weißt (ich weiß übrigens nicht, ob ich Dir's je geschrieben
habe), daß gebaut wird, daß ich letztes Jahr eine Molkerei
gebaut habe und in diesem Jahr noch zwei größere baue; und
daß etwa zweihundert Arbeiter dort sind, die bis heute gearbeitet haben und denen ich Aufträge für zukünftige Arbeit
geben mußte, sobald die Kälte sie erlaubt. Für mich sind das
unnötige Arbeiten, weil diese Bauten mir nicht eine Lira mehr
von der Landwirtschaft einbringen werden; aber inzwischen
verdienen die Leute, und aus meinem Dorf wandert keiner
aus.

Ich spreche bzw. antworte Dir nicht bezüglich der Wahlre-
form, des Senats, der Kammer usw. . . . Diese Dinge machen
mir Angst! . . . und für meinen Teil hoffe ich selbst in unseren
Hundstagen auf nichts mehr! . . . Worauf willst Du auch
hoffen? Von Frankreich gehaßt; verachtet von Deutschland,
etwas weniger von England und Österreich!!! Worauf willst
Du da hoffen? Bewaffnen wir uns, schreien unsere Prahl-
hänse! Aber wozu! Würden wir selbst Frankreich allein wi-
derstehen? Deutschland?! England? Österreich? . . . Sprechen wir nicht davon. Versuchen wir diese Epoche der Er-
niedrigungen, der Schmerzen so gut wie möglich durchzuste-
hen, und hab' schöne Feiertage.

Das nächste Jahr wird bringen, was es bringt!

Bleibe gesund. Alles Gute und Grüße auch von Peppina.
Addio

G. Verdi

Genua, 3. Dezember 1882

Ich habe Euch über die Affäre des Erzpriesters Delfanti nicht mehr geschrieben, weil ich weitere Informationen haben wollte.

Er selbst hat sich Bescheinigungen vom Bischof von Borgo, vom Amtsrichter und vom Bürgermeister von Busseto verschafft. Außerdem begleitet der Domherr Avanzi diese Bescheinigungen mit einem an mich adressierten Brief, dem ich Glauben schenke. Ihr kennt den Avanzi und wißt, daß er, obwohl Priester, sehr gebildet und liberal und dazu auch noch sehr anständig ist. Wenn Ihr also für diesen Delfanti die Stellung erhalten könnt, die er sich wünscht, werdet Ihr es nicht zu bereuen haben, und ich werde dem Minister dankbar sein und Euch auch.

Ich habe St. Agata vor 8 oder 10 Tagen verlassen und seit drei oder vier haben wir hier eine sibirische Kälte! Es fehlt nicht viel, und ich gehe aufs Land zurück. Ich arbeite, aber ich arbeite an etwas beinahe Nutzlosem. Ich reduziere den ›Don Carlos‹ für Wien auf vier Akte. In dieser Stadt schließen nämlich die Hausmeister um zehn Uhr abends die Haupttore zu, und alles ißt zu dieser Zeit und trinkt Bier mit *gâteaux*. Folglich muß das Theater bzw. die Vorstellung bis dahin aus sein. Zu lange Opern werden grausam amputiert, wie in irgend einem Theater Italiens. Da man mir die Beine abschneiden wollte, habe ich vorgezogen, das Messer selber zu wetzen und anzusetzen.

Wann sehen wir uns? Also los! Bleibt bis dahin gesund und vergnügt. Peppina grüßt Euch und ich drücke Euch die Hand.

Genua, 16. Dezember 1882

Liebe Clarina,

Oh die Zeitungen, die Zeitungen!! Es ist etwas Wahres an dem, was sie gesagt haben, und viel Falsches. Da Ihr mir davon sprecht, glaube ich Euch die Dinge so sagen zu müssen, wie sie sind: also die einfache Wahrheit.

1. Es ist keineswegs wahr, daß ich seit zwei Jahren ein Gebäude für ein Krankenhaus errichten lasse. Ich habe in diesen letzten Jahren verschiedene landwirtschaftliche Sachen bauen lassen, aber es bedurfte viel guten Willens, zu glauben, daß

Heuscheunen, große Säulenhallen, einem Krankenhaus dienen sollten.

2. Busseto braucht kein Krankenhaus. Es hat ein eigenes, das auch gut versorgt wäre, wenn es gut verwaltet würde.

Es handelt sich also nicht um Busseto, sondern um die kleine Ortschaft Villanova, die vier Dörfer umfaßt, darunter St. Agata, wo ich wohne, mit einer Gesamtbevölkerung von etwa 6000 Einwohnern. Die Ortschaft gehört zur Provinz Piacenza, und die Armen, die krank werden, haben nur das Krankenhaus in Piacenza. Die Entfernung beträgt 34 oder 36 Kilometer, und die armen Kranken (nicht alle, aber viele) sterben auf der Straße!

Ich habe dem Bürgermeister dieser Ortschaft vorgeschlagen, auf meine Kosten ein kleines Stück Land in geeigneter Gegend zu kaufen, damit ich dort ein kleines Gebäude errichten ließe, ein Obdach, ein ich weiß nicht was für diese Armen, ohne den Anspruch, etwas von Bedeutung zu machen, und ohne das von den Zeitungen beschriebene Ausmaß: erstens, weil es nutzlos wäre für eine so geringe Bevölkerung; zweitens, weil ich es wirklich, wirklich, wirklich nicht machen könnte. Euch kann ich ungeniert sagen, daß mein Vermögen, über das ich mich keineswegs beklage, nicht so fett ist, wie die Zeitungen es manchmal verkündet haben. O, immer die Zeitungen!!

Ich wollte der *Perseveranza* schreiben und Giulio bitten, mit der Direktion zu sprechen; aber nach reiflicher Überlegung beschloß ich, gar nichts zu sagen. Von einem Zeitungsartikel spricht man 24 Stunden lang. Von einem zweiten Artikel hätte man weitere 24 Stunden gesprochen. Im ganzen 48 Stunden! Besser bleibt man also bei 24!

Es betrübt mich zu hören, daß ein paar Eurer engsten Freunde nicht bei guter Gesundheit sind. Hoffen wir, daß das neue Jahr für sie günstig ist. Ich wünsche es ihnen von Herzen. Ich höre mit Freude von Carcanos guter Gesundheit. Grüßt ihn sehr vielmals. Und Ihr seid ruhig und vergnügt und bleibt gesund. Uns beiden geht es gut; aber ich könnte wirklich etwas Erholung und Ruhe brauchen. Addio, meine Clarina. Ich wünsche Euch alles erdenkliche Gute auch von Peppina. Ein Händedruck und addio.

G. Verdi

6 Das von Verdi erbaute Krankenhaus

7 Giuseppina Strepponi-Verdi

AN GIULIO RICORDI

Genua, 15. Februar 1883

Das Notenpapier ist ausgezeichnet, sowohl das erste wie das zweite; vielleicht ist das dünnere R. B. das bessere, aber achtet darauf, daß die Farbe der Notenlinien nicht zu dunkel ist.

Traurig, traurig, traurig!
Wagner ist tot!
Als ich gestern die Depesche las, war ich, das kann ich sagen, entsetzt. Diskutieren wir nicht. – Es ist eine große Persönlichkeit, die vergeht! Ein Name, der in der Geschichte der Kunst einen sehr mächtigen Eindruck hinterläßt!

AN GIULIO RICORDI

Genua, 24. März 1883

Lieber Giulio,
Ich lese heute morgen im *Fanfulla*: »Maurel hat uns auch noch erzählt, daß Verdi für die Musikwelt die größten Überraschungen vorbereitet und daß er den jungen Zukunftsmusikern mit seinem *Jago* usw. usw. den Meister zeigen wird.«
Gott behüte mich davor!
Es ist nie meine Absicht gewesen und wird es nie sein, jemand den Meister zu zeigen. Ich bewundere ohne schulmäßige Vorurteile alles, was mir gefällt; ich mache es, wie ich fühle, und lasse alle anderen machen, was sie wollen.
Übrigens habe ich bis jetzt noch nichts von diesem *Jago* oder vielmehr *Otello* niedergeschrieben und weiß nicht, was ich später machen werde.
Immer Euer getreuer   G. Verdi
P. S. Verfaßt Ihr in diesem Sinne ein Artikelchen; oder veröffentlicht meine eigenen Worte in irgend einer großen Zeitung, so schnell wie möglich. –   G. V. [...]

Der folgende Brief ist an eine Mailänder Gräfin gerichtet, in die Verdi Anfang der vierziger Jahre verliebt gewesen war. Sie blieb ihm und seiner Frau in herzlicher Freundschaft verbunden.

St. Agata, 11. Oktober 1883

Liebe Frau Peppina,
Ich habe ganz und gar nichts dagegen, wenn meine Freunde sich erinnern, daß ich in ein paar Abenden um halb zehn 70 Jahre alt werde!!
Siebzig ist eine schöne Zahl, das kann man sagen. Ich möchte auch, daß der Glückwunsch für mich in Erfüllung gehen möge, den Sie dem armen Hayez zum 70. sandten, daß er noch 21 Jahre leben und dabei immer arbeiten solle! Jedoch, was würde das nützen? Und dann . . . *arbeiten*! Warum? Für wen? Ich breche dieses Thema ab, weil es mich verleiten würde, zu viel Grobes und zu viel Trauriges zu sagen, was die Art von Schwarzseherei, von der auch Sie nicht frei sind, vermehren würde.
Sie sprechen von der Erziehung der Jugend von einst! *Was für ein Unterschied!*, rufen Sie aus. Das ist wahr, recht wahr. Aber man muß bedenken, daß damals ein großer, edelmütiger, erhabener Gedanke alles und alle beherrschte. Jetzt haben sie alles fertig gefunden! *A quoi bon* sich zu erinnern und sich für das Heldentum jener armen Toten erkenntlich zu zeigen, sie zu bewundern und je nach den Forderungen der Zeit ihrem Beispiel zu folgen! Und außerdem, meine liebe Frau Peppina, kennen Sie die Welt und wissen, daß die Dankbarkeit eine Last für die meisten Menschen ist! Es ist furchtbar, das zu sagen, aber es ist wahr . . .
Genug, genug, genug, denn wir werden die Welt nicht ändern!! – Ich danke Ihnen also und wünsche auch Ihnen Glück und Gesundheit zusammen mit Annetta, auch im Namen Peppinas.
Einen guten Händedruck.
Herzlichst immer Ihr   G. Verdi
P. S. Bitte danken Sie Ihren höchst liebenswürdigen Töchtern tausendmal und empfehlen Sie mich ihnen bestens. –

AN GIULIO RICORDI

Genua, 26. Dezember 1883

Lieber Giulio,
Fabelhaft schön, wunderschön und . . . ausgezeichnet!
Aber seid überzeugt, jene Farbe wird keinen Menschen *seinen Wahn erkennen lassen*!

Ihr wißt wie ich, daß es Leute mit guten Augen gibt, die klare, eindeutige, ehrliche Farben lieben. Andere gibt es, die etwas vom grauen Star haben und verblaßte und schmutzige Farben lieben. Die sind in der Mode; und ich habe nichts dagegen, der Mode zu folgen (weil man Schritt mit seiner Zeit halten muß), aber ich möchte sie immer von etwas Verstand und Vernunft begleitet sehen. Also weder *Vergangenheit* noch *Zukunft!* – Es ist wahr, daß ich gesagt habe »Kehren wir zum Alten zurück«, aber ich meine das Alte, das Basis, Grundlage, Festigkeit ist. Ich meine jenes Alte, das von moderner Überschwenglichkeit beiseite geschoben wird und zu dem man früher oder später unbedingt zurückkehren muß. Lassen wir den Wildbach jetzt mal überströmen. Die Dämme werden später gebaut.

Peppina dankt für die Klavierstücke von Burgmein, die Ihr ihr geschickt habt. Und ich danke für die vier spanischen Lieder, die schön und charakteristisch sind. Mein Kompliment. Bleibt gesund und habt gute Feiertage.

Euer   G. Verdi

P. S. Wenn Ihr eine Minute Zeit habt, gebt mir Bescheid über St. Stefano der Scala. Sagt mir, ob die Stimme der Ferni *das große Theater füllt*. Ich lege diesen Zettel von Peppina bei; und laßt, wenn möglich, die Änderungen machen.

Vor der Veröffentlichung dieses Briefes in ›I Copialettere di Giuseppe Verdi‹ (Mailand 1913) baten die Herausgeber, Gaetano Cesari und Alessandro Luzio, Arrigo Boito um Aufklärung über seinen Inhalt. Boito antwortete: »Nach der Premiere des ›Mefistofele‹ an der Opera San Carlo im Jahre 1884 gaben die Professoren des Konservatoriums ein Bankett für mich, bei dem ich, nach dem Libretto des ›Otello‹ befragt, ganz andere Gedanken als die vom *Piccolo* wiedergegebenen aussprach.«

AN FRANCO FACCIO

Genua, 27. März 1884

Lieber Faccio,

Zwei Worte, um Euch für Euer gutes Verhalten der Person gegenüber zu danken, die ich Euch empfahl; zwei weitere Worte über eine Sache, die mich persönlich betrifft.

Der *Pungolo* berichtet nach dem *Piccolo* in Neapel folgendes: »Was den *Jago* angeht, sagt Boito, er habe den Stoff fast wider Willen behandelt; als er aber fertig gewesen sei, habe er bedauert, ihn nicht selbst komponieren zu können...« Man kann annehmen, daß diese Worte, bei einem Bankett gesprochen, keine große Bedeutung haben, aber unglücklicherweise bieten sie Anlaß zu Kommentaren. Man könnte z. B. sagen, daß ich ihn gezwungen hätte, diesen Stoff zu behandeln. Insofern ist das nicht sehr schlimm; und außerdem wißt Ihr ja, wie es zugegangen ist. – Das Schlimmste ist, daß Boito, *wenn er bedauert*, seinen Text nicht selbst komponieren zu können, natürlich vermuten läßt, er könne nicht hoffen, ihn von mir so komponiert zu sehen, wie er es möchte. Ich gebe das vollkommen zu, gebe es vollständig zu; und darum wende ich mich an Euch, Boitos ältesten, beständigsten Freund, damit Ihr ihm bei seiner Rückkehr nach Mailand mündlich, nicht schriftlich, sagt, daß ich ihm ohne jeden Schatten von Ressentiment, ohne jeden heimlichen Groll sein Manuskript unberührt zurückgebe. Mehr noch – da dies Libretto mein Eigentum ist, biete ich es ihm als Geschenk an, wenn er es zu komponieren beabsichtigt. Wenn er das annimmt, werde ich die freudige Hoffnung hegen, der Kunst, die wir alle lieben, mit diesem Beitrag gedient und genützt zu haben.

Verzeiht die Störung, die ich Euch bereite; aber das ist eine intim zu behandelnde Sache, es gab dafür keinen geeigneteren Menschen als Euch.

Bleibt gesund. Euer getreuer

AN OPPRANDINO ARRIVABENE

St. Agata, 10. Juni 1884

Lieber Arrivabene,

Vor allem will ich Dir sagen, daß ich und Peppina bei guter Gesundheit sind und uns freuen, daß es Dir ebenfalls gut geht. Beweis dafür sind die recht langen Reisen, die Du in diesem Sommer zu machen gedenkst. Ich weiß nicht, was wir endgültig tun werden; aber es ist sehr wahrscheinlich, daß Peppina für 10, 12 Tage nach Tabiano geht, sobald das Wetter gut wird, und ich später nach Montecatini. Danach weiß ich nicht: vielleicht nach Turin, vielleicht auch nach Paris, um zu sehen, ob sie dort noch lustiger sind als zuvor, und dann, und dann ... ich weiß nichts.

Ich weiß nichts von dem Dichter und Mitbürger Romagnolis, aber ich habe sehr Gutes über den Musiker Puccini gehört. Ich habe einen Brief gesehen, der alles Gute über ihn sagt. Er folgt den modernen Tendenzen, und das ist natürlich, aber er bleibt der Melodie verbunden, die weder modern noch alt ist. Es scheint jedoch, daß das sinfonische Element bei ihm überwiegt! Nichts Schlimmes. Nur muß man damit vorsichtig umgehen. Oper ist Oper; Sinfonie ist Sinfonie, und ich halte es in der Oper nicht für schön, ein sinfonisches Stück nur zum Spaß zu machen, das Orchester tanzen zu lassen. Ich sage das nur so, ohne jede Bedeutung, ohne die Gewißheit, etwas Richtiges gesagt zu haben, im Gegenteil, in der Gewißheit, etwas den modernen Tendenzen Widersprechendes gesagt zu haben. Alle Epochen haben ihr Gepräge. Die Geschichte sagt später, welche Epoche gut und welche schlecht gewesen ist.

Wer weiß, wie viele Leute im 17. Jahrhundert Achillinis Sonette *Sudate o fuochi* mehr als einen Gesang Dantes bewundert haben!

Und inmitten all dessen, so gut oder schlecht es immer sei, bleib noch lange gesund und bei guter Laune.

Ich grüße Dich im Namen Peppinas und drücke Dir von Herzen die Hände. G. Verdi

AN GIULIO RICORDI

St. Agata, 6. November 1885

Lieber Giulio,

Macht, was Euch für die *Traviata* wie für die *Miller* am besten scheint. Ich mache nebenbei darauf aufmerksam, daß die *Miller* für die heutigen Theaterbesucher fast eine neue Oper ist und eine Art von *Debut* für ihre Musik! Ich füge hinzu, daß die Bellincioni in der *Miller* nie den Erfolg wie in der *Traviata* haben wird. Folglich wird das [die *Miller*] von geringerer Wirkung und ein Mißkredit für sie sein oder zumindest Zweifel an der Musik der *Miller* [aufkommen lassen], die man schön oder häßlich, jung oder alt finden wird. Alt?!! Als ob man vor 30 oder 40 Jahren keine gute Musik hätte machen können, ohne die überschwenglichen orchestralen und harmonischen Schönheiten der heutigen Musik. Ich will nicht die Eigenarten der heutigen Musik verwerfen, aber ich verwerfe das System ... das heißt, daß man ein schwerfälliges, langweiliges System machen will, das konventioneller ist als das frühere und *arm* bei all dem oben angedeuteten Luxus.

Sehr gut, junge Sänger zu suchen (wenn man sie findet) und

sehr gut, neue Opern (das habe ich immer gesagt) neuer Komponisten zu geben. Nur solltet Ihr statt einer zwei oder drei geben. Warum haben diese Jungen, die vor zwei Jahren preisgekrönt wurden, keine neue Oper fertig? ... In zwei Jahren!!! Sie werden womöglich sagen, daß Meyerbeer langsam war; aber ich antworte, daß *Bach, Händel, Mozart, Rossini* usw. Israele in Egitto [Moses in Ägypten] in 15 Tagen, den *Don Giovanni* in einem Monat geschrieben haben, den *Barbiere* in 17 oder 18 Tagen!

Aber so ist es; diese Männer hatten nämlich außer Phantasie kein verdorbenes Blut, waren Naturen von gutem Gleichgewicht, hatten vernünftige Köpfe und wußten, was sie wollten. Sie brauchten sich weder an andere anzulehnen noch wie die Modernen à la Chopin, à la Mendelssohn, à la Gounod usw. komponieren. Sie schrieben mit Begeisterung, wie sie fühlten; und sie machten Meisterwerke, die zwar Unebenheiten, Mängel, selbst Fehler enthalten, die aber in den meisten Fällen genial waren ... Amen. –

Zum Schluß wiederhole ich, macht, was Euch am besten scheint ...

Was für ein langer Erguß! Verzeiht, es liegt am Wetter! Man muß zu Hause bleiben und ist gezwungen, die Modernen anzuklagen.

Addio, addio   G. Verdi

Der französische Bariton Victor Maurel (1848–1923) war der erste Jago und Falstaff. Er war von übertriebener Eitelkeit, Eigenwilligkeit und Aufdringlichkeit, deren Verdi sich immer wieder zu erwehren hatte. Maurel trat in der ganzen Opernwelt auch als prominenter Mozart- und Wagner-Sänger auf. Er starb als Gesangslehrer in New York.

AN VICTOR MAUREL

Genua, 30. Dezember 1885

Otello ist nicht vollständig fertig, wie behauptet worden ist, aber er ist recht weit gediehen. Ich beeile mich nicht, die Arbeit fertigzumachen, weil ich bisher nicht daran gedacht habe und auch jetzt nicht daran denke, das Werk aufführen zu lassen. Die Verhältnisse an unseren Theatern sind so, daß der Impresario, selbst wenn es einen Erfolg gibt, infolge der enormen Kosten für Künstler und Inszenierung fast immer einen Verlust erleiden muß. Ich will also keine Gewissensbisse haben, wenn ich mit einer meiner Opern irgend jemand Grund gebe, sich zu ruinieren. So wird denn weiter alles zwischen Himmel und Erde schweben wie Mohammeds Grab, und ich entschließe mich zu keiner praktischen Lösung.

Ehe ich den Brief beende, wünsche ich, ein Mißverständnis aufzuklären und richtigzustellen. Ich glaube nicht, Ihnen je versprochen zu haben, die Partie des *Jago* für Sie zu schreiben. Es ist nicht meine Gewohnheit, etwas zu versprechen, was ich nicht mit Sicherheit halten kann. Aber ich könnte Ihnen sehr wohl gesagt haben, daß die Partie des *Jago* eine von denen sein würde, die vielleicht niemand besser darstellen könnte als Sie. Wenn ich das gesagt habe, bekenne ich mich dazu. Das enthält jedoch kein Versprechen; es wäre nur ein Wunsch, der sich sehr schön verwirklichen ließe, wenn sich nicht unvorhergesehene Hemmnisse ergeben sollten.

Sprechen wir jetzt also nicht vom *Otello*. Erlauben Sie mir, mein lieber Maurel, Ihnen als Ihr aufrichtiger Bewunderer meine Glückwünsche zum neuen Jahr zu übermitteln.

Francesco Tamagno (1850–1905) soll die lauteste Tenorstimme der Geschichte, aber wenig schauspielerisches Talent besessen haben. Verdi studierte persönlich die Partie des Otello mit ihm ein, in der Tamagno Weltruhm erlangte.

AN GIULIO RICORDI

Genua, 18. Januar 1886

Lieber Giulio,

Nach unserem gestrigen Gespräch hatte ich den Wunsch, noch einmal durchzusehen, was ich aus dem *Otello* gemacht habe . . . und die Tenorpartie erschreckte mich. In vieler Hinsicht würde Tamagno sehr gut passen, aber in sehr vieler anderer nicht! Es gibt da große, lange Legato-Phrasen, die *a mezza voce* zu sprechen sind, was ihm unmöglich ist. Und was schlimmer ist, der erste Akt und (was noch schlimmer ist) der vierte Akt würde kalt zu Ende gehen!! Es gibt da eine kurze, aber große Melodie und noch dazu sehr wichtige Phrasen (nachdem er sich verletzt hat) *a mezza voce* . . . und auf

Genova 18 Gen. 1886

C. Giulio

Dopo la conversazione fatta
seri fra noi: mi è venuta
voglia di ripassare quello che
ho fatto del Otello ... e me
ne sono spaventato per la parte
del tenore. In molte e
molte cose andrebbe benissimo
Tamagno, ma in moltissime
altre no'. Vi sono delle frasi
larghe, lunghe, legate che
vanno dette a mezza voce
cosa impossibile per lui. E quel
che è peggio che finirebbero
freddamente il primo atto, e
(che è ancor peggio) il quarto !!
vi è una melodia corta ma

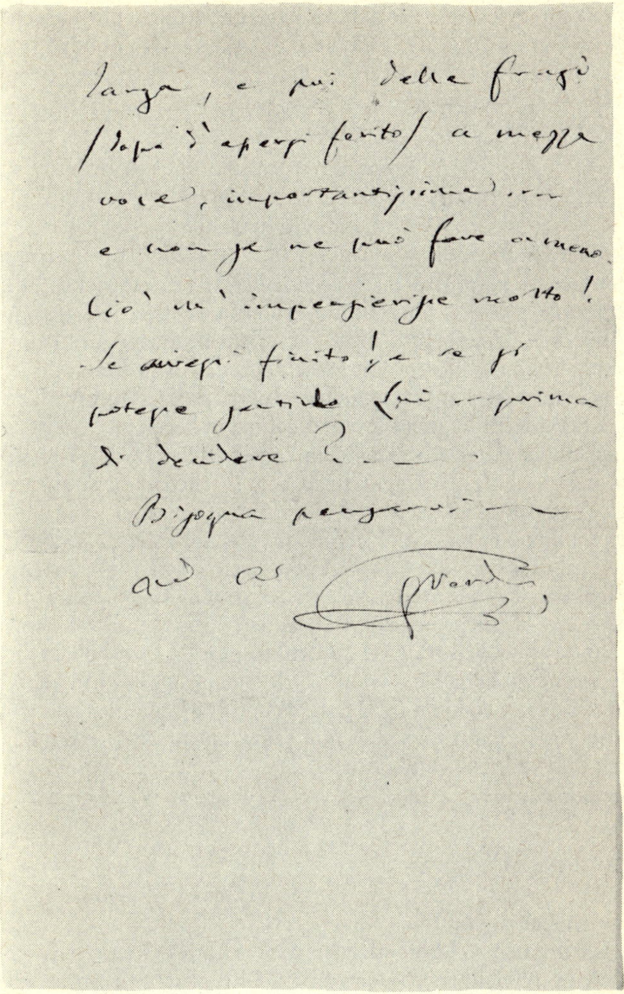
larga, e poi della frase
(dopo d'essersi ferito) a mezza
voce, importantissima ..
e non se ne può fare a meno.
Ciò mi impensierisce molto!
Se avessi finito! e se si
potesse sentirlo Lui prima
di decidere? — — —
Bisogna pensarci — —
Add. Add. G Verdi

8 Original des Briefes an Giulio Ricordi vom 18. Januar 1886

die kann man nicht verzichten! Das macht mir große Sorgen!
Wenn ich fertig wäre! und wenn man ihn hören könnte . . .
bevor man entscheidet?
Das ist zu überlegen.
Addio, addio   G. Verdi

AN GIULIO RICORDI

Freitag [Genua, 22. Januar 1886]

Lieber Giulio,
Ich glaube gern, daß unser Tenor bei den zwei Stücken, die
Ihr mir geschickt habt, gut weggekommen ist. In dem *Meyer-
beerschen* gibt es am Schluß die hohen B, die so gut für ihn
sind. In dem anderen von Ponchielli, das mehr cantabile als
das erstere ist, hat er ebenfalls ein paar Fis und Gis und dazu
am Schluß die letzten Noten, die ihm gut liegen . . . So ist es
nicht beim Otello. – Nachdem er begriffen hat, daß Desdemona unschuldig getötet wurde, geht Otello der Atem aus; er
ist erschöpft, physisch und moralisch erledigt; er kann und
darf nur noch mit *halboffener, verschleierter Stimme* singen
. . . aber mit *sicherer*. Das ist eine Eigenschaft, die Tamagno
nicht hat. Er muß immer mit *voller Stimme* singen, ohne die
sein Ton häßlich, unsicher, unsauber wird . . . Das ist etwas
sehr Ernstes, was mir viel zu denken gibt! Lieber will ich die
Oper nicht hergeben, wenn diese Stelle der Partitur nicht
herauskommen kann . . . Ach, wenn Ihr 8 Tage eher gekommen wäret, hätte ich selber mit Tamagno sprechen und mich
mit ihm verständigen können.
Addio, addio   G. Verdi

AN FRANCESCO TAMAGNO

Genua, 31. Januar 1886

Lieber Tamagno,
Es freut mich zu hören, daß Ihr die Partie des *Otello* zu Eurer
Zufriedenheit übernehmen würdet. Aber gleichzeitig muß ich
mich über die Leute beklagen, die in meinem Namen Verspre-
chungen gemacht haben, die sie nicht machen konnten.
Ich habe die Oper nicht fertiggestellt, und auch wenn sie fertig
wäre, bin ich nicht durchaus entschlossen, sie aufführen zu
lassen. Ich habe sie allein zu meinem Vergnügen geschrieben,
ohne die Absicht, sie zu veröffentlichen; und in diesem Au-

genblick kann weder ich noch sonst jemand sagen, was damit anzufangen wäre! Eine andere Schwierigkeit kommt hinzu, nämlich die geeigneten Künstler für die verschiedenen Partien zu finden. Ihr wißt besser als ich, daß ein noch so bedeutender Künstler nicht für alle Partien paßt, und ich will da niemand zum Opfer machen, schon gar nicht Euch! Nun denn, mein lieber Tamagno (und das bleibt ein Geheimnis unter uns), wenn Ihr von Madrid zurückkommt, treffen wir uns in Genua oder sonstwo und dann sprechen und diskutieren wir frank und frei. Vorerst keine Entscheidung, um so weniger als ich, ich wiederhole das, nicht fertig bin und nicht förmlich versprochen habe, die Oper aufführen zu lassen.

Ich danke Euch für den höchst liebenswürdigen Brief, den Ihr mir geschrieben habt, und nehme die Gelegenheit wahr, Euch meiner Hochschätzung und herzlichen Gesinnung zu versichern. Euer

AN FRANCO FACCIO

St. Agata, 2. September 1886

Lieber Faccio,

Signora Pantaleoni ist eben abgereist und hat mir zu hoffen gegeben, daß sie gegen Mitte Oktober wiederkommen wird, wenn ihre Partie gänzlich kopiert, sogar gedruckt sein wird. Ich habe Giulio den vierten Akt übergeben, in dem Desdemona den größten und schwierigsten Teil hat. Die *Canzona del salice* bereitet dem Komponisten sowohl wie der ausführenden Künstlerin die meisten Schwierigkeiten. Sie sollte, wie die Allerheiligste Dreifaltigkeit, mit drei Stimmen singen: mit einer für Desdemona, einer anderen für Barbara (die Magd) und einer dritten für das »Salce, salce, salce«.

Signora Pantaleonis Stimme wird bei heftigen Stellen scharf, bei hohen Noten etwas zu beißend; sie gibt sozusagen zu viel Metall. Wenn sie sich daran gewöhnen könnte, mit etwas mehr Kopfstimme zu singen, würde ihr das smorzato leichter gelingen, und ihre Stimme wäre auch sicherer und natürlicher.

Ich habe ihr geraten, es so zu machen; und Ihr mit Eurem Einfluß solltet ihr den gleichen Ratschlag geben. Außerdem ist es nicht immer wahr, daß ihr D ein so schlechter Ton ist. Es gibt eine Stelle, bei der es ihr bestens gelingt.

Diese Phrase wird dreimal wiederholt. Das letzte Mal gelang sie gut, die beiden anderen Male weniger.

Ich habe Euch offen gesagt, was ich denke, und sage Euch nochmals, daß ihr die Partie der Desdemona – obwohl sie sich ihrer Empfindungsweise und Stimme nicht vollkommen anpaßt – bei ihrem großen Talent und Bühneninstinkt, gutem Willen und Studium bestens gelingen wird . . . Beachtet außerdem, daß sie viele, viele Dinge spielend leicht macht. Addio; ich weiß nicht, was ich Euch in großer Eile geschrieben habe. Versucht, es zu verstehen. Addio, Peppina grüßt Euch von Herzen.
Euer
                                                    G. Verdi

AN ARRIGO BOITO
                                [St. Agata, 1. November 1886]
Lieber Boito,
Er ist fertig!
Heil uns . . . (und auch *Ihm*!!)
Addio.   G. Verdi

Der letzte Brief an den alten Freund:

AN OPPRANDINO ARRIVABENE
                                St. Agata, 4. November 1886
Lieber Arrivabene,
Was zum Teufel fällt Dir ein . . . und was zum Teufel sagst Du da?!! Verjage alle Melancholie und denke daran, Dich zu erholen. Ich verstehe das Alter, aber schließlich bist Du gesund, Du bist schlank, ohne Launen . . . und außerdem ist es jetzt Mode, 90, 115, 130 Jahre zu leben, wie ich gestern abend von einer Frau dieses Alters las, die zwei Söhne im Alter von 85 und 94 Jahren hinterließ!!
Hinweg also mit der Melancholie und erhole Dich schnell, denn ich hoffe Dich im nächsten Frühjahr zu umarmen, wenn meine Arbeiten vorbei sind und ich nach Rom kommen kann. –
Ich bin etwas erschöpft, aber es geht mir nicht schlecht. Ich habe den *Otello* vollständig beendigt! Jetzt . . . *à la grâce de Dieu*!
Nur Mut! Ich grüße Dich von Peppina und drücke Dir beide Hände in alter Liebe. Herzlichst
                                                    G. Verdi

9 Arrigo Boito

10 Um 1890

An den Leiter des von Verdi gestifteten Krankenhauses in Villanova:

AN SIGNOR BORIANI

Genua, 16. Januar 1889

Ich halte es für richtig, Sie davon in Kenntnis zu setzen, daß ich Nachrichten aus dem Krankenhaus von Villanova bekommen habe, von denen ich nur glauben und wünschen will, sie wären nicht zutreffend. Man sagt:

1. daß das Essen karg ist;
2. noch karger der Wein (dieser ist im Keller vorrätig);
3. daß man mehr für die Milch bezahlt, als sie taugt, und daß sie minderwertig ist;
4. daß man das gewöhnlichste Öl verwendet, und daß es daher schädlich als Nahrung wie für die Beleuchtung ist;
5. daß man halb verdorbenen Reis und einheimische schwarze Pasta anschaffen wollte;
6. daß man Begräbniskosten auch von denen verlangt, die völlig mittellos sind;
7. sehr viele andere Dinge, von denen ich der Kürze halber nicht spreche.

Ich bin fern und kann nichts dazu sagen, kann weder glauben noch nicht glauben; aber jedenfalls betrüben mich diese Nachrichten sehr bei dem Gedanken, das Ziel nicht erreicht zu haben, das ich mir vornahm, als ich einen Teil meines Vermögens für den Bau dieser frommen Stiftung gab.

Ich glaube, daß das Krankenhaus gut dotiert und daß kleinliche Sparsamkeit nicht nötig ist; aber, ich sage Ihnen die Wahrheit, anstatt diese Unzufriedenheiten zu dulden, zöge ich es vor, daß das Krankenhaus geschlossen würde und man nicht mehr davon spräche.

Aber ich hoffe, daß dies alles nicht wahr ist und Sie mich dessen so bald wie möglich mit ein paar Worten versichern werden.

Unter der Regierung des Premierministers Francesco Crispi war es in Rom und im Süden zu blutigen Unruhen gekommen, die Crispi mit Gewalt niederschlagen ließ.

Genua, 10. Februar 1889

Sagt mir etwas, Ihr, die Ihr Euch im Tumult eines Aufstandes befindet! Traurige Dinge, die unglücklicherweise Folgen haben werden! Man wird unterdrücken, man wird verhaften, man wird verbannen, aber das wird nichts helfen. In den Massen gibt es sicher immer die Aufwiegler, die üblen Subjekte, die Diebe, aber es gibt auch fast immer den *Hunger*.

Ich liebe die Politik nicht, erkenne aber ihre Notwendigkeit, Theorien, Regierungsformen, Patriotismus, Würde usw. usw. an. Vor allem aber *muß man leben* können. Von meinem Fenster aus sehe ich täglich ein Schiff und manchmal sogar *zwei*, beladen mit je tausend Auswanderern! *Elend und Hunger!* Auf dem Land sehe ich Menschen, die vor ein paar Jahren Grundbesitzer waren, und heute zu Bauern, Tagelöhnern und Auswanderern herabgesunken sind (*Elend und Hunger*). Die Reichen, deren Vermögen sich von Jahr zu Jahr verringert, können ihr Geld nicht mehr ausgeben wie vorher, und darum *Elend und Hunger!*

Und wie kann das weitergehen? Unsere Industrie wird uns doch nicht vor dem Untergang retten?

Ihr werdet sagen, daß ich ein Pessimist bin! ... Nein, nein ... Ich glaube recht zu haben, wenn ich sage, daß ich zutiefst überzeugt bin, daß wir am Ende dieses Weges den totalen Untergang finden werden.

Vielleicht werdet Ihr als Politiker sagen, daß es »keinen anderen Weg gibt«. Also gut, wenn es so ist, bereiten wir uns auf alle Unruhen vor, die eine Stadt nach der anderen, dann die Kleinstädte, dann das Land ergreifen werden – und dann *Le déluge!*

Lassen wir dies Elend jetzt. Erzählt mir von Eurer Gesundheit, die hoffentlich so gut ist wie die unsere.

Ich und Peppina grüßen Euch sehr, sehr, sehr vielmals.

Joseph Joachim (1831–1907), der berühmte Geiger und Freund Johannes Brahms', hatte Verdi zum Beethovenfest in Bonn eingeladen.

AN JOSEPH JOACHIM

St. Agata, 7. Mai 1889

Herr Präsident!

Obwohl es mir meiner Art nach schwerfällt, an irgend einem

Fest teilzunehmen, das öffentliches Aufsehen erregt, kann ich in diesem Fall die Ehre nicht ablehnen, die man mir erweist. Es geht um Beethoven. Vor einem so großen Namen beugen wir uns alle in Ehrfurcht.

Ich habe die Ehre, Herr Präsident, und verbleibe

Ihr sehr ergebener   G. Verdi

AN GIULIO RICORDI

St. Agata, 10. Mai 1889

Lieber Giulio,

Wenn ich ein Neapolitaner wäre, würde ich sagen: *Neh! Voi pazziate*!! [He! Ihr seid verrückt!!] Was wollt Ihr, daß das arme Publikum mit *Oberto*, dem *Finto Stanislao* und ähnlichen anderen [Opern] anfangen soll? Und was haben die Kunst und der Verleger von Neuausgaben dieser [Opern] usw. usw. usw.

Nicht einmal ich könnte Euch sagen, was aus dem *Stiffelio* geworden ist! Kein Unglück, wirklich kein Unglück, wenn er spurlos verloren ist!

Aber auf meine Meinung kommt es nicht an. Ihr wißt, was Ihr tun müßt, während ich, wenn's an mir läge, von allem ein *Autodafé* machen würde; und für ein solches Unternehmen würde ich sogar einen Trauermarsch schreiben. Und ich würde ihn auch schön machen, das heißt *gefühlvoll*!!

Ach, die Geschichte in London! Aber sprechen wir nicht mehr davon! *À la grâce de Dieu!*

Und jetzt drücke ich Euch die Hände und grüße Euch auch von Peppina.

Addio, addio. Euer   G. Verdi

AN ARRIGO BOITO

Montecatini, 7. Juli 1889

Lieber Boito,

Gestern sagte ich Euch, daß ich Euch heute schreiben würde, und ich halte mein Wort auf die Gefahr hin, Euch *zu langweilen*.

Solange man sich in der Welt der Ideen ergeht, lächelt einem alles zu, aber wenn man einen Fuß auf die Erde setzt, entstehen beim praktischen Handeln die Zweifel, das Verzagen.

Habt Ihr beim Entwurf des *Falstaff* je an meine hohen Jahre gedacht? Ich weiß wohl, Ihr werdet mir antworten, indem Ihr

meinen guten, hervorragenden, robusten Gesundheitszustand übertreibt ... Und so mag er auch sein. Trotzdem werdet Ihr mir zugeben, daß ich großer Kühnheit beschuldigt werden könnte, wollte ich eine so große Aufgabe übernehmen! – Und wenn ich der Schwäche nicht Herr würde?! – Wenn ich mit der Musik nicht zu Ende käme? –
Dann hättet Ihr Zeit und Mühe vergeblich verschwendet! Um alles Geld der Welt möchte ich das nicht haben. Diese Idee ist mir unerträglich. Um so weniger erträglich, wenn Ihr, indem Ihr den *Falstaff* schreibt, Euren *Nerone* liegen lassen oder doch vernachlässigen oder den Zeitpunkt der Aufführung verschieben müßtet. Man würde mir die Schuld an dieser Verschiebung geben, und die Blitze öffentlicher Bosheit würden meine Schultern treffen.
Nun, wie diese Hindernisse überwinden? Habt Ihr meinen Gründen einen guten entgegenzuhalten? Ich wünschte es, aber ich glaube es nicht. Denken wir jedoch darüber nach (und achtet darauf, nichts zu tun, was Eurer Karriere schaden könnte), und wenn Ihr *einen* Grund fändet, und ich wüßte, wie ich mir ein Jahrzehnt von den Schultern heben könnte, dann ... Welche Freude, zum Publikum sagen zu können:
»Wir sind noch da!!
Bahn frei für uns!«
Addio, addio.   Herzlichst G. Verdi

AN ARRIGO BOITO

Montecatini, 10. Juli 1889
Lieber Boito,
Amen; und so sei es!
Machen wir also *Falstaff*! Denken wir im Augenblick nicht an die Hindernisse, das Alter, die Krankheiten! ...
Auch ich wünsche, das tiefste Geheimnis zu bewahren; ein

Wort, das auch ich dreimal unterstreiche, um Euch zu sagen, daß niemand etwas davon wissen darf! ... Aber langsam ... Peppina wußte es, glaube ich, vor uns! ... Zweifelt nicht: Sie wird das Geheimnis wahren. – – Wenn Frauen diese Eigenschaft haben, dann haben sie sie in höherem Grade als wir. Ich halte mich an Euren Satz »trotz der Verpflichtung, die ich mit dem *Falstaff* übernehmen würde, kann ich meine Arbeit zum versprochenen Termin beenden«.

Und jetzt ein letztes Wort, ein höchst prosaisches Wort, trotzdem gerade für mich notwendig und angebracht. Aber nein, nein ... Heute habe ich zu viel *Falstaff* im Kopf, um Euch von anderem zu sprechen. Ich spreche Euch morgen vom anderen.

Inzwischen fangt, wenn Euch danach zumute ist, ruhig an zu schreiben. In den ersten beiden Akten gibt es nichts zu ändern, außer vielleicht dem Monolog des eifersüchtigen Gatten, der besser am Ende des ersten Teils stünde als am Anfang des zweiten (er hätte mehr Feuer und Kraft). Auf morgen. Mit Peppinas Grüßen sage ich Euch addio, addio.

Herzlichst G. Verdi

AN GIUSEPPINA NEGRONI PRATI

Busseto, 14. Oktober 1889
St. Agata

Auch dieser 76. ist vorbei! Hoffen wir, daß die anderen so vorbeigehen werden, die kommen müssen ... aber wer weiß! ... Inzwischen Dank, aufrichtigsten Dank ...
Die sehenswerten Dinge in Piacenza sind: der Palazzo del Comune mit den dazugehörigen Pferden aus Bronze.
Im Dom die Fresken des *Guercino* – und besser noch andere Fresken des Pordenone in der Kirche *La Madonna di Campagna.*
Dort gibt es auch zwei andere große moderne Bilder in *San Giovanni in Canale*, d. h. modern, weil sie zu Beginn dieses Jahrhunderts beendet wurden. Das eine von *Landi*, das andere von *Camuccini*. Zwei Männer von Talent, aber ihre Epoche war für die Malerei nicht sehr günstig, und natürlich spürt man ihre Epoche. –
Uns geht es trotz der Unbeständigkeit des Wetters ganz gut. Peppina sagt Ihnen und Annetta alles Liebe; und ich tue dasselbe und drücke Ihnen auch herzlich die Hände.

Ihr G. Verdi

AN MARIA WALDMANN

Genua, 6. Dezember 1890

Liebe Maria,
Eure Briefe, meine liebste Maria, sind mir immer ein Trost; aber der letzte war eine Erquickung, Balsam in dieser für mich

so traurigen Zeit. Innerhalb von etwa vierzehn Tagen habe ich meine zwei ältesten Freunde verloren!

Der Senator Piroli, einen gelehrten, aufrichtigen, wahrhaften Mann von einer Ehrlichkeit, die nicht ihresgleichen hatte. Einen zuverlässigen, beständigen Freund seit sechzig Jahren! *Tot!!*

Emanuele Muzio, den Ihr in Paris als Dirigent der *Aida* gekannt habt. Einen aufrichtigen, seit fünfzig Jahren ergebenen Freund. *Tot!!*

Und alle beide waren jünger als ich!! Alles endet! Traurig ist das Leben!

Ihr könnt Euch denken, was das für ein Schmerz für mich war und ist. Und so habe ich wenig Lust, eine Oper zu schreiben, die ich angefangen, aber nicht sehr weit gebracht habe. Achtet nicht auf das Geschwätz der Zeitungen. Werde ich sie beenden? Werde ich sie nicht beenden? Wer weiß! Ich schreibe ohne Pläne, ohne Ziel, nur um ein paar Stunden des Tages zu verbringen.

Peppinas Gesundheit wie die meine ist ganz gut, trotz der Jahre.

Ich bin sehr froh, zu hören, daß Eure Schwester bei Euch ist; sagt ihr alles Liebe von uns.

Tausend Grüße an den Herzog. Addio, meine liebe Maria. Erinnert Euch an den alten Bären und nehmt einen herzlichen Händedruck von Eurem   G. Verdi

P. S. Peppina sendet Euch und Eurer Schwester besondere Grüße.

AN GIULIO RICORDI

Genua, 1. Januar 1891

Lieber Giulio,

Morgen oder übermorgen schicke ich die Rechnungen usw. zurück.

Es tut mir leid, daß Giuditta und Euer Sohn bettlägerig sind, aber wenn die Krankheit nicht schlimm ist, werden sie zu dieser Stunde wieder auf den Beinen sein, und Ihr werdet alle zusammen dieses sehr kalte Neujahr feiern.

Und jetzt kommen wir zum *Falstaff.* Mir scheint wahrhaftig, daß alle Pläne Narreteien sind, rechte Narreteien. Ich will das erklären. Ich habe den *Falstaff* zu schreiben begonnen, rein zum Zeitvertreib, ohne vorgefaßte Gedanken, ohne Pläne; ich wiederhole, *zum Zeitvertreib*! Weiter nichts! Jetzt werden das Gerede darüber, die wenn auch noch so beiläufigen Angebote, die man Euch macht, und die Worte, die man Euch entlockt, zu Verpflichtungen und Bindungen, die ich keinesfalls übernehmen will. Ich habe Euch gesagt und wiederhole: »ich schreibe zum Zeitvertreib«. Und ich habe Euch gesagt, daß die Musik ungefähr zur Hälfte fertig ist . . . aber verstehen wir uns recht: »eine Hälfte [ist nur] skizziert« und in dieser Hälfte bleibt die größte Arbeit noch zu tun, das Durcharbeiten und Einrichten der Gesangsensembles, abgesehen von der Instrumentation, die sehr viel Mühe machen wird. Kurz, und um mit einem Wort alles zu sagen: das ganze Jahr 1891 wird nicht genügen, damit bis zum Ende zu kommen. – Wozu dann also Pläne machen, Verpflichtungen übernehmen, selbst wenn es mit unbestimmten Worten geschieht? Und dann: wenn ich mich irgendwie, und wäre es im Geringsten, gebunden fühlte, wäre ich nicht mehr *à mon aise* und könnte nichts Gutes machen. Als ich jung, wenn auch kränklich, war, konnte ich zehn, ja zwölf Stunden am Schreibtisch bleiben und immerzu arbeiten!! Mehr als einmal war ich von vier Uhr früh bis vier Uhr nachmittags an der Arbeit, nur mit einem Kaffee im Magen . . . und immer arbeitend, ohne Atem zu schöpfen. Damals konnte ich meinen Körper und der Zeit befehlen. – Heute kann ich das leider nicht . . .

Fassen wir zusammen: Das beste ist, jetzt und späterhin allen, allen zu sagen, daß ich für den *Falstaff* kein Sterbenswort versprechen kann noch will. Wenn er kommt, kommt er; und er kommt, wie er kommt. –

Die *Perseveranza* schrieb, sie werde zum 1. des Jahres eine Beilage über *Falstaff* veröffentlichen. Die Beilage ist hier nicht eingetroffen. Tut mir den Gefallen, sie mir zu schicken. Über diesen *Falstaff* ist schon so viel gesagt worden und nicht sehr viel Gutes! Wer weiß, ob die *Perseveranza* nicht etwas Gutes zu sagen gefunden hat.

Grüße und Gesundheit. Ein gutes neues Jahr. Herzlichst

G. Verdi

P. S. Soeben erhalte ich die Beilage, die mir die Direktion der *Perseveranza* schickt. Trotzdem Dank.

Genua, 8. März 1891

Liebe Frau Peppina,
Wir sind gestern ganz gut angekommen. Peppina hat sehr
unter recht akuten Schmerzen in den Knien gelitten; aber mit
der von Todeschi verschriebenen Behandlung hoffe ich, daß
das akute Übel vorbeigehen und zumindest [nicht schlimmer]
wiederkehren wird als bisher.
Und auch Sie haben zu leiden! Man kann nicht leugnen: die
Sorgen sind das tägliche Brot des Lebens, aber wenn man ein
gewisses Alter erreicht hat, vermehren sie sich mit erstaunli-
cher Gewalt.
Man muß sie ertragen und sich Mut machen, sagt man;
aber . . . Auch ich bin zur Zeit mit ihnen wohlversehen . . .
und sie sind groß und schwer. Ich werde *Hiob* wieder lesen,
um die Kraft zum Ertragen zu finden, obwohl auch er ganz
schön geflucht hat. Mut also und vorwärts, solange es geht.
Herzliche Grüße von Peppina und einen guten Händedruck
von   G. Verdi

Im Beethoven-Jahr 1870 hinterließ der große deutsche Dirigent und
Pianist Hans von Bülow (1830–1894) in Mailand einen so tiefen Eindruck, daß die Scala ihn als Chefdirigenten gewinnen wollte. Der Kritiker Filippo Filippi warnte ihn jedoch vor Giulio Ricordis Drohung, er
werde im Falle von Bülows Ernennung das ganze Material seines Verlags,
Verdis Werke inbegriffen, von der Scala zurückziehen. Natürlich fürch-
tete Ricordi die Beziehungen des berühmten Wagner-Dirigenten zu
seinem Konkurrenten, dem Wagner-Verleger Lucca. In Bülows
Unterbewußtsein mag diese Feindschaft auch in seiner scharfen Ablehnung von Verdis ›Requiem‹ mitgespielt haben. Sein Freund Johannes
Brahms, der dieses ›Requiem‹ liebte, soll zu Bülows Sinnesänderung und
einem Brief von seltener Noblesse beigetragen haben. Verdis Antwort:

AN HANS VON BÜLOW

Genua, 14. April 1892

Es gibt keinen Schatten von Sünde in Euch! – und es geht
nicht an, von Reue und Vergebung zu sprechen!
Wenn Eure Ansichten früher andere waren als heute, habt Ihr
sehr wohl daran getan, sie zu bekennen; und ich hätte nie
gewagt, mich darüber zu beklagen. Im Übrigen, wer weiß . . .
vielleicht habt Ihr damals recht gehabt.
Wie dem auch sei, Euer unerwarteter Brief, geschrieben von

einem Musiker Eures Ranges und Eurer Bedeutung in der Welt der Kunst, hat mir große Freude gemacht! Und das nicht wegen meiner persönlichen Eitelkeit, sondern weil ich sehe, daß die wahrhaft erlesenen Künstler nicht nach den Vorurteilen der Schulen, der Nationen und der Zeit urteilen.

Wenn die Künstler im Norden und im Süden verschiedene Neigungen haben, mögen sie eben *verschieden* sein! Alle sollten den *eigenen Charakter ihrer Nation* bewahren, wie Wagner so sehr gut gesagt hat.

Glücklich Ihr, die Ihr noch immer die Söhne Bachs seid! Und wir? Auch wir, die Söhne Palestrinas, hatten einmal eine große Schule . . . und die unsere! Jetzt ist sie verfälscht und vom Untergang bedroht!

Ob wir zum Anfang zurückkehren könnten?!

Ich bedauere, der Musikausstellung in Wien nicht beiwohnen zu können, wo ich nicht nur das Glück gehabt hätte, so viele berühmte Musiker anzutreffen, sondern zu meiner Freude ganz besonders Ihnen hätte die Hand drücken können. Ich hoffe, daß mein hohes Alter Gnade bei den Herren finden wird, die mich so freundlich eingeladen haben, und daß sie mein Ausbleiben entschuldigen werden.

Ihr aufrichtiger Bewunderer

AN GIULIO RICORDI

St. Agata, 13. Juni 1892

Lieber Giulio,

Es wäre besser gewesen, wenn Manzotti sein Ballett aufgeführt hätte. Damit hätte man sich aus einer für jedermann schweren, für mich aber äußerst schweren Verlegenheit befreit!

Ich bin unter keinen Umständen gewillt, mich mit dem Impresario [der Scala] zu treffen, noch will ich direkte Beziehungen zu ihm haben. Ich bin überzeugt, daß die Gemeinheit begangen und absichtlich begangen worden ist, aber ich will kein Geschwätz und weder Lebende noch Tote als Zeugen zitieren. Es stimmt nicht, daß er zu schlau ist, um sich auf so einen Handel eingelassen zu haben. Aber sachte, sachte! . . .

Er war überzeugt, daß ich nach dem *Otello* nichts mehr machen würde; und so konnte er sich eine solche Gemeinheit erlauben, um sich für meine Ansprüche und Forderungen zu rächen! Seine Erwägung hätte richtig sein können . . . aber er

hat nicht bedacht, daß ich noch einmal sagen könnte . . .
Punktum und von Anfang an!
Ich will auch mit der Kommission nichts zu schaffen haben, und falls die vielen, vielen Schwierigkeiten zu überwinden wären, werdet Ihr, ja Ihr, vorübergehend mein Impresario sein (aber paßt auf, es wird diesmal nicht leicht sein), und an Euch werde ich mich in allem und für alles wenden, wobei ich mir das Recht vorbehalte, die Partitur zurückzuziehen, wenn ich mit der musikalischen oder szenischen Aufführung nicht zufrieden sein sollte.

Ihr sprecht mir von Bühnenbildern, von Malern, die man nach London schicken will (wozu?), von Kostümen, Maschinerie und Beleuchtung! Um Theaterdekorationen zu machen, braucht man Theatermaler: Maler, die nicht die Eitelkeit haben, vor allem ihr Talent zur Schau zu stellen, sondern die dem Drama dienen. Um Gottes Willen, machen wir's nicht so wie beim *Otello*, für den man es zu gut machen wollte und des Guten *zu viel tat*. Laßt Euch vielmehr aus London (mit Downings [?] Hilfe) die Kostümentwürfe zu den ›Lustigen Weibern‹ kommen, wie sie in London aufgeführt werden. Auch ich habe – ich weiß nicht, von wem – Photographien von deutschen Zeichnungen erhalten; ein paar sind sehr schön, werden aber von keinerlei Nutzen sein.

Für die Maschinerie gibt es wenig zu tun, abgesehen von der *Korbszene*, die weiter keine Schwierigkeit bietet, solange man sie nicht unnötig kompliziert.

Beleuchtungseffekte sind nicht notwendig, bis auf etwas *Dunkelheit* in der Parkszene. Aber, verstehen wir uns recht, eine *Dunkelheit*, die die Gesichter der Künstler sehen läßt. Keine Beleuchtungseffekte wie der im letzten Akt der ›Wally‹. Der war wunderschön, wenn Ihr so wollt, hat aber die dramatische Wirkung vollständig ruiniert, so daß die Oper kalt zu Ende ging!

Was das Orchester betrifft, *ist etwas faul im Staate Dänemark*. Man sieht, daß die Impresa, wie anderwärts, auch in die Scala ihre Spießgesellen gesetzt hat, die nichts taugen. Auch in den Ersten Geigen ist Leere, weil nicht alle spielen. Von den *Zweiten* sprechen wir gar nicht erst!! Die Holzbläser taugen nicht viel, außer den beiden alten Musikern, die besser sind als alle anderen. Das Blech hat keinen Glanz, es hat keine Präzision . . . und was für *Ansätze*!! Die Hörner nicht gut; die

Trompeten haben keinen *Ansatz*; besser die Posaunen, wenn sie leise spielen könnten . . . Aber das alles muß Mascheroni in Ordnung bringen, weil es so nicht geht. –

Kommen wir jetzt zum Ernstesten. Ach! Die Schwierigkeiten wachsen, wachsen und erwürgen mich!

Die Fabbri kann mit ihrer schönen, leichten Stimme gesangliche Erfolge wie in der ›Cenerentola‹ usw. usw. haben. Aber die Partie der *Quickly* ist etwas anderes. Die erfordert Gesang und Aktion, viel Unbefangenheit auf der Bühne und den richtigen Akzent in der Diktion. Sie hat diese Eigenschaften nicht, und wir laufen Gefahr, eine Partie zu opfern, die die charakteristischste und originellste von allen vieren ist.

Die Partie der Alice erfordert die gleichen Eigenschaften samt noch größerer Lebhaftigkeit. Sie muß den Teufel im Leibe haben. *Sie kocht die Polenta.* [Sie hat die Fäden in der Hand.]

Die Guerrini paßt gut für die Partie der *Meg*, aber es tut mir leid, daß die Partie nicht bedeutender ist.

Nannetta muß sehr jung sein, wunderschön singen und die brillanteste Schauspielerin sein, vor allem, in den beiden Duettchen mit dem Tenor und besonders in einem sehr lebhaften und komischen von den beiden.

Seht Ihr, daß nicht leicht zu finden sein wird, was man da braucht! Haben die Calennese [?] und die Brambilla diese Eigenschaften? . . . Und wie könnte man sie hören?

Für die männliche Partie [Fenton] gibt's nichts Besseres als Masini, aber ich fürchte seine schlechten Launen, wenn er auf den Proben merken wird, daß die Partien des *Falstaff*, der *Alice*, der *Quickly*, des Ford sehr viel bedeutender sind als die seine. – Valero nicht; der ist zu weinerlich! Wie ist dieser Moretti [?]? –

Pessina ist ein guter Künstler, aber mehr Sänger als Schauspieler und etwas schwer für die Partie des Ford, der wutschnaubend vor Eifersucht brüllt, schreit, herumspringt usw. . . .

Ohne das ginge die Wirkung des Finales vom Zweiten Akt verloren. Alle Aufmerksamkeit ist auf ihn gerichtet und ab und zu auf Falstaff, wenn der sein Gesicht aus dem Korb steckt. Für diese Partie wäre Pini Corsi am besten, wenn man seine Beine ändern könnte.

Paroli gut für Cajus. *Cesari* ist zu viel für die Partie des Pistola. Aber wenn er mit ihr zufrieden ist, kann man sie erweitern,

indem man ihm ein paar Passagen des Bardolfo gibt; und
davon sprechen wir mit Boito.
Auch Bardolfo erfordert einen sehr unbefangenen Schauspieler, der seine Nase gut zu tragen weiß ...
Ihr seht also, wie schwierig es sein wird, alles zu finden, was
notwendig ist. Ich füge hinzu, daß die Klavier- und Bühnenproben lang sein werden, weil es nicht sehr leicht sein wird,
[diese Oper] so aufzuführen, wie ich es wünsche – und ich
werde sehr anspruchsvoll sein; und nicht wie bei *Otello*, bei
dem ich aus Rücksicht auf den einen oder anderen und um als
ernster, gewichtiger und ehrwürdiger Mann zu gelten, alles
ertragen habe. Nein, nein: ich werde wieder der Bär von
früher sein, und wir alle werden dabei gewinnen ... Die
Musik ist nicht schwer, muß aber anders als in modernen
komischen Opern und in den alten Buffo-Opern gesungen
werden. Ich möchte nicht, daß man so sänge wie z. B. die
Carmen und auch nicht wie man den *Don Pasquale* oder den
Crispino singt. Es gilt zu studieren, und das wird Zeit kosten.
Unsere Sänger können im allgemeinen nur mit großer Stimme
singen; sie haben weder stimmliche Elastizität noch klare und
leichte Diktion, und es fehlen ihnen Akzente und Atem ...
Excusez du [unleserlich]
Was für ein Erguß! – Ich habe in allem und über alles sehr
schlecht geschrieben ... aber verzeiht mir ... es würde zu
viel Zeit kosten, [diesen Brief] noch einmal zu schreiben ...
Addio, addio.   G. Verdi
Ich habe noch keine Zeit gehabt, [unleserlich] des Anwalts
Panattoni zu lesen. Morgen schicke ich es Euch zurück.

AN GIULIO RICORDI

St. Agata, 30. August 1892
Lieber Giulio,
Im Telegramm von heute früh habe ich Euch gesagt »Sagt alles
ab!« Ich wiederhole noch einmal das gleiche: »Sagt alles ab«
... nicht einmal, sondern zwanzigmal! –
Das Kommen von Monsieur Maurel hat mich erschreckt,
und ich habe etwas Ungewöhnliches erwartet; aber ich
hatte nicht geglaubt, daß er ankäme, um (vom Übrigen abgesehen) den Anspruch zu erheben, der einzige *erste
Interpret in bestimmten erstrangigen Theatern* zu sein,
und sozusagen unsere Oper in Besitz zu nehmen. Und wir?

... Wer sind wir? ... Und er! Wer ist er? ... In 50 Jahren Theaterwirtschaft ist mir nie etwas ähnliches passiert! Das ist eine Forderung, für die es kein Beiwort gibt und die keine Diskussion erlaubt!

In schwierigen Situationen ist das Zögern das Schlimmste! Hier darf man nicht schwanken und muß die Ansprüche Maurels sofort publik machen, und [auch] mein Telegramm, und hinzufügen: *darum kann man Falstaff nicht* aufführen.

Ihr werdet das etwas stark finden! ... Es ist das einzige Vorgehen, meine ich, das in der gegenwärtigen Lage nützen kann. *Eins führt zum anderen*, und wer weiß ... vielleicht kann eine solche Unverschämtheit zu anderen Ideen, anderen Kombinationen führen.

Habt keine Angst. Besprecht Euch mit Boito und geht auf diese Weise vor ...

Die Karten auf den Tisch – Kein Entgegenkommen! Wenn etwas so weit gekommen ist, muß man auch noch die Scherben zerschlagen!

Addio, addio   Euer G. Verdi

AN GIULIO RICORDI

St. Agata, 1. September 1892

Lieber Giulio,

Wir verlieren unsere Zeit mit Briefen und Telegrammen!!

Erlaubt mir, Euch zu sagen, daß Ihr alle ein bißchen verrückt und aus dem Häuschen seid. Ich fühle mich zu Hause und kann nicht erlauben, daß mich jemand meines Eigentums beraube; darum wiederhole ich nochmals:

1. Keine Verpflichtung, *Falstaff* aufzuführen, wo es anderen paßt;

2. Keine übermäßigen Honorare für die Künstler;

3. Keine bezahlten Proben.

Zum 1. Angenommen, daß ich es nach den Aufführungen an der Scala für gut hielte, ein paar Änderungen zu machen, könnte ich gestatten, daß ein Künstler daherkäme und mir sagte, »Ich habe keine Zeit zu warten und *will* die Oper in Madrid, in London machen«? Bei Gott, das wäre etwas stark!!

Zu 2. Ich will nicht, daß die Impresa trotz eines Erfolgs durch eine meiner *neuen* Opern Geld verliert!

Zu 3. Das wäre ein verhängnisvoller Präzedenzfall! – Ein besonders für die Proben des *Falstaff* geschaffener Präzedenzfall!!

Ich sagte Euch von Anfang an, daß Ihr alle verrückt seid, und sage jetzt, daß auch Maurel verrückt ist. Sieht er nicht ein, daß er, wenn das Libretto des *Falstaff* gut und die Musik erträglich ist, und wenn er diese Rolle derart überlegen gibt, ohnehin benötigt wird, ohne daß er andere vor den Kopf stoßen müßte?

Madame Maurel, die so intelligent und jetzt nur ein bißchen irritiert und nervös ist, wird mir nicht recht geben; nach einem Monat wird sie sagen: *»Le Maître avait raison!«*.

Bringen wir die Dinge in Ordnung.

Ich verlange einfach, Herr meiner Sachen zu sein und niemand zu schädigen.

Wenn man mir die Wahl stellen könnte:

Entweder Ihr akzeptiert diese Bedingungen

oder Ihr verbrennt die Partitur,

dann würde ich sogleich das Feuer anzünden und selber den *Falstaff* auf den Scheiterhaufen legen samt seinem Bauch –

Addio, addio   Euer G. Verdi

P. S. Erlaubt mir Euch zu sagen, daß Ihr in dieser Angelegenheit etwas zu sehr mit *Samthandschuhen* vorgegangen seid. Man hätte sofort, sofort *casser les vitres* und die Verhandlungen abbrechen müssen. Dann wäre es leichter gewesen, ein Mittel zu finden. Jetzt bin ich, in der Annahme, daß die Dinge beizulegen sind, sehr beunruhigt für die Proben ... Ich will nicht sagen, daß ich kein Vertrauen habe, halte es aber für angezeigt, alle Maßnahmen zu ergreifen, um mich vor irgend einem [unleserlich] zu schützen.

AN GIULIO RICORDI

St. Agata, 18. September 1892

Lieber Giulio,

Ich schicke den Klavierauszug mit einigen Bemerkungen zurück und auch das Libretto.

Es sind ein paar Fehler in der Partitur, die ich zu bezeichnen bitte, damit sie korrigiert werden können.

Das Libretto scheint sogar noch schöner, jetzt da es gedruckt ist. Auf Seite 20 fehlt der Vers *Giungi in buon punto . . .* und er steht im Klavierauszug! Auf Seite 21 haben sie das Wort

t'offro gestrichen . . . vielleicht weil ich es zu schreiben vergaß, aber es muß da stehen. Sagt es dem Boito.
Ihr stellt einige Fragen über *Auftritt* und *Abgang* der Schauspieler. Nichts ist leichter und einfacher als diese Inszenierung, wenn der Maler ein Bühnenbild macht, wie ich es vor
mir sah, als ich die Musik machte. Nichts weiter als ein
großer, richtiger Garten mit Wegen und hier und da Gruppen
von Büschen und Pflanzen, so daß man nach Belieben sich verstecken, auftauchen und verschwinden kann, wenn das Spiel
und die Musik es verlangen. Z. B. [vgl. Zeichnung S. 192]
Auf diese Art hätten die Männer ihren abgesonderten Platz
und könnten später auch den der Frauen einnehmen, wenn
diese nicht mehr auf der Bühne sind. Dann könnten die
Frauen am Ende des Aktes den Platz besetzen, auf dem die
Männer gestanden sind. Sagt niemand etwas von meinen
Klecksereien (nicht einmal Boito), aber achtet darauf, ob
Hohensteins Ideen mehr oder weniger mit meinen überein-
stimmen.
Tito sagte mir, daß Hohenstein vorgeschlagen hätte, den
Wandschirm ganz an die Seite der Bühne zu stellen, »weil es
natürlich und logisch ist, daß ein Wandschirm an die Wand
gelehnt ist«. – Durchaus nicht. – Hier handelt es sich um einen
Wandschirm, der sozusagen mitspielt, und er muß dorthin
gestellt werden, wo das Spiel es verlangt; um so mehr, als
Alice an einer bestimmten Stelle sagt, *più in quà, più in là, più
aperto ancora* [mehr hierher, mehr dorthin, noch offener]
usw. usw.
Das Bühnenbild des zweiten Finales müßte fast völlig frei
sein, damit man sich bewegen kann und die Hauptgruppen
deutlich sichtbar werden: die am *Wandschirm*, die am *Korb*,
die am großen Fenster. [vgl. Zeichnung S. 193]
Ich wiederhole: sagt niemand etwas davon, weil ich mich
niemandem aufdrängen will und wünsche, daß andere etwas
Besseres fänden . . . Aber andererseits werde ich nichts zulas-
sen, was mich nicht ganz und gar überzeugt.

18. September
Ich war im Begriff, dies zur Post zu geben, als ich Euren Brief
vom 17. bekam.
Ich bin wirklich traurig, und Peppina mit mir, über das Unglück in Eurem Haus und wir nehmen Anteil an Eurem

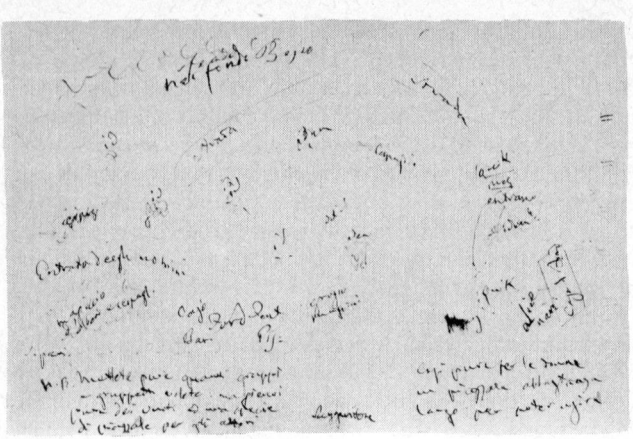

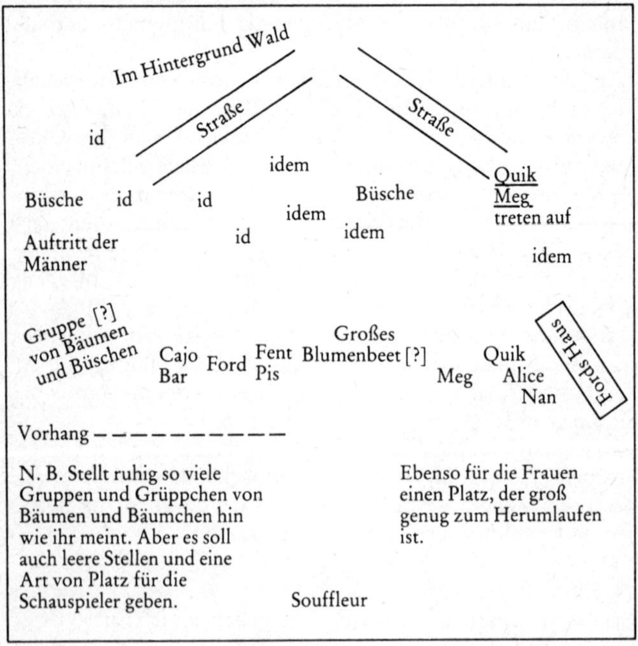

Im Hintergrund Wald

Straße   Straße

id

idem

<u>Quik</u>
<u>Meg</u>
treten auf

Büsche   id   id   Büsche

idem

Auftritt der
Männer

id   idem   idem

idem

Gruppe [?]
von Bäumen
und Büschen

    Cajo   Ford   Fent
    Bar   Pis

Großes
Blumenbeet [?]

   Meg   Quik
        Alice
         Nan

Fords Haus

Vorhang – – – – – – – –

N. B. Stellt ruhig so viele
Gruppen und Grüppchen von
Bäumen und Bäumchen hin
wie ihr meint. Aber es soll
auch leere Stellen und eine
Art von Platz für die
Schauspieler geben.

Ebenso für die Frauen
einen Platz, der groß
genug zum Herumlaufen
ist.

Souffleur

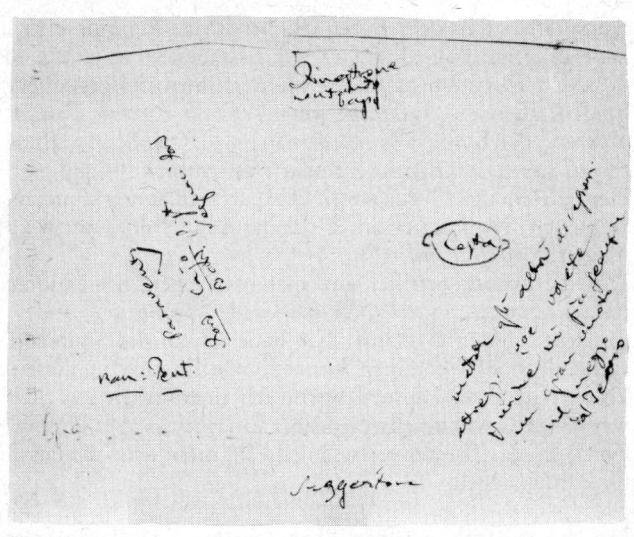

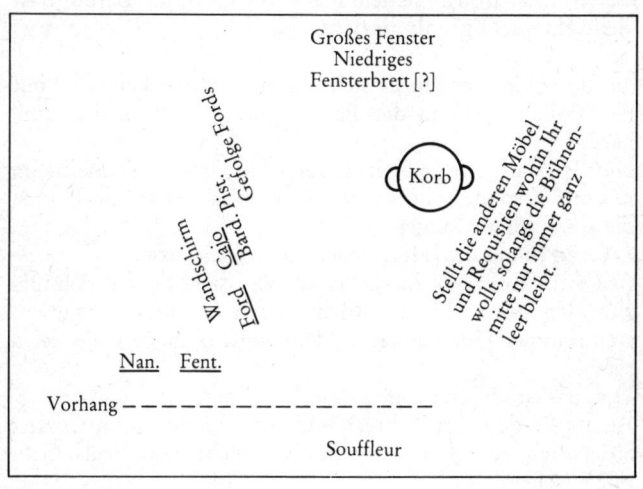

Großes Fenster
Niedriges
Fensterbrett [?]

Wandschirm
Caio Pist. Fords
Ford Bard. Gefolge Fords

Korb

Stellt die anderen Möbel und Requisiten wohin Ihr wollt, solange die Bühnenmitte nur immer ganz leer bleibt.

Nan.   Fent.

Vorhang – – – – – – – – – – – – – – – –

Souffleur

Kummer und an dem Eurer Giuditta. Man kann da nichts anderes sagen, als Geduld und Mut zu haben.

Was den *Falstaff* betrifft, will ich mich niemand gegenüber binden, aber *ich verspreche dem Verleger Ricordi, Falstaff* während der Karnevalsspielzeit 1892–93 an der Scala aufführen zu lassen, sofern das vereinbarte Ensemble vollständig ist. Der *Falstaff* kann in den ersten Februartagen herauskommen, wenn ich das Theater am 2. Januar 1893 vollkommen zu meiner Verfügung habe.

Was die Proben betrifft, wird man es machen, wie es sonst immer gemacht wurde. Nur die Generalprobe muß anders gemacht werden als sonst. Nie habe ich an der Scala eine Generalprobe bekommen können, wie sie sich in diesem Theater gehörte. Diesmal werde ich unerbittlich sein. Ich werde mich nicht beschweren, aber sowie etwas nicht stimmt, werde ich das Theater verlassen und Ihr müßt dann die Partitur zurückziehen.

Lassen wir Paroli an seinem Platz. Die Partie des Bardolfo ist vielleicht wichtiger als die des Cajus.

Bei der Flöte handelt es sich um eine Kleinigkeit: Des mit Es [Triller]. Seht in der Partitur bei der Szene der *Ehre* nach.

Die Baßklarinette in A kam auch im *Otello* vor. Sie ist im *Falstaff* besonders im dritten Akt nötig, wenn die Frauen diese Art Litanei singen:

Domine fallo casto [Herr, mach ihn keusch] usw.

Auch ein *Corno da caccia* [Jagdhorn] ist nötig, ein richtiges altes Jagdhorn ohne Ventil im tiefen As. Das Instrument sollte einigen Umfang haben; dann wird es leichter zu spielen sein. –

Und das ist für jetzt genug.

Ist die Pasqua verpflichtet? – Und wie steht es mit Cesari? Soweit ich weiß, kommt er dies Jahr nicht an die Scala. Gebt mir Bescheid.

Addio, addio   Euer G. Verdi

Ich schicke dies zusammen mit dem Klavierauszug des ersten Aktes mit wenigen Änderungen. Ich bitte Euch, die in der Originalpartitur vorhandenen Fehler zu bezeichnen, damit ich sie korrigieren kann.

Genua, 27. November 1892

Lieber Giulio,
Gestern hatte ich keine Zeit, den Brief zu beenden, so beende
ich ihn heute.
Colombo, Borgia, Rigoletto. Zu viele Eisen im Feuer! So
wird's damit enden, daß man weder das eine noch das andere
gut macht. – Macht es jedoch, wie Ihr meint; aber ich mache
nochmals darauf aufmerksam,
1. ... daß Falstaff viel schwieriger ist, als es beim Lesen der
Partitur erscheint; und die Schwierigkeiten werden mit den
Bühnenproben zunehmen.
2. ... daß Garbin hier im Theater zu viel singt und keine Zeit
hat, die Studien zu machen, die er braucht. Die Erlaubnis, hier
weitere Vorstellungen zu singen, war ein Irrtum! ... Er wird
müde und studiert nicht. – Und wenn er's nicht schaffte, die
Partie zu lernen?
Wie würde man dann Maurels Vorstellungen machen? Bedenkt das! ... Ich wiederhole nochmals, macht, was Ihr wollt;
aber ich erkläre nochmals, daß ich, und wenn die Welt unter-
ginge, keine Aufführung freigebe, solange die Oper nicht *auf
meine Weise aufgeführt wird.*
Und etwas anderes:
Ein enormes, dummes, unverzeihliches Versehen. Ein
Komponist, der so etwas verbricht, sollte erschossen werden.
In der vorletzten Szene des dritten Akts, nachdem Falstaff
gesagt hat
Incomincio ad accorgermi   [Ich beginne zu bemerken,
D'essere stato un somaro   Daß ich ein Esel gewesen
                                  bin]
habe ich von allen ausrufen lassen *E un cervo, un bue e un
mostro raro* [Und ein Hirsch, ein Ochse und ein seltenes
Ungeheuer], ohne zu bedenken, daß Nannetta, Fenton, Bardolfo und Cajus nicht mehr auf der Bühne sind! ... Ich habe
die Solo- und Chorstimmen korrigiert. Orchester und Klavier bleiben, wie sie sind. – Ich bedaure es wegen der Platte,
die neu gemacht werden muß! Ich wiederhole ... *Erschießt
mich!*
Schickt mir diese Partitur zurück, sobald Ihr die Stimmen in
Ordnung gebracht und die Korrekturen gemacht habt, weil

ich keine andere habe ... und gerade diese, von mir selbst korrigierte, haben möchte ...

Addio, addio.

Heute [ist] keiner der meinen [da] ... Stehle ist mittags nach Recoaro abgereist und hat abends Konzert! –

Garbin kommt in diesem Augenblick (½ 2 nachmittags), aber er ist sehr heiser, und ich habe ihn nach Hause geschickt. –

Ich erhalte Euer Telegramm. Wenn Arimondi am letzten Tag des Monats herkommt, ist's recht. Dann werde ich Zeit haben, zu verstehen, worum es sich handelt. Schickt ihm meine Adresse, und er soll sofort zu mir kommen ...

Salve   G. Verdi

P. S. Ich schicke heute den dritten Akt *eingeschrieben* mit den oben erwähnten Änderungen.

Ferdinando Martini (1841–1928), Schriftsteller und Politiker, war 1892/1893 italienischer Kulturminister.

AN FERDINANDO MARTINI

[Mailand, 11. Februar 1893]

In der *Perseveranza* lese ich, daß ich den Titel Marchese erhalten soll. Ich wende mich an Sie, an den Künstler, damit Sie alles tun, um das zu verhindern. Meine Dankbarkeit wird viel größer sein, wenn diese Ernennung unterbleibt.

Mit einundzwanzig Jahren debütierte Edoardo Mascheroni (1859–1941) in Brescia als Dirigent von ›Macbeth‹ und ›Un Ballo in Maschera‹. Fünf Jahre später leitete er die italienische Erstaufführung des ›Fidelio‹ in Rom. Nach Faccios frühem Tod wurde er mit Verdis und Boitos Empfehlung an die Scala verpflichtet, an der er am 9. Februar 1893 die Uraufführung des ›Falstaff‹ dirigierte. Verdi bezeichnete seinen jungen Freund, dem er den Spitznamen »Farfarello« [Kobold] verlieh, scherzhaft als den »dritten Autor des ›Falstaff‹« und freute sich über die weltweiten Erfolge seines Werkes mit Mascheroni am Pult.

Nach Verdis anfänglichen schweren Bedenken war Emma Zilli (1864–1901) als Alice für die Uraufführung des ›Falstaff‹ engagiert worden. Sie sang diese Rolle mit großem Erfolg an vielen Bühnen Italiens und ganz Europas.

St. Agata, 12. März [?] 1893

Lieber Mascheroni,

Ich gratuliere, gratuliere, und gratuliere Euch noch einmal, dem *dritten* Autor des *Falstaff*! Wer wird der vierte sein? Vielleicht Pini Corsi. Und der fünfte?

Die [Lustigen] Weiber.

Was die betrifft, erhielt ich einen sehr reizenden und vor allem guten Brief von der Zilli. Dankt und sagt ihr, daß ich später antworten werde, weil ich jetzt furchtbar viel damit zu tun habe, eine Oper in 12 Akten fertig zu machen, samt einem Prolog und einer Sinfonie, die so lang ist wie alle neun Sinfonien Beethovens zusammengenommen; dann noch ein Vorspiel zu jedem Akt, in dem alle Geigen, Bratschen, Cellis und Kontrabässe in Oktaven spielen werden, aber keine Melodie wie in *Traviata, Rigoletto* usw., sondern eine von den wunderschönen modernen, die weder Anfang noch Ende haben und in der Luft hängen wie das Grab des Mohammed.

Ich habe keine Zeit mehr, Euch zu erklären, wie die Sänger die Begleitung machen sollen, aber ich hoffe auf eine Inspiration, um mit den Sängern und Sängerinnen das *tschack, tschack* der Becken nachahmen zu können ... Ich sag's Euch ein andermal. Addio.

Euer G. Verdi

St. Agata, 15. Juni 1893

Lieber Mascheroni,

Ich erhalte Euren Brief vom 13. und freue mich mit Euch über die Ovationen in Wien und Berlin: solide Ovationen, die sich angesichts der glänzenden Angebote von Berlin und Hamburg als Fakten erweisen. Und das ist gut und schön. –

Ihr bittet mich um einen Rat? Und was für einen? Wer könnte ihn geben?

Es kann ein schwerer Irrtum sein, zu sagen: *Geht*. Wie es auch einer sein kann, zu sagen: *Bleibt*.

Die Verhältnisse in unseren Theatern sind zweifellos bedauerlich. Nichts ist sicher hier! Selbst die Hauptstadt hat kein Theater!! Nur die Scala hält sich noch, aber niemand kann sicher sagen, ob sie nicht bald geschlossen wird. Alle Projekte, die man in letzter Zeit geplant hat, sind schwer zu realisieren.

Ein festes Repertoire ist bei uns und unserem Publikum unmöglich! Gebt ihnen [in der Scala] zwei Jahre hintereinander die diesjährige Gesellschaft mit den besten Opern ihres Repertoires, Maurel mit *Rigoletto, Hamlet* usw. usw. inbegriffen, und dann könnt Ihr mir was erzählen. Jedem Land muß man seine angestammte Beschaffenheit lassen und bei uns ab und zu die unanständigen Schreiereien und dummen Urteile in Kauf nehmen! Es ist schlecht, aber so ist es. Dies sind wahrhaftig bedauerliche Zustände, und in vieler Hinsicht sind die Verhältnisse in den deutschen Theatern besser, vor allem was die Sicherheit der Gagen und die Pension nach zehnjährigem Dienst betrifft. Andererseits gibt es dort aber ein Repertoire, für das die Kenntnis der Sprache unentbehrlich ist; Feindseligkeit, selbst wenn sie ruhig schläft, wird später erwachen, wie auch der Krieg aller Dirigenten und Nicht-Dirigenten gegen *den Italiener*. Das ist unvermeidlich. Werdet Ihr den Mut haben, so vielen Schlechtigkeiten mit dem Panzer der Gleichgültigkeit zu begegnen? Sie ist die einzig sichere und starke Rüstung, aber schwer anzulegen!

Es gibt noch mehr . . . Ihr selbst habt es gesagt: die Erziehung der Kinder. Da ist eine schwierige Frage zu lösen. Entweder Ihr laßt Eure Familie neun Monate hier in Italien und fahrt allein; oder Ihr nehmt die Familie mit und gebt den Kindern eine Erziehung, die weder italienisch noch deutsch sein wird. Ihr werdet mir sagen, daß Ihr sie erziehen lassen werdet wie Ihr es wollt. Nein. Macht Euch nichts vor. Eure Kinder werden die dortige Luft atmen, und die wird ihr Blut und Gehirn verändern.

Und nach diesem Bild wollt Ihr meinen Rat!!

Gott soll mich schützen!

Für jetzt bin ich fertig; ein andermal werde ich Euch andere Dinge sagen. Jetzt grüße ich Euch auch von Peppina und drücke Euch die Hand.

[unleserlich]   G. Verdi

AN EDOARDO MASCHERONI

Busseto-St. Agata, 16. August 1893
»Auch das wäre geschafft«,

sagte der Kerl, der seinen Vater ermordet hatte!! Wir haben niemand ermordet; vielmehr haben wir dem guten Publikum ein bißchen das Fell über die Ohren gezogen; aber solange es

sich darüber nicht beschwert, ist's nicht schlimm! . . . Aber, aber Ihr werdet mir nach der fünften oder sechsten Vorstellung [in Brescia] etwas über die Kasse sagen. Mein Kompliment jedenfalls für alle, meine . . . was soll ich sagen? Nun, ich werde allen Sängerinnen und Sängern bravo, bravissimo zurufen und Euch: *zehn Punkte!! Amen!*
Ich grüße Euch von Peppina und drücke Euch die Hand.
P. S. Ach, ich vergaß Euch zu sagen, daß ich hocherfreut bin, mich im Protagonisten getäuscht zu haben, das heißt hocherfreut über seinen Erfolg! Ich höre jedoch, daß er abscheulich *geschminkt* war! Ach, die italienischen Künstler!! In ihrer blöden Aufgeblasenheit lassen sie sich zu diesen Albernheiten herab und machen ihre Sache lieber schlecht als so wie die anderen.
Und da gab es ein Vorbild, das vor allem in dieser Beziehung unübertrefflich war!

AN GIULIO RICORDI

Genua, 12. März 1894

Lieber Giulio,
Bild erhalten . . . unterschrieben und abgeschickt.
Auch Euer zweites Telegramm über den Schmerbauch in Neapel erhalten. Ich wünsche mir, den gleichen Erfolg bei der sechsten Vorstellung, und dann will ich zufrieden sein!
Und jetzt nach Paris!! . . . sagt Ihr im Telegramm! Wehe mir! Wehe mir! Sei's drum! Aber wozu soll ich dahin gehen?! [Das wäre] schlechter als gut! Und dann . . . mit meinen fast einundachzig Jahren auf dem Buckel eine lange und mühsame Reise antreten! Daß ich vor einem Jahr (seitdem ist ein Jahr vergangen) die Anstrengungen des *Falstaff* und die Reise nach Rom ertrug, ist leicht gesagt! Aber ich habe sie gespürt und spüre sie noch immer so sehr, daß meine Beine mich nicht mehr tragen wie vorher, und ich jetzt nur noch langsam und stockend gehen kann. Noch dazu, in das Land zu gehen, wo man uns so wenig liebt! Und wo es im Künstlerischen so wenig gegenseitige Sympathien gibt! – Außerdem kenne ich in Paris keine Seele mehr und wäre verloren wie in einer Wüste! Dazu ist es, wie Ihr alle sagt, auch nicht mehr möglich, in meinem alten Hotel zu wohnen, in dem ich mich wie zu Hause fühlte, und man müßte in das Grand Hotel ziehen, das mir unsympathisch ist! Lauter Kleinigkeiten, werdet Ihr sa-

gen! Das stimmt; aber Kleinigkeiten, die einem das Leben
vergiften! Ist es wirklich nötig, sie auf mich zu nehmen, wenn
ich überzeugt bin, daß ich von keinerlei Nutzen sein kann!
Nehmt an, daß mir das Ensemble in der bereits ausgewählten
troupe nicht paßt, und ich es nicht geeignet für diese Oper
finde. Dann müßte ich es entweder ertragen (was immer sehr
schwer für mich ist) oder deutlich meine Meinung sagen und
schlechte Laune, Spott und Zorn in alle und alles bringen.
Man soll *Falstaff* ruhig geben, wenn man will; aber, ich wiederhole noch einmal, ich bin überzeugt, daß es besser für
mich, für die Oper, für alle ist, wenn man sie ohne meine
Anwesenheit gibt.
Addio, addio   Euer G. Verdi

AN GIULIO RICORDI

Mailand, 1. Juni 1894
Lieber Giulio,
Ich erhalte einen Brief aus Paris, in dem man mir schreibt,
Maurel habe sich erlaubt, hier und da im *Falstaff* Striche zu
machen!! Und was noch schlimmer ist, er nimmt einmal hier,
einmal da ein Stück heraus je nach Laune, wie als Experiment
und um zu beurteilen, welche Stellen wert sind, geduldet zu
werden, und welche zu vergessen sind! Und dann spricht man
von Kunst . . . von Großer Kunst!! . . . *Was für ein Witz!!*
Auf diese Art werden die Opern nichts weiter als Etüden, um
Stimme, Gesang oder Geste (selbstverständlich eine manie-
rierte) irgend eines Künstlers zur Geltung zu bringen.
Man fragt mich weiterhin, ob ich diese Striche autorisiert
habe! O nein! O nein!! Ich bin einverstanden, und ohne
Bedauern, wenn meine Opern nicht aufgeführt werden; aber
wenn sie aufgeführt werden, verlange ich, daß es so sei, wie
ich sie mir vorgestellt habe.
Deshalb wende ich mich an Euch, meinen Verleger, und be-
rufe mich auf den Vertrag, der zwischen uns in dieser Angelegenheit existiert. Erklärt der Direktion der Opéra-Comique
also in meinem Namen, daß *Falstaff* vollständig aufgeführt
werden muß, wie am Abend der ersten Aufführung.
Immer Euer getreuer   G. Verdi

Der Komponist und Dirigent Giuseppe Gallignani (1851–1923) war
dank Verdis und Boitos Unterstützung Direktor des Konservatoriums in

Parma geworden und förderte als späterer Direktor des Mailänder Konservatoriums 1899 die Berufung Toscaninis an die Scala.
Als Verdi sich so intensiv für den Sohn seines Kutschers einsetzte, dürfte er sich seines eigenen Gesuches im Jahre 1832 um die Aufnahme in das Mailänder Konservatorium erinnert haben, das er in einem Umschlag mit der Aufschrift *Fu rispinto!* »Wurde abgelehnt!« verwahrte.

AN GIUSEPPE GALLIGNANI

20. Juni 1894

Voriges Jahr bat ich Sie, wie Sie sich wohl erinnern, sich dafür zu verwenden, daß ein Sohn meines Kutschers am Konservatorium in Parma aufgenommen werde. Sie antworteten mir, die Anmeldefrist sei vorüber.
Nun komme ich auf die Sache zurück und wiederhole die Empfehlung vom vorigen Jahr.
Ich bitte Sie also, das Möglichste zu tun, um meine Bitte durchzusetzen. Bitten Sie, beschwören Sie, knien Sie in meinem Namen vor den Behörden! Amen! Mit tausend Entschuldigungen und Dankesworten

AN GIUSEPPINA NEGRONI PRATI

St. Agata, 12. August 1894 [1897?]

Liebe Frau Peppina,
Seit einiger Zeit, schon bevor ich nach Montecatini ging, haben mich tausend Dinge geplagt, Ärgernisse und eigene und fremde Mühen aller Art. Ich sage das nicht, um mich zu entschuldigen, daß ich Ihnen in Ihrer traurigen Zeit nicht geschrieben habe! Nein: darüber habe ich Ideen, die nicht gewöhnlich sind. Ich glaube, daß große Schmerzen keine großen Worte erfordern. Sie bedürfen des Schweigens, der Isolierung und, ich würde sagen, der Qual des Gedankens. Das Wort verdünnt, versüßt und zerstört das Gefühl! Alle Äußerlichkeiten haben etwas von wenig Erfühltem und sind eine Entwürdigung. Ich behaupte nicht, ein sehr unglücklicher Mensch gewesen zu sein, aber wenn man annimmt, daß ich in meinem langen Leben manchen großen Schmerz erlitten habe, habe ich den bitteren Kelch gewiß mutterseelenallein getrunken.
Ich habe vielleicht nicht recht; aber ich kann mir auch nicht denken, unrecht zu haben.

Ich habe aber an Sie gedacht, die Sie so traurig sind; ich weiß und verstehe, wie groß der Schmerz über diesen Verlust ist. Uns geht es so, so. Herzliche Grüße, Kraft und Mut.

Euer G. Verdi

AN GIUSEPPE GALLIGNANI

Genua, 29. Oktober 1894

Als ich zuletzt das Vergnügen hatte, Sie in S. Agata zu sehen, stellte ich Ihnen meinen Kutscher Luigi Veroni vor, dessen Sohn als Zögling an Ihr Konservatorium zu kommen hofft. Er scheint für Musik hervorragend begabt zu sein, wie aus den Zeugnissen seines Lehrers hervorgeht.
Übrigens hatten Sie sich für die Sache in einer Weise interessiert, daß ich ein sicheres Ergebnis erhoffte und erhoffe.
Nun wird am 3. November die Schule eröffnet, und der arme Vater Veroni ist ganz aufgeregt, weil er von der Sache nichts mehr gehört hat. Er wird Ihnen diesen Brief vorlegen, und ich hoffe zu hören, daß seine Wünsche und meine Hoffnungen erfüllt sind.

AN GIUSEPPE GALLIGNANI

Genua, 4. November 1894

Lieber Gallignani, Nemo propheta in patria . . .
Wäre ich in der Türkei zur Welt gekommen, hätte ich es vielleicht durchgesetzt!
Aber ich neige mich vor der hohen Weisheit des Ministers!
Wir Glücklichen! Von solcher Strenge betreut, werden wir sicherlich noch ein Volk von vollkommenen Wesen . . .
Verzeihen Sie! Leben Sie wohl. Ihr ergebener

G. Verdi

AN GIULIO RICORDI

Genua, 23. Januar 1895

Lieber Giulio,
Ich kann Euch noch nicht sagen, wann wir nach Mailand kommen, aber Ihr werdet es ein paar Tage vorher erfahren.
Über unsere Gesundheit (wir sind jedoch nicht krank genug, im Bett zu liegen) gibt es nicht viel Erfreuliches [zu berichten].
Peppina ißt noch weniger als sonst, und ihr Körper spürt es, so daß ihre Beine eher schlechter geworden sind! Auch meine Beine tragen mich schlecht; so bleibe ich meist zu Hause. Die

Muße langweilt mich, aber ich halte die Mühe einer Tätigkeit nicht aus! Das ist ja natürlich! Ich komme in meinem 82. schön voran . . . und hätte Unrecht, mich zu beklagen . . . Das nimmt aber das üble Befinden und auch die Langeweile nicht weg. – Ich weiß gar nichts vom Theater! Der *Tannhäuser* hat Aufsehen erregt, wie Ihr wißt. Offenbar wird er sehr gut aufgeführt.

Grüßt alle die Euren auch von Peppina. Wenn Ihr mir etwas zu sagen habt . . . ich bleibe mindestens die ganze Woche lang hier.

Addio, addio   Euer G. Verdi

P. S. Ich wäre Euch dankbar, wenn Ihr mir Auskunft über einen Komponisten aus München geben könntet, der eine Oper *Guntram* geschrieben hat. Der Komponist heißt Richard Strauss; sagt mir, wenn Ihr es wißt, ob er derselbe ist wie der Autor der Walzer.

Verdis Frage im Postskriptum dieses Briefes bezieht sich auf das folgende Schreiben:

München, den 18. Januar 1895
Hildegardstraße 2

Hochverehrter Herr!

Obwohl ich aus eigener Erfahrung sehr wohl weiß, wie lästig Widmungen sein können, wage ich dennoch die Bitte, Ew. Wohlgeboren wolle gütigst als Zeichen der Verehrung und Bewunderung für den wahren Meister der italienischen Oper, ein Exemplar von »Guntram«, als meinen ersten Versuch dieser Art entgegennehmen.

Da ich keine Worte für den großen Eindruck finde, den mir die außerordentliche Schönheit des »Falstaff« machte und ich auf andere Weise meinen Dank für diesen Genuß nicht abstatten kann, bitte ich Ew. Wohlgeboren, wenigstens die Partitur annehmen zu wollen.

Ich wäre glücklich, wenn sich mir einmal die Gelegenheit bieten würde, mich mit Ew. Wohlgeboren über die göttliche Kunst – die Musik – zu unterhalten, um dadurch für meine Inspiration und mein künstlerisches Schaffen neue Anregungen zu empfangen. Was mein Gönner und Freund Hans von Bülow für sich selbst unglücklicherweise nicht mehr erleben durfte.

Wollen Sie, hochverehrter Meister, den Ausdruck meiner besonderen Ehrfurcht entgegennehmen, womit ich die Ehre habe mich Ihnen zu empfehlen als Ihr ergebendster

Richard Strauss
Kgl. Kapellmeister

Genua, 27. Januar 1895

Geehrter Herr!

Vor einigen Tagen habe ich Ihre Arbeit erhalten, die Sie mir freundlichst zugesandt haben und die soviel Erfolg hatte.

Ich reise heute nach Mailand, wo ich mich einige Wochen aufhalten werde, und so habe ich keine Zeit gehabt, Ihre Partitur zu lesen; aber aus dem, was ich da und dort Ihrer Partitur entnehmen konnte, habe ich gesehen, daß *Guntram* eine von sehr kundiger Hand ausgeführte Arbeit ist.

Es ist schade, daß ich seinen Originaltext nicht verstehe, nicht um ein Urteil abzugeben (was mir nicht zusteht und ich nie wagen würde), sondern vielmehr um zu bewundern und mich mit Ihnen zu freuen.

Ich danke Ihnen für so viel liebenswürdige Freundlichkeit und bin mit Hochachtung

G. Verdi

Pietro Grocco (1856–1916), ein großer Arzt, war seit Jahren Verdis hilfreicher und treuer Freund.

AN PIETRO GROCCO

Busseto St. Agata, 1. September 1895

Sehr verehrter Herr Prof. Grocco,

Sie werden vielleicht nicht wissen, daß in der Nähe des Dorfes, in dem ich in der Gemeinde von Villanova wohne, vor ein paar Jahren ein zwar kleines, aber ausreichendes Krankenhaus erbaut worden ist, um die bedürftigen Kranken der Gemeinde aufzunehmen.

Der fest angestellte Arzt ist verpflichtet, den Armen in diesem Krankenhaus, welche aus der Gemeinde stammen, seine Dienste zu leisten.

Nachdem diese Stellung jetzt vakant ist, befindet sich Dr. Enrico Cesaroni unter den Bewerbern, der ein hochgeschätztes Dokument von Grocco vorgezeigt hat. Weiter nichts! . . .

Damit und darüber wäre nichts weiter zu sagen, aber unser Bürgermeister möchte sich mit Ihnen – vielleicht aus übertriebenem, wenn auch gewiß höchst lobenswertem Eifer – unterhalten, um Ihnen in gewisser Weise diese Gemeinde zu beschreiben, und Sie unter anderem auch zu fragen, ob sich dieser so junge Cesaroni, an große Städte gewöhnt, auf die Ansprüche einer Gemeinde von vier Dörfern wird herablassen können, deren Einwohner – viele sind arm – natürlich bis zu einem Grade tölpelhaft und ungebildet sind, die schöne Sprache des Doktors aus Toscana kaum zu verstehen.

Erlauben Sie deshalb, daß ich Ihnen unseren Bürgermeister vorstelle, dem Sie, verehrter und sehr lieber Prof. Grocco, nachdem Sie ihn angehört haben, mit einem einzigen Wort antworten können: *»Nehmt an«* oder *»Denkt an einen anderen!«*

Jetzt kann ich Sie nur noch um Entschuldigung für so viel Belästigung bitten, Ihnen herzliche Grüße von meiner Frau übermitteln und Sie meiner tiefen Verehrung versichern.

G. Verdi

An den Stationsvorsteher von Piacenza:

AN BENEDETTO MAZZACURATI

[St. Agata,] 7. November 1895

Vielen, vielen Dank für Ihre ständigen Freundlichkeiten. – Peppinas Beinen geht es wie gewöhnlich. Auch heute ist [unleserlich] nicht wohl, aber ich hoffe, sie wird sich bald erholen, um nach Genua aufzubrechen . . . O und dann (armer Stationsvorsteher!) werden wir Ihnen wieder Mühe machen! Sie werden dann sagen: *O hört das denn niemals auf!*

Mir geht es ganz ordentlich.

Dank und herzliche Grüße

G. Verdi

Camille Bellaigue (1858–1930), ein französischer Musikkritiker und Schriftsteller, stand Verdi und auch Boito persönlich nahe.

AN CAMILLE BELLAIGUE

Mailand, 2. Mai 1898

Lieber Bellaigue,

Ich antworte spät, weil ich mit aller Aufmerksamkeit Euer Buch *Les Musiciens* lesen wollte, das sehr schön ist, tief durchdacht, meisterhaft geschrieben. – Ich will Euch nur von Musik sprechen, einfach von Musik, und verehre mit Euch die drei Gewaltigen: Palestrina, Bach, Beethoven. Und wenn ich an die Kargheit, an die melodische und harmonische Armut jener Zeiten denke, kommt mir Palestrina wie ein Wunder vor.

Alle denken wie Ihr über Gluck, aber ich glaube trotzdem, daß er ungeachtet seines mächtigen dramatischen Empfindens den Besten seiner Zeit nicht um vieles überlegen war und Händel als Musiker unterlegen.

Sehr schön sind die *silhouettes* von Chopin, Schubert, Saint-Saëns usw. usw. und vor allem glanzvoll und erhaben das Bildnis der heiligen Cäcilie.

Über Rossini und Bellini sagt Ihr vieles, was vielleicht wahr ist, aber ich gestehe Euch, ich kann nicht glauben, daß der *Barbiere di Siviglia* bei allem Überfluß wirklicher Einfälle, bei aller *verve* seiner Komik, bei aller Natürlichkeit der Deklamation die schönste Opera Buffa sein soll, die es gibt. Ich bewundere wie Ihr den *Tell*, aber wie viele andere herrliche, sublime Dinge gibt es in so vielen anderen seiner [Rossinis] Opern! – Bellini ist arm, das ist wahr, in der Instrumentation und der Harmonie! . . . aber er ist reich an Empfindung und hat eine gänzlich und nur ihm eigene Melancholie! Auch in seinen weniger bekannten Opern, in der *Straniera*, im *Pirata* gibt es große, ganz, ganz große Melodien, wie sie vor ihm niemand gemacht hat. Und welche Wahrheit und Macht der Deklamation, wie z.B. im Duett zwischen *Pollione* und *Norma*! Und welcher Gedankenflug in dem ersten Thema der *Introduzione* zur *Norma*, dem nach wenigen Takten ein zweites Thema folgt:

Schlecht instrumentiert, aber niemand hat je etwas Schöneres und Himmlischeres gemacht.

Beachtet wohl, mein lieber Bellaigue, daß ich nicht beabsichtige (Gott behüte mich davor) Urteile abzugeben! Ich spreche nur von meinen Eindrücken . . .

Ihr sprecht mit größter Nachsicht vom *Otello* und *Falstaff*! . . . Der Autor beklagt sich darüber nicht; Giuseppe Verdi drückt Euch sehr anerkennend die Hand und dankt Euch.

Bitte gebt Eurer so liebenswürdigen und anmutigen Gemahlin meine ehrfurchtsvollen Grüße. Ich verbleibe Euer aufrichtiger Freund.

Mailand, 15. Dezember 1898

Lieber Boito,

In der heutigen Sitzung, die Ihr in der Scala habt, wird es einen Antrag von Giulio [Ricordi] geben, die Aufführung meiner *Pezzi Sacri* zu verhindern. Vertretet auch Ihr meine Sache und laßt diese armen Stücke in Frieden. Warum? werdet Ihr sagen.

1. Weil ich nicht an die Wirkung dieser Stücke in der Scala glaube, so wie die *Aufmachung* und die gegenwärtigen Umstände sind.

2. Weil der Name zu alt und langweilig ist! Es langweilt auch mich, meinen Namen zu nennen.

Fügt dem die Bemerkungen der Kritiker hinzu! Es stimmt, daß ich sie nicht lesen mag – – –

Ich bitte darum und addio.

Herzlichst G. Verdi

Trotz Verdis hier geäußerter Bitte dirigierte Arturo Toscanini am 16. April 1899 die Erstaufführung der ›Pezzi Sacri‹ an der Scala.

Genua, 28. Februar 1899

Lieber Mascheroni,

Nach so langer Zeit erhalte ich mit größter Freude einen Brief von Euch.

Ich werde Euch kurz antworten, weil die Hand zittert und das Schreiben mich anstrengt; aber mich strengt auch das Lesen, Gehen, und jede andere Tätigkeit an.

Effekte der Jugend!!

Ich weiß von den unerwarteten Veränderungen [in Eurem Leben], wenigstens von einigen; und Ihr, obwohl nicht alt wie ich, müßt diese Sauwelt schon ganz gut kennen, die Euch nichts als Ärger und Verdruß bereitet! Wenn Ihr den Panzer der Gleichgültigkeit nicht anlegen könnt, legt den der Verachtung an.

Ich höre auf, und auf Wiedersehen vor Eurer Reise nach Amerika, wo ich Euch alles Gute wünsche.

Auf Wiedersehen also bald und addio.

Immer Euer G. Verdi

P. S. Ich werde Eure Messe mit Vergnügen in Empfang nehmen, wenn sie kommt, und ich werde sie lesen, wenn ich kann, aber ohne ein Urteil zu fällen . . . Gott verschone wen auch immer vom Urteil alter Komponisten!

Mailand, 22. Dezember 1900

Liebste Herzogin,
Tausend Dank für Euren herzlichen und freundschaftlichen Brief. Ich höre die guten Nachrichten von Euch und Eurer Familie mit größter Freude. Vergnügt, glücklich – immer!
Was mich angeht, wüßte ich nicht, was ich Euch sagen soll. Ich bin nicht krank, aber das Leben und die Kräfte lassen Tag für Tag nach. Alles ermüdet mich! Das ist natürlich. –
Entschuldigt die Kürze dieses Briefes. Ich schreibe mit Mühe.
Bleibt mir gut wie ich Euch. Grüßt die Euren. Jedesmal wenn Ihr mir schreibt, ist's eine Freude für mich. Ich drücke Eure Hand.
Herzlichst
G. Verdi

Mit diesen letzten Zeilen dankt Verdi in drei kurzen, nicht ganz entzifferbaren Sätzen für ein Geschenk.

AN GIUSEPPINA NEGRONI PRATI

[Karte ohne Datum]
[unleserlich] Ich sehe, daß Ihre Hand noch recht sicher ist, aber wenn die Massagen nichts nutzen, werde ich bald nicht einmal mehr meinen Namen schreiben und mich nicht mehr rühren können.
Gesundheit Gesundheit Gesundheit
Herzlichst
G. Verdi

Anhang

1813 13. Oktober: Giuseppe Fortunato Francesco Verdi kommt als einziger Sohn des Kleinkrämers und Schankwirtes Carlo Verdi (1785–1867) und seiner Frau Luisa (1787–1851) in Le Roncole bei Busseto im Herzogtum Parma zur Welt.

1816 20. März: Geburt der einzigen Schwester Giuseppa Francesca. Sie ist geistig behindert und stirbt am 9. August 1833.

1823-1827 Nach dem Tod seines ersten Musiklehrers Pietro Baistrocchi übernimmt Verdi die Stelle des Organisten in der Dorfkirche von Le Roncole.

1825–1829 Musikstudien bei Ferdinando Provesi, dem Musikdirektor von Busseto, und erste Kompositionen, darunter eine neue Ouvertüre zu Rossinis ›Barbiere di Siviglia‹ und eine Kantate für Bariton und Orchester, ›I Deliri di Saul‹ nach Dichtungen von Vittorio Alfieri.

1829–1832 Assistent Ferdinando Provesis in Busseto.

1832–1835 Musikstudien bei dem Komponisten und Dirigenten Vincenzo Lavigna in Mailand.

1836 Nachfolger Provesis als Städtischer Musikdirektor von Busseto. Plan einer ersten Oper ›Rocester‹ (verschollen). 4. Mai: Heirat mit Margherita Barezzi (geb. 1814).

1837 26. März: Geburt der Tochter Virginia, die am 12. August 1838 stirbt.

1838 11. Juli: Geburt des Sohnes Icilio, der am 22. Oktober 1839 stirbt.

1839 17. November: Premiere der Oper ›Oberto, Conte di San Bonifacio‹ an der Scala in Mailand in Gegenwart des Komponisten.

1840 18. Juni: Tod Margheritas in Mailand. – 5. September: Erfolglose Uraufführung von ›Un Giorno di Regno o Il Finto Stanislao‹ an der Scala.

1842 9. März: Premiere von ›Nabucco‹, erster großer Erfolg. Die weibliche Hauptrolle sang Giuseppina Strepponi, die Verdis Geliebte und später seine Frau wurde.

1843 11. Februar: Premiere von ›I Lombardi alle Prima Crociata‹ an der Scala. – 4. April: Verdi dirigiert die Erstaufführung von ›Nabucco‹ am Kärntnertor-Theater in Wien, die erste seiner Opern außerhalb Italiens.

1844 9. März: Premiere von ›Ernani‹ am Teatro Fenice in Venedig. – 3. November: Premiere von ›I Due Foscari‹ am Teatro Argentina in Rom.

1845 15. Februar: Premiere von ›Giovanna d'Arco‹ an der Scala. – 12. August: Premiere von ›Alzira‹ am Teatro San Carlo in Neapel. – Bruch mit dem Impresario Bartolomeo Merelli und der Scala wegen schwerwiegender künstlerischer Differenzen.

1846 17. März: Premiere von ›Attila‹ am Teatro Fenice in Venedig.

1847 14. März: Premiere von ›Macbeth‹ am Teatro della Pergola in Florenz. – 22. Juli: Premiere von ›I Masnadieri‹ an Her Majesty's Theatre in London. – Bruch mit dem Verleger Francesco Lucca. – Wachsende Liebe zu Giuseppa Strepponi in Paris, wo Verdi bis zum Frühjahr 1848 bleibt. – 26. November: Premiere von ›Jérusalem‹ (französische Bearbeitung der ›Lombardi‹) an der Opéra in Paris.

1848 Februar-Revolution. Abdankung Louis Philippes und Proklamation der Zweiten Republik in Paris. – Aufstand der »Cinque Giornate« in Mailand. – Verdi kehrt Anfang April nach Mailand zurück und kauft in St. Agata bei Busseto ein Landgut. – 25. Oktober: Premiere von ›Il Corsaro‹ am Teatro Grande in Triest.

1849 Anfang Januar: Ankunft in Rom zu Proben für ›La Battaglia di Legnano‹. – Am 27. Januar Premiere. – Oktober: Reise nach Neapel zur Premiere der ›Luisa Miller‹ am 8. Dezember im Teatro San Carlo.

1850 Während der Komposition von ›Rigoletto‹ schwere Auseinandersetzungen mit der österreichischen Zensur in Venedig, die den Stoff für unmoralisch und obszön erklärt. – 16. November: Erfolglose Premiere des ›Stiffelio‹ am Teatro Grande in Triest.

1851 25. Januar: Die Zensur gibt den revidierten Text für ›Rigoletto‹ frei. – 11. März: Erfolgreiche Premiere unter Verdis Leitung am Teatro Fenice. – 28. Juni: Tod der Mutter.

1853 13. Januar: Premiere von ›Il Trovatore‹ am Teatro Apollo in Rom. – Einzug mit »Peppina« in St. Agata. – 6. März: Erfolglose Premiere von ›La Traviata‹ am Teatro Fenice in Venedig.

1854 Arbeit an der im Auftrag der Opéra arrangierten Oper ›Les Vêpres Siciliennes‹. – Künstlerische und finanzielle Streitigkeiten binden Verdi das ganze Jahr an Paris.

1855 13. Juni: Fragwürdiger Erfolg der ›Vêpres Siciliennes‹ an der Opéra.

1856 März: Verdi inszeniert und dirigiert ›La Traviata‹ am Teatro Fenice in Venedig mit großem Erfolg. – Arbeit an ›Simon Boccanegra‹.

1857 Erfolglose Premiere von ›Simon Boccanegra‹ am 12. März im Teatro Fenice in Venedig. – Beschäftigung mit dem ›König Lear‹-Stoff im Auftrag des Teatro San Carlo in Neapel. Die Oper kommt nie zur Aufführung. – Arbeit an ›Gustavo III‹.

1858 Die Zensur in Neapel verbietet die Aufführung von ›Gustavo III‹. – November und Dezember: Erfolgreiche Aufführungen von ›Simon Boccanegra‹ am Teatro San Carlo.

1859 Januar: Nach langwierigen Umarbeitungen ist ›Gustavo III‹ von der päpstlichen Zensur in Rom als ›Un Ballo in Maschera‹ gebilligt worden. – 17. Februar: Erfolgreiche Premiere im Teatro Apollo in Rom. – 4. Juni: Schlacht bei Magenta. – 8. Juni: Vittorio Emanuele und Napoleon III. ziehen in Mailand ein. – Verdi setzt sich für die italienischen Verwundeten ein. – 24. Juni: Schlacht von Solferino. – 11. Juli: Pakt von Villafranca und Rücktritt Cavours. – 29. August: Kirchliche

Trauung von Verdi und Giuseppina Strepponi in Collonges-sous-Salève bei Genf. – 4. September: Wahl Verdis zum Abgeordneten von Busseto. Er lehnt zunächst ab, wird von Cavour später zur Annahme überredet.

1860 Januar–Februar: Aufenthalt in Genua, wo das Ehepaar Verdi von jetzt an fast regelmäßig den Winter verbringt. – Befreiung Siziliens und Neapels durch Garibaldi; Vereinigung Italiens.

1861 Komposition von ›La Forza del Destino‹. – Anfang Dezember: Zu Proben der ›Forza‹ nach Petersburg. – Die Uraufführung muß verschoben werden.

1862 24. Mai: Uraufführung der Kantate ›Inno delle Nazioni‹ in Her Majesty's Theatre in London anläßlich der Weltausstellung. – 10. November: Großer Erfolg der ›Forza del Destino‹ an der Kaiserlichen Oper in Petersburg.

1864 Januar: Zu Parlamentssitzungen nach Turin. – Herbst: Beginn der Revision von ›Macbeth‹.

1865 21. April: Premiere der zweiten Fassung von ›Macbeth‹ in französischer Sprache am Théâtre-Lyrique in Paris. – Ab Mitte November in Paris zu Besprechungen über ›Don Carlos‹.

1866 Frühjahr: Arbeit an ›Don Carlos‹ in St. Agata. – Anfang September: Probenbeginn in der Opéra.

1867 14. Januar: Tod von Verdis Vater. – 11. März: Erfolglose Galapremiere von ›Don Carlos‹ in Gegenwart des französischen Kaiserpaares. – Ende Oktober: Letzte Proben zur italienischen Erstaufführung von ›Don Carlos‹ in Bologna. – 27. Oktober: Triumphaler Erfolg der Premiere.

1868 30. Juni: Einzige Begegnung mit Alessandro Manzoni. – 13. November: Tod Rossinis. – Verdis Plan eines Requiems für Rossini scheitert.

1869 27. Februar: erfolgreiche Premiere der zweiten Fassung der ›Forza del Destino‹ an der Scala.

1870 Monatelange Verhandlungen mit Kairo führen zur Komposition von ›Aida‹. – 19. Juli: Kriegserklärung Frankreichs an Preußen. – 1. September: Schlacht von Sedan. – 2. September: Gefangennahme Napoleons III.

1871 18. Januar: Proklamation des Deutschen Kaiserreichs in Versailles. – Besetzungsprobleme für ›Aida‹ in Kairo und Mailand beschäftigen Verdi das ganze Jahr. – 24. Dezember: Uraufführung der ›Aida‹ in Kairo.

1872 8. Februar: Sehr erfolgreiche europäische Premiere der ›Aida‹ an der Scala in Verdis eigener Inszenierung.

1873 1. April: Private Aufführung des Streichquartetts in e-Moll. – 22. Mai: Tod Alessandro Manzonis. – 2. Juni: Verdi allein am Grab des Dichters in Mailand. – Arbeit am Requiem.

1874 10. April: Beendigung der Komposition. – 22. Mai: Verdi dirigiert das Requiem in der Kirche San Marco in Mailand. – 8. Dezember: Ernennung zum Senator.

1875–1876 Verdi dirigiert das Requiem in Paris, London und Wien.

1878 Tod Vittorio Emanueles II. und Pius IX. Todesfälle unter den nächsten Freunden. – Verdi zieht sich immer mehr in die Einsamkeit von St. Agata und seiner Wohnung in Genua zurück.

1879 Komposition eines Pater Noster und eines Ave Maria. – Giulio Ricordi bringt Verdi mit Arrigo Boito in Verbindung. – 18. November: Verdi erhält »die Schokolade«, Boitos Libretto für ›Otello‹.

1880 18. April: Uraufführung des Pater Noster und des Ave Maria an der Scala. – Vergebliche Versuche Giulio Ricordis, Verdi zur Komposition des ›Otello‹ zu bewegen. Verdi willigt aber in die Revision des ›Simon Boccanegra‹ mit Boito ein.

1881 24. März: Erfolgreiche Premiere der zweiten Fassung von ›Simon Boccanegra‹ an der Scala.

1882 Verdi arbeitet heimlich an ›Otello‹. – Revision von ›Don Carlos‹. – Verdi stiftet ein Krankenhaus in Villanova bei St. Agata.

1883 13. Februar: Tod Richard Wagners in Venedig.

1884 10. Januar: Premiere des revidierten ›Don Carlos‹ an der Scala. Arbeit an ›Otello‹.

1886 Verbesserungen des Librettos und der Partitur des ›Otello‹. – Erörterung der Besetzung mit Boito und Giulio Ricordi. – Am 1. November ist das Werk fertig.

1887 Januar: In Mailand Vorbereitungen für die Uraufführung von ›Otello‹, die Verdi persönlich überwacht. – 5. Februar: ›Otello‹-Premiere. Umjubelt von der Menge erscheint Verdi auf dem Balkon seines Hotels.

1888 6. November: Das Krankenhaus in Villanova wird ohne Zeremonie eröffnet. Verdi erlaubt die Erwähnung seines Namens nicht. – Die Mailänder Presse regt ein Jubiläum zum fünfzigsten Jahrestag von ›Oberto‹ an. Verdi wehrt sich vergeblich dagegen.

1889 Boito schickt die Skizze eines ›Falstaff‹-Librettos nach St. Agata. Verdi beginnt sofort mit der Komposition. – Planung eines Altersheims für Musiker in Mailand.

1893 4. Januar: Probenbeginn für ›Falstaff‹ an der Scala. – 9. Februar: festliche Uraufführung von ›Falstaff‹. – Im Sommer Revision der Oper.

1894 Französische Premiere von ›Falstaff‹ am 18. April an der Opéra-Comique und von ›Otello‹ am 12. Oktober an der Opéra in Verdis Anwesenheit.

1895 Besprechungen über den Bau der »Casa di Riposo per Musicisti«, mit dem Architekten Camillo Boito, dem Bruder Arrigo Boitos, in Mailand. – Arbeit an einem Te Deum.

1896 Im Frühjahr erkrankt Peppina. – Sorgen mit dem Bau der »Casa di Riposo«.

1897 Anfang Januar: Verdi hat in Genua einen leichten, vor der Öffentlichkeit verborgen gehaltenen Schlaganfall. – 14. November: Tod Peppinas.

1898 Bau der »Casa di Riposo«. – Druck der ›Pezzi Sacri‹, die am 7. April an der Pariser Opéra uraufgeführt werden.

1899 Dezember: Unterzeichnung der Urkunden zur Gründung der »Casa di Riposo« in Mailand.

1900 14. Mai: Verdi diktiert in Mailand sein Testament. Weihnachten im Grand Hotel et de Milan mit seiner Adoptivtochter, Teresa Stolz, Boito, der Familie Ricordi und dem römischen Dichter Cesare Pascarella.

1901 21. Januar: Verdi erleidet in seinem Zimmer im Grand Hotel einen Schlaganfall, von dem er nicht mehr erwacht. – 30. Januar: Begräbnis auf dem Cimitero Monumentale neben Peppina. Am 26. Februar werden beide Särge in einer Krypta der »Casa di Riposo« beigesetzt. Während der Überführung singen neunhundert Sänger unter Arturo Toscanini den Chor »Va, pensiero, sull'ali dorate« aus ›Nabucco‹.

In Klammern steht das Datum der Uraufführung. Die Ziffern verweisen auf die Seiten, auf denen einzelne Werke erwähnt sind.

Opern

Oberto, Conte di San Bonifacio. Libretto von Antonio Piazza, überarbeitet von Temistocle Solera (Mailand, 17. 11. 1839) 12 ff, 47, 125 f, 179

Un Giorno di regno, o Il finto Stanislao (Einen Tag König). Libretto von Felice Romani nach ›Le Faux Stanislas‹ von Alexandre Pineaux-Duval (Mailand, 5. 9. 1840) 64, 126, 179

Nabucodonosor (Nabucco). Libretto von Temistocle Solera nach Anicet-Bourgeois Cornue (Mailand, 9. 3. 1842) 15 f, 47, 49, 64, 126

I Lombardi alla Prima Crociata (Die Lombarden beim ersten Kreuzzug). Libretto von Temistocle Solera nach Tommaso Grossi (Mailand, 11. 2. 1843) 16, 19, 47, 64, 126

Ernani. Libretto von Francesco Maria Piave nach ›Hernani‹ von Victor Hugo (Venedig, 9. 3. 1844) 16, 18, 19, 40, 47, 104

I Due Foscari (Die beiden Foscari). Libretto von Francesco Maria Piave nach ›The Two Foscari‹ von Byron (Rom, 3. 11. 1844) 16, 18, 27, 50

Giovanna d'Arco. Libretto von Temistocle Solera nach ›Die Jungfrau von Orleans‹ von Friedrich Schiller (Mailand, 15. 2. 1845) 18

Alzira. Libretto von Salvatore Cammarano nach ›Alzire, ou les Américains‹ von Voltaire (Neapel, 12. 8. 1845) 30

Attila. Libretto von Temistocle Solera nach Zacharias Werner (Venedig, 17. 3. 1846) 19

Macbeth. Libretto von Francesco Maria Piave nach William Shakespeare (Florenz, 14. 3. 1847) 16, 19 ff, 30, 32, 48, 76 ff, 197

I Masnadieri. Libretto von Andrea Maffei nach ›Die Räuber‹ von Friedrich Schiller (London, 22. 7. 1847) 48

Jérusalem. Französische Neufassung von ›I Lombardi‹ (Paris, 26. 11. 1847) 24, 33

Il Corsaro (Der Korsar). Libretto von Francesco Maria Piave nach ›The Corsair‹ von Byron (Triest, 25. 10. 1848) 16, 29

La Battaglia di Legnano (Die Schlacht bei Legnano). Libretto von Salvatore Cammarano nach ›La bataille de Toulouse‹ von Joseph Méry (Rom, 27. 1. 1849) 30 f, 33, 59

Luisa Miller. Libretto von Salvatore Cammarano nach ›Kabale und Liebe‹ von Friedrich Schiller (Neapel, 8. 12. 1849) 30, 33, 35, 169

Stiffelio. Libretto von Francesco Maria Piave nach ›Le Pasteur, ou l'Evangile et le Foyer‹ von Emile Souvestre und Eugène Bourgeois (Triest, 16. 11. 1850) 16, 39, 59, 179

Religiöse Werke

Stabat Mater, für Chor und Orchester (1897)
Te Deum, für Doppelchor und Orchester (1895)
Laudi alla Vergine Maria, für vierstimmigen Frauenchor (1886)

Werke für eine Singstimme mit Klavierbegleitung

Sechs Romanzen (1838)
L'esule. Text von Temistocle Solera (1839)
La seduzione. Text von Luigi Balestra (1839)
Chi i bei dì m'adduce ancora. Text von Johann Wolfgang Goethe (1842)
Sechs Romanzen (1845)
Il poveretto. Text von Manfredo Maggioni (1847)
L'abandonée. Text von M. L. Escudier (1849)
Fiorellin che sorge appena. Text von Francesco Maria Piave (1850)
Fiorara. Text von Buvoli (1853)
La preghiera del poeta. Text von Nicola Sole (1858)
Il Brigidin. Text von Francesco Dall'Ongaro (1863)
Stornello. Text von einer namenlos (1869)
Pietà, Signor. Text von Arrigo Boito (1894)

Kammermusik

Streichquartett in e-Moll (1873) 121, 139

Sonstige Kompositionen

Io la vidi e a quell'aspetto. Für Singstimme und Orchester. Text von
  Calisto Bassi (1833–35)
Guarda che bianca luna (Notturno). Für Sopran, Tenor und Baß mit
  Flöte. Text von Jacopo Vittorelli (1839)
Suona la tromba. Hymne für dreistimmigen Männerchor mit Klavier.
  Text von Goffredo Mameli (1848) 29
Inno delle Nazioni. Kantate für Sopran, fünfstimmigen Chor und Or-
  chester. Text von Arrigo Boito (1862)

Briefempfänger und Briefdaten

Alle hier zum ersten Mal in deutscher Übersetzung erscheinenden Briefe sind mit * bezeichnet. Die Ziffern verweisen auf die Seiten.

ANTONIO
GHISLANZONI
✳ 28. 9. 1870, 94 f

PIETRO GROCCO
✳ 1. 9. 1895, 204 f

FERDINAND HILLER
✳ 26. 1. 1879, 147
✳ 14. 4. 1879, 150 f
✳ 31. 7. 1879, 152 f

VINCENZO JACOVACCI
✳ 5. 6. 1859, 65 f

JOSEPH JOACHIM
7. 5. 1889, 178 f

CLARINA MAFFEI
7. 6. 1847, 23 f
24. 8. 1848, 27 ff
14. 7. 1859, 66 f
31. 7. 1863, 73 f
✳ 25. 9. 1864, 75
✳ 30. 9. 1870, 96 f
✳ 18. 5. 1872, 114 f
20. 3. 1876, 137 f
✳ 22. 5. 1877, 138 ff
21. 2. 1879, 148 f
✳ 7. 3. 1880, 157
✳ 16. 12. 1882, 163 f

GIOVANNI MALOBERTI
✳ 17. 10. 1875, 133

PAOLO MARENGHI
15. 8. 1867, 83

ANGELO MARIANI
✳ 9. 8. 1860, 68
25. 11. 1860, 68 f
✳ 1. 8. 1862, 71

FERDINANDO MARTINI
11. 2. 1893, 196

C. D. MARZARI
14. 12. 1850, 40 f

EDOARDO
MASCHERONI
✳ 12. 3. 1893, 197
✳ 15. 6. 1893, 197 f
✳ 16. 8. 1893, 198 f
✳ 28. 2. 1899, 207 f

VICTOR MAUREL
30. 12. 1885, 172 f

BENEDETTO
MAZZACURATI
✳ 7. 11. 1895, 205

GIUSEPPE MAZZINI
18. 10. 1848, 30

DOMENICO MORELLI
24. 9. 1881, 160 f

EMANUELE MUZIO
7. 3. 1853, 49
✳ 20. 6. 1870, 91

FRANCESCO MARIA
PIAVE
✳ 3. 11. 1845, 16 f
✳ 11. 11. 1845, 17
21. 4. 1848, 25 f
✳ 22. 7. 1848, 26 f
✳ 27. 8. 1848, 29
28. 4. 1850, 39 f
✳ 16. 2. 1853, 47 f
✳ 14. 7. 1853, 52 f
✳ 3. 9. 1856, 58 f
✳ 1856, 59 ff
8. 2. 1865, 79 f

GIUSEPPE PIROLI
✳ 16. 7. 1870, 93 f
20. 2. 1871, 99 ff
✳ 23. 11. 1872, 117 f

4. 8. 1875, 131 f
3. 12. 1882, 163
10. 2. 1889, 178

GIUSEPPINA NEGRONI
PRATI
11. 10. 1883, 166
✳ 14. 10. 1889, 181
8. 3. 1891, 184
✳ 12. 8. 1894, 201 f
✳ ohne Datum 1900/
1901, 208

GIOVANNI RICORDI
29. 12. 1846, 19
15. 10. 1847, 24
31. 1. 1850, 33 f

GIULIO RICORDI
✳ 25. 6. 1870, 92 f
10. 7. 1871, 102 ff
✳ 7. 9. 1871, 106 f
✳ 9. 12. 1871, 108
10. 5. 1872, 112 ff
23. 5. 1873, 122
✳ 3. 6. 1873, 122
✳ 6. 9. 1873, 123 f
✳ 26. 4. 1874, 128 f
✳ 5. 3. 1875, 129 f
5. 10. 1877, 140 f
21. 4. 1878, 142 f
✳ 2. 5. 1879, 151
✳ 11. 6. 1879, 151 f
4. 9. 1879, 153 f
✳ 28. 9. 1879, 154 f
✳ 18. 11. 1879, 155 f
15. 2. 1883, 165
24. 3. 1883, 165
✳ 26. 2. 1883, 166 f
✳ 6. 11. 1885, 169 f
✳ 18. 1. 1886, 173 f
✳ 22. 1. 1886, 174
✳ 10. 5. 1889, 179
1. 1. 1891, 182 f
✳ 13. 6. 1892, 185 ff

✣ 30. 8. 1892, 188 f
1. 9. 1892, 189 f
18. 9. 1892, 190 ff
✣ 27. 11. 1892, 195 f
✣ 12. 3. 1894, 199 f
✣ 1. 6. 1894, 200
✣ 23. 1. 1895, 202 f

TITO RICORDI
4. 2. 1859, 64 f
17. 11. 1868, 85 f
3. 1. 1873, 118 f
✣ 8. 3. 1874, 127
✣ 30. 3. 1874, 128
✣ 2. 9. 1875, 132 f

ANTONIO SOMMA
22. 4. 1853, 49 ff

12. 7. 1853, 51 f
6. 2. 1854, 54 f
31. 3. 1854, 55 f
26. 11. 1857, 61 f
7. 2. 1858, 62 f
8. 7. 1858, 63 f

RICHARD STRAUSS
27. 1. 1895, 204

FRANCESCO TAMAGNO
31. 1. 1886, 174 f

ENRICO TAMBERLICK
21. 2. 1862, 70 f

ACHILLE TORELLI
7. 11. 1878, 145 f

✣ 17. 6. 1881, 160

VINCENZO TORELLI
23. 12. 1867, 83 f
✣ 13. 9. 1872, 115 ff

FELICE VARESI
✣ 7. 1. 1847, 20 ff

MARIA WALDMANN
✣ 30. 12. 1878, 146
6. 12. 1890, 181 f
✣ 22. 12. 1900, 208

Erwähnte Personen

227

DANK bin ich vor allem Frau Dr. Gabriella Carrara Verdi schuldig, die mir seit Jahren immer wieder Verdis Nachlaß in seiner Bibliothek in St. Agata zugänglich macht. Dem Hause Ricordi in Mailand, besonders Luciana Pestalozza und Mimma Guastoni, aber auch Maestro Fausto Broussard und Carlo Clausetti, bin ich für Hunderte von Fotokopien der Briefe Verdis an seinen Verleger und für die Beschaffung verschiedener Abbildungen verbunden. Mein alter Freund Avv. Alfredo Amman setzte sich immer wieder für meine Arbeit ein und war der beste Berater in rechtlichen Fragen. Dr. Michael Pisoni, ein treuer Mitarbeiter, fand wertvolles biographisches und bibliographisches Material. Prof. Corrado Mingardi in Busseto bin ich seit langem für guten Rat und wichtige Ermittlungen aufrichtig dankbar. Dr. Giampiero Tintori, dem Direktor des Museo Teatrale della Scala in Mailand, und seinen Mitarbeitern Adriana Corbella und Lorenzo Siliotto ist unter anderem für eine bisher unveröffentlichte Abbildung Verdis zu danken, Marisa Di Gregorio Casati für großzügige Hilfe im Istituto di Studi Verdiani in Parma, den Professoren Walter Kaufmann, Walter Robert und Oskar Seidlin von der Indiana University für ehrliche Kritik und mancherlei Anregung. Giuliana Busch half durch Ermittlungen in der Library of Congress in Washington. Frau und Sohn ertrugen die Zurückgezogenheit des Übersetzers und Herausgebers am Schreibtisch in Bloomington, Indiana, und seine Abwesenheit während europäischer Forschungsreisen. J. Hellmut Freund regte diese wie andere Verdi-Arbeiten an, und Corinna Fiedler half als geduldige und verständnisvolle Lektorin bei diesem Buch.   H. B.

Quellennachweis

Ein Teil der in diesem Band enthaltenen Briefe ist folgenden Ausgaben entnommen:

Alberti, Annibale: Verdi intimo: carteggio di Giuseppe Verdi con il Conte Opprandino Arrivabene. Mondadori, Mailand 1931.

Ascoli, Arturo di: Quartetto milanese ottocentesco. Archivi Edizioni, Rom 1974.

Bollettini dell'Istituto di Studi Verdiani, Parma.

Cesari, Gaetano, und Alessandro Luzio: I Copialettere di Giuseppe Verdi. Comune di Milano, Mailand 1913.

Costantini, Teodoro: Sei lettere inedite di Giuseppe Verdi a Giovanni Bottesini. C. Schmidl, Triest 1908.

Luzio, Alessandro: Carteggi Verdiani. Reale Accademia d'Italia, Rom 1935, und Accademia Nazionale dei Lincei, Rom 1947.

Morazzoni, Giuseppe: Verdi: lettere inedite. La Scala e il Museo Teatrale. Libreria Editrice Milanese, Mailand 1929.

Pascolato, Alessandro: Lettere di Giuseppe Verdi ad Antonio Somma. Casa Editrice S. Lapi, Città di Castello 1913

Die Originale der Briefe an einzelne Empfänger werden an folgenden Stellen verwahrt:

Arrigo Boito: Istituto di Studi Verdiani, Parma.

Camille Du Locle: Bibliothèque de l'Opéra, Paris.

Antonio Ghislanzoni: Pierpont Morgan Library, New York.

Clarina Maffei: Biblioteca Nazionale Braidense, Milano, und Collezione Enrico Olmo, Chiari.

Edoardo Mascheroni: Houghton Library, Harvard University, Boston.

Giuseppina Negroni Prati: Museo Teatrale alla Scala, Milano.

Giovanni, Tito und Giulio Ricordi: Archivio Storico Ricordi, Milano.

Maria Waldmann: Conservatorio di Musica »G. B. Martini«, Bologna.

Der vermutlich an Demetrio oder Giovanni Barezzi gerichtete Brief vom 1. 11. 1871 ist im Besitz der Associazione Amici di Verdi in Busseto (hier zum ersten Mal veröffentlicht).

Fotokopien der weit verstreuten Originale anderer Briefe wurden dem Herausgeber vom Istituto di Studi Verdiani in Parma zur Verfügung gestellt. Dr. Gabriella Carrara Verdi ermöglichte ihm das Studium der originalen Briefentwürfe und Briefabschriften in St. Agata.

Der Brief von Richard Strauss und die Übersetzung von Verdis Antwortbrief wurden mit freundlicher Genehmigung des Atlantis Musikbuch-Verlags, Zürich, dem dort 1976 erschienenen Band ›Richard Strauss. Jugend und frühe Meisterjahre. Lebenschronik 1864–1898‹ von Willi Schuh entnommen.

Die autobiographische Skizze entstammt dem Band ›Verdi. Sein Leben und seine Werke‹ von Arthur Pougin. Autorisierte Übersetzung von Adolph Schulze. Carl Reißner, Leipzig 1887.

Die Übersetzungen der drei Briefe an Giuseppe Gallignani sind dem Band ›Giuseppe Verdi, Briefe‹, herausgegeben und eingeleitet von Franz Werfel, übersetzt von Paul Stefan (Paul Zsolnay Verlag, Berlin, Wien, Leipzig 1926) entnommen, da die Originale nicht aufzufinden waren.

Alle anderen Briefe wurden vom Herausgeber für diese Ausgabe übersetzt. In der Liste der Briefempfänger und Briefdaten sind alle unseres Wissens hier zum ersten Mal ins Deutsche übertragenen Briefe mit * bezeichnet.

Bildnachweis

Fischer Bibliothek

Ilse Aichinger
Die größere Hoffnung
Roman. Mit einem Nachwort
von Heinz Politzer.

Herman Bang
Sommerfreuden
Roman. Mit einem Nachwort
von Ulrich Lauterbach.

Joseph Conrad
Freya von den Sieben Inseln
Eine Geschichte von seichten
Gewässern. Mit einem Nach-
wort von Martin Beheim-
Schwarzenbach.

William Faulkner
Der Strom
Roman. Mit einem Nachwort
von Elisabeth Kaiser.

Otto Flake
Die erotische Freiheit
Essay. Mit einem Nachwort
von Peter Härtling.

Jean Giono
Ernte
Roman. Mit einem Nachwort
von Peter de Mendelssohn.

Manfred Hausmann
Ontje Arps
Mit einem Nachwort von
Lutz Besch.

Ernest Hemingway
Schnee auf dem
Kilimandscharo
Das kurze glückliche Leben
des Francis Macomber
Zwei Stories. Mit einem Nach-
wort von Peter Stephan Jungk.

Hugo von Hofmannsthal
Reitergeschichte
und andere Erzählungen
Mit einem Nachwort von
Rudolf Hirsch.

Franz Kafka
Die Aeroplane in Brescia
und andere Texte
Mit einem Nachwort von
Reinhard Lettau.

Annette Kolb
Die Schaukel
Roman. Mit einem Nachwort
von Joseph Breitbach.

Alexander Lernet-Holenia
Der Baron Bagge
Novelle. Mit einem Nachwort
von Hilde Spiel.

Heinrich Mann
Schauspielerin
Novelle. Mit einem Nachwort
von Hans Wysling.

Klaus Mann
Kindernovelle
Mit einem Nachwort von
Herbert Schlüter.

Thomas Mann
Der kleine Herr Friedemann.
Der Wille zum Glück. Tristan
Mit einem Nachwort von
Reinhard Baumgart.

Herman Melville
Billy Budd
Vortoppmann auf der
»Indomitable«.
Mit einem Nachwort
von Helmut Winter.

Luise Rinser
Geh fort wenn du kannst
Novelle. Mit einem Nachwort
von Hans Bender.

Septembertag
Mit einem Nachwort von
Otto Basler.

Antoine de Saint-Exupéry
Nachtflug
Roman. Mit einem Vorwort von
André Gide und einem
Nachwort von
Rudolf Braunburg.

Paul Schallück
Die unsichtbare Pforte
Roman. Mit einem Nachwort
von Wilhelm Unger.

Arthur Schnitzler
Traumnovelle
Mit einem Nachwort von
Hilde Spiel.

Leo N. Tolstoi
Der Tod des Iwan Iljitsch
Erzählung. Mit einem Nachwort
von Nonna Nielsen-Stokkeby.

Jakob Wassermann
Der Aufruhr
um den Junker Ernst
Erzählung. Mit einem Nachwort
von Peter de Mendelssohn.

Franz Werfel
Eine blaßblaue Frauenschrift
Mit einem Nachwort von
Friedrich Heer.

Thornton Wilder
Die Brücke von San Luis Rey
Roman. Mit einem Nachwort
von Helmut Viebrock.

Die Frau aus Andros
Mit einem Nachwort
von Jürgen P. Wallmann.

Tennessee Williams
Mrs. Stone und ihr römischer
Frühling
Mit einem Nachwort von
Horst Krüger.

Virginia Woolf
Flush
Die Geschichte eines
berühmten Hundes. Mit einem
Nachwort von Günter Blöcker.

Carl Zuckmayer
Die Fastnachtsbeichte
Mit einem Nachwort von
Alice Herdan-Zuckmayer

Stefan Zweig
Erstes Erlebnis
Vier Geschichten aus Kinder-
land. Mit einem Nachwort
von Richard Friedenthal.

Legenden
Mit einem Nachwort von
Alexander Hildebrand.

Schachnovelle
Mit einem Nachwort
von Siegfried Unseld.

S. Fischer Verlag

Biographien/Erinnerungen/ Tagebücher/Briefe

Irma Brandes
Caroline
Lebensbild der Romantik
Ein biographischer Roman
um Caroline Schlegel-
Schelling
Bd. 2031

Max Brod
Über Franz Kafka
Bd. 1496

Günter de Bruyn
Das Leben des Jean Paul
Friedrich Richter
Bd. 2130

Margarete Buber-Neumann
Die erloschene Flamme
Schicksale meiner Zeit
Bd. 2073

Elias Canetti
Die Provinz des Menschen
Aufzeichnungen 1942–1972
Bd. 1677

Pablo Casals
Licht und Schatten auf
einem langen Weg
Erinnerungen, aufgezeichnet
von Albert E. Kahn
Bd. 1421

Charles Chaplin
Die Geschichte meines
Lebens
Bd. 1836

Alfred Einstein
Mozart
Sein Charakter – sein Werk.
Mit 99 Notenbeispielen
Bd. 2039

Albrecht Goes (Hrsg.)
Mozart-Briefe
Mit Abbildungen.
Originalausgabe
Bd. 2140

Franz Kafka
Das Kafka-Buch
Eine innere Biographie in
Selbstzeugnissen.
Hrsg.: Heinz Politzer.
Originalausgabe
Bd. 708

Lion Feuchtwanger
**Goya oder Der arge Weg
der Erkenntnis**
Bd. 1923

Hans Gal (Hrsg.)
Brahms-Briefe
Mit Abbildungen.
Originalausgabe
Bd. 2139

Walter Kempowski
Immer so durchgemogelt
Erinnerungen an unsere
Schulzeit
Bd. 1733

Alma Mahler-Werfel
Mein Leben
Bd. 545

Katia Mann
**Meine ungeschriebenen
Memoiren**
Bd. 1750

Yvonne Mitchell
Colette
Eine Biographie.
Mit 40 Abbildungen
Bd. 2135

**Franziska Gräfin zu
Reventlow**
Briefe 1890—1917
Bd. 1794
Tagebücher 1895—1910
Hrsg.: Else Reventlow
Bd. 1702

Arthur Rubinstein
Erinnerungen
Die frühen Jahre
Bd. 1676

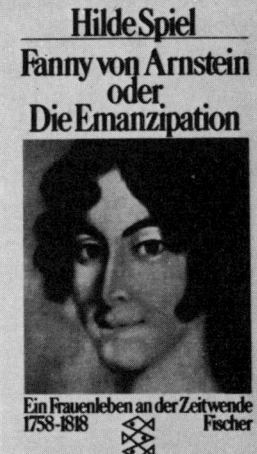

Hilde Spiel
Fanny von Arnstein
oder die Emanzipation.
Ein Frauenleben an der
Zeitenwende 1758—1818
Mit 16 Bildtafeln, Bd. 2131

Egon Voss
**Richard Wagner
Schriften**
Ein Schlüssel zu Leben,
Werk und Zeit, Bd. 2075

Stefan Zweig
Die Welt von gestern
Erinnerungen eines
Europäers, Bd. 1152

Fischer
Taschenbücher

Lyrik
im S. Fischer Verlag

Ilse Aichinger
Verschenkter Rat.
100 S., Ln.

Wolfgang Bächler
Ausbrechen.
199 S., Ln.

Paul Celan
Gedichte. Eine Auswahl.
78 S., Kart.
Die Niemandsrose.
95 S., Ln.
Sprachgitter.
67 S., Brosch.

René Char
Poésies/Dichtungen I.
Französisch/deutsch.
388 S., Ln.
Poésies/Dichtungen II.
Französisch/deutsch.
198 S., Ln.

Hilde Domin
Hier.
64 S., Ln.
Nur eine Rose als Stütze.
87 S., Ln.
Rückkehr der Schiffe.
64 S., Ln.

**Barbara Bondy,
Rudolf Goldschmit** (Hrsg.)
Das Gedichtbuch.
Eine Sammlung deutscher
Lyrik.
Sonderausg. 496 S., Ln.

Albrecht Goes
Aber im Winde das Wort.
Sonderausg. 371 S., Ln.
Lichtschatten du.
103 S., Ln.
Tagwerk.
248 S., Ln.

Bruno Hillebrand
Reale Verse.
75 S., Ln.

Peter Huchel
Chausseen Chausseen.
88 S., Brosch.

Reiner Kunze
Zimmerlautstärke.
69 S., Brosch.

Oskar Loerke
Gedichte.
123 S., Ln.

Christoph Meckel
Wildnisse.
83 S., Ln.

Petra von Morstein
An alle.
46 S., Ln.

David Rokeah
Kein anderer Tag.
95 S., Brosch.
Wo Stachelrosen wachsen.
71 S., Ln.

Franz Werfel
Das lyrische Werk.
704 S., Ln.

Franz Werfel

Das Lied von Bernadette
Roman
Band 1621

Die Geschwister von Neapel
Roman
Band 1806

Der Abituriententag
Roman
Band 1893

Der Tod des Kleinbürgers
und andere Erzählungen
Band 2060

Verdi
Roman der Oper
Band 2061

Jacobowski und der Oberst
Komödie einer Tragödie
Band 7025

**Fischer
Taschenbücher**

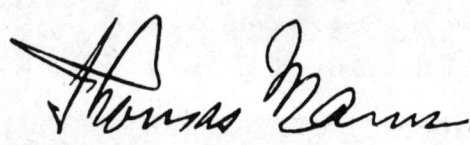

**Fischer
Taschenbücher**

Lieder

Texte und Noten
mit Begleit-Akkorden

Kritische Lieder der 70er Jahre
Herausgegeben von Walter Heimann /
Ernst Klusen
Mit Illustrationen. Originalausgabe.
Band 2950

Volkslieder aus 500 Jahren
Herausgegeben von Ernst Klusen
Mit Illustrationen. Originalausgabe.
Band 2951

Erotische Lieder aus 500 Jahren
Herausgegeben von Rolf W. Bredrich
Originalausgabe.
Band 2953

Irische Lieder und Balladen
Herausgegeben von Frederik Hetmann
Englisch-deutsch. Originalausgabe.
Band 2954

Fischer
Taschenbücher